# PREUVES DE L'HISTOIRE

DE LA

# MAISON DE MENOU.

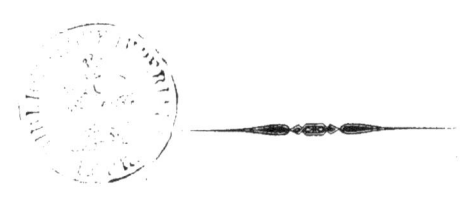

PARIS,
TYPOGRAPHIE DE FIRMIN DIDOT FRÈRES,
IMPRIMEURS DE L'INSTITUT,
RUE JACOB, 56.

M DCCC LII.

# SEIGNEURIES DE LA MAISON DE MENOU.

| | |
|---|---|
| Feuillet, Menou, la Ferrière, Gemages, Champrond et Milly............ | AU PERCHE. |
| Digny, la Salle, Damileschamps, Beaulieu et les Friches............... | EN THIMERAIS. |
| Boussay, Sennevières, Charnisay, Couzières, le Raoullet, Andigny, Genillé et Saint-Quentin.................................................. | EN TOURAINE. |
| Le Méez-de-Menou, Pellevoisin, la Maisonfort, la Ferté-Menou, Rochefolle, Villemort et Nérondes...................................... | EN BERRI. |
| Reménonville....................................................... | PAYS CHARTRAIN. |
| Jupilles............................................................ | DANS LA MARCHE. |
| Billy en Mirebalais, Liaigues et la Touche........................... | EN POITOU. |
| Montgobert, Terny et Marquial....................................... | EN SOISSONNAIS. |
| Persan............................................................. | EN BEAUVOISIS. |
| Le Mesnil, Ratilly, Trigny et Senan................................. | EN AUXERROIS. |
| Fay-aux-Loges, Champlivault et Cuissy.............................. | EN ORLÉANAIS. |
| La Roche-Menou.................................................... | AU MAINE. |
| Marcouville et Motelles............................................ | EN NORMANDIE. |
| Aulnay............................................................. | EN ANGOUMOIS. |
| Les baronnies de Courgain et de Bauçay............................. | EN TOURAINE. |
| La baronnie de Pontchâteau, Montebert et la Chapelle-Pouëxic........ | EN BRETAGNE. |
| Le marquisat de Menou............................................. | EN NIVERNAIS. |

ARMES : *de gueules, à une bande d'or.* — Timbre orné de lambrequins des métaux et couleurs de l'écu. — Supports : deux anges vêtus de même, tenant chacun une lance au bout de laquelle est une cornette de cavalerie ; celle de droite : *d'hermines plein*, qui est de BRETAGNE ; celle de gauche : *d'azur, semé de fleurs de lis d'or,* qui est de FRANCE ancienne. — Couronne ornée de quatre fleurons et douze perles. — Cimier : un ange naissant, tenant d'une main une épée flamboyante à la garde d'or, et de l'autre une bannière : *de gueules, à une bande d'or,* qui est de MENOU.

Le blason de la maison de Menou décrit ci-dessus, et reproduit au fronton du dessin placé en regard du titre, a été copié exactement sur celui qui se trouve dans trois arrêts de maintenue.

# OBSERVATIONS PRÉLIMINAIRES.

Les seigneurs de Menou habitaient le Perche et le pays Chartrain depuis deux siècles lorsque Nicolas, troisième du nom, propriétaire en 1330 de Boussay, Sennevières et autres seigneuries en Touraine, ainsi que du Méez et de terres considérables en Berri, vint s'établir à Boussay, qui depuis n'a pas cessé d'être la résidence de ses descendants directs. L'ancienne seigneurie de Menou leur appartint jusqu'en 1500 ; mais Boussay fut leur séjour préféré, et le trésor de ce château devint le dépôt principal de leurs titres : aussi ce fut là que l'on puisa lorsque les édits de Louis XIV ordonnèrent que les nobles fissent la production de leurs titres.

La division de la souche de la maison de Menou en un grand nombre de branches, dont la plupart s'étaient éteintes, avait déjà produit, avant 1789, une fâcheuse dispersion des titres de la famille, cependant il était encore resté à Boussay un riche dépôt. Les titres les plus précieux ont disparu depuis.

Pour réparer ces pertes et en prévenir de nouvelles, un membre de la famille forma le projet de rassembler en un seul corps tous les documents qu'il pourrait trouver sur sa maison.

Des recherches furent faites au Trésor des chartes, dans les archives et bibliothèques publiques de Paris, des départements, de Londres, de l'Amérique, et partout où on espérait trouver des renseignements. On s'occupa surtout de chercher la preuve des services militaires d'une famille qui, pendant sept siècles, a voué ses enfants à la défense du pays.

La collection n'est pas complète, mais elle comprend déjà un si grand nombre de documents, qu'il a cru devoir en faire l'analyse, prenant pour base et pour modèle celle que MM. Beaujon et Chérin ont faite pour les *Preuves de cour*. — On y trouvera successivement relatés les actes et les services militaires : à défaut de l'attrait littéraire, ce travail aura du moins l'avantage de porter un cachet incontestable de vérité. Tous les actes sont authentiques, et, dans les cas (il y en a fort peu) où des actes de ce genre n'ont pu être cités, on a eu soin d'indiquer à quelle source les renseignements ont été puisés.

En faisant ce travail, il ne s'était proposé que sa propre satisfaction ; mais plusieurs autres membres de la famille ayant désiré en avoir des copies, on s'est entendu pour le faire imprimer à un petit nombre d'exemplaires, qui seront partagés entre eux.

Ce n'est donc pas une œuvre destinée à la publicité : ce n'est pas une histoire généalogique, mais seulement une analyse de preuves pour servir à l'histoire de la maison de Menou.

---

C'est ici le lieu naturel de donner quelques explications sur les sources auxquelles sont empruntées les citations dont l'indication est donnée à la fin de chaque alinéa.

### ARRÊTS DE MAINTENUE.

Les états généraux de 1614 ayant fait des remontrances sur ce que beaucoup de gens prenaient des armes et la qualité de noble sans y avoir droit, un édit de 1615 et d'autres plus récents ordonnèrent une recherche des usurpateurs, et tous ceux qui prétendaient être nobles furent sommés de produire leurs titres devant des tribunaux chargés d'en juger la validité. Tous les procès devaient être jugés par absolution ou condamnation, après examen des pièces, auxquelles il était enjoint d'annexer un inventaire analytique : la condamnation entraînait une amende de 2,000 fr., sans compter 300 fr. pour chaque pièce fausse. Plus tard, il fut ordonné à tous les gentilshommes de produire leurs titres de noblesse, avec la description de leurs armes, au tribunal de l'intendance. Après un avis motivé du procureur du roi, à qui il était enjoint, ainsi qu'à l'intendant, d'examiner et de parapher les pièces, le jugement, s'il était favorable, approuvait les pièces ainsi que l'inventaire, et ordonnait l'inscription des parties au Catalogue des nobles de leur province, et leur maintenue dans la noblesse tant qu'il n'y aurait pas acte de dérogeance. Il a été trouvé dix de ces jugements; ils sont cités ainsi : *Arrêt de* 1667-1668, etc., etc.

### PREUVES DE COUR.

Pour obtenir les honneurs de la cour, il fallait s'adresser à l'un des premiers gentilshommes de la chambre, ou au premier écuyer, qui renvoyait devant le généalogiste des ordres du roi, auquel on remettait ses titres, et qui faisait un rapport certifié pour être mis sous les yeux du roi. Les preuves de la famille de Menou ont été produites par le comte de Menou-Motelle en 1766; le rapport approuvé est de 1767. Ces preuves ont servi en 1769 pour la présentation de la marquise de Menou-Boussay, et en 1784 pour le comte et la comtesse Victoire de Menou-Cuissy, pour le comte Charles de Menou du Méez et pour sa femme. Ce travail, fait par MM. Beaujon et Chérin, est déposé à la Bibliothèque royale de Paris, et sera cité : *Preuves de cour*.

### ÉCOLES MILITAIRES.

Pour être admis aux écoles militaires, il fallait faire preuve de quatre degrés de noblesse devant M. d'Hozier, juge d'armes de France. On citera : *Preuves pour l'École militaire,* 1768, etc.

### SAINT-CYR.

Pour entrer dans cette maison royale d'éducation de jeunes filles, il fallait cent quarante ans de noblesse prouvée. On citera : *Preuves pour Saint-Cyr,* 1687-1702, etc.

### PAGES DE LA GRANDE ET DE LA PETITE ÉCURIE.

La filiation devait remonter au quatrième aïeul et jusqu'en 1550, sans anoblissement, relief ou privilége attributif de noblesse : pour chaque génération, on devait produire le contrat de mariage et deux autres actes originaux et authentiques, c'est-à-dire la grosse ou la seconde expédition revêtue de la signature du notaire duement légalisée, et le blason des armes de la famille bien figurées et peintes en couleur, ainsi que celui de la mère, de l'aïeule, bisaïeule et trisaïeule du côté paternel, et ajouter les arrêts ou ordonnances de maintenue. M. d'Hozier devait mettre ces pièces en ordre, en faire l'inventaire et l'adresser au roi, revêtu de son certificat. Il y a eu deux admissions aux Pages. Elles seront citées : *Preuves pour les Pages,* 1734-1760, etc.

### REMIREMONT, POUSSAY.

Afin d'être associé à ces chapitres nobles, on exigeait à Remiremont deux cents ans de noblesse.

et à Poussay seize quartiers. Trois demoiselles de Menou ont été chanoinesses de Remiremont, et une de Poussay. On citera : *Preuves pour Remiremont*, 1674, etc.

#### MALTE, MONT-CARMEL ET SAINT-LAZARE DE JÉRUSALEM.

On trouve à la bibliothèque de l'Arsenal les quartiers de Joachim et de René de Menou. Il y a eu dans la famille six chevaliers de Malte, dont un est devenu grand bailli de cet ordre. En 1722, Robert de Menou a été chevalier des ordres de Saint-Lazare, etc., et le comte de Menou-Motelle en 1782. Il fallait neuf degrés, sans principe connu. (CHÉRIN.)

#### INVENTAIRES, ANALYSES DE TITRES.

On citera ceux qui ont été faits à Boussay par dom Villevieille et par dom Housseau, savants bénédictins, chargés de recueillir des matériaux pour l'histoire, dont les travaux manuscrits sont conservés à la Bibliothèque royale, ainsi que ceux de dom Verninhac qui se trouvent déposés à la bibliothèque Bonne-Nouvelle, à Orléans.

#### CARTULAIRES DES ÉVÊCHÉS ET MONASTÈRES.

Ces recueils fournissent les renseignements les plus précieux sur l'histoire des familles à des époques reculées. Nous leur avons souvent emprunté des extraits, que nous citons avec l'indication des dépôts où ils sont conservés. Les principaux recueils de ce genre sont ceux de l'église de Chartres, des abbayes de Tyron, de Saint-Père, de Saint-Jean en vallée de Chartres, de Saint-Vincent du Mans, de Perseigne, etc.

Les autres sources où l'on a puisé sont les *Archives des départements et des ministères*; les *Galeries historiques de Versailles*, ouvrage publié par le gouvernement; les *Olim*, anciens registres du parlement; le *Gallia christiana*; *du Cange, du Chesne, Marolles* et autres auteurs, avec des indications suffisantes; les *Archives du château de Boussay*; les *Archives du château du Méez*; et nous avons désigné comme étant dans les *Archives de la famille* les pièces qui sont dans notre collection particulière.

Il suffit de parcourir ce qui précède pour comprendre toute la valeur de ce recueil; les pièces mentionnées dans les inventaires étant judiciairement vérifiées par des autorités compétentes, ont acquis une authenticité irréfragable. Les plus importantes sont reproduites plusieurs fois; mais, pour ne pas multiplier les citations, on s'est contenté d'une seule mention pour chaque document, et l'on a eu soin de noter les originaux que l'on a pu trouver dans les dépôts publics et dans les archives particulières de la famille.

---

Ce fut vers le règne de Philippe I$^{er}$ que les familles commencèrent en France à porter héréditairement des noms propres; les seigneurs et les nobles les prirent ordinairement de leurs terres, et les autres de leurs fonctions, de leur caractère, ou de l'habitude de leur corps. (P. HÉNAULT, t. I, p. 167.) Les fiefs ont pris leur accroissement graduellement par l'usage : dans le principe ils étaient concédés à temps ou à vie, et seulement aux nobles et *faisans* profession des armes, en récompense des services qu'ils avaient rendus en les guerres; devenus perpétuels, les fiefs ne pouvaient d'abord être transportés sans le consentement des seigneurs supérieurs. (La Thaumassière, *Coutume du Berri*, p. 111). Ensuite on put en disposer comme de ses autres biens ; mais nul ne pouvait fief acheter, s'il n'était chevalier ou fils de chevalier et de dame, né en loyal mariage. (Beaumanoir, c. 48.) Les Croisades, les guerres et le service des rois, entraînèrent les nobles à de grandes pertes et de ruineuses dépenses ; un si grand nombre fut contraint de vendre des fiefs, qu'il ne se trouvait plus assez de nobles pour les acheter ; alors il fut permis d'acheter et de posséder des fiefs sans être noble. (La Thaumassière, p. 113. — *Ordonnances* de 1275 et 1291.) Plus tard, les mutations devinrent fréquentes, à cause des guerres civiles, des forfaitures et des confiscations ; en conséquence, les terres ont dû successivement appartenir à différentes familles, et donner leur nom à des personnes absolument étrangères à celles qui l'avaient illustré. Par toutes ces causes, les véritables origines des plus grandes races sont inconnues, en sorte qu'il y en a fort peu dont on puisse vérifier la filiation avant 1260. (P. Anselme, *Histoire des grands officiers*). Cette filiation, qu'il ne faut jamais perdre de vue dans l'histoire des familles, est d'autant plus difficile à suivre pour les temps anciens, qu'il n'y avait pas alors, comme aujourd'hui, une organisation régulière de l'état civil, exigeant la conservation des actes de naissance, de mariage et de décès (\*) ; d'ailleurs ces actes avaient encore au siècle dernier si peu d'autorité, qu'ils n'étaient pas admis à faire foi en matière de filiation pour les preuves de cour, et que le généalogiste des ordres du roi exigeait trois titres originaux, tels que testament, partage, acte de tutelle, donation, etc. (Chérin, p. 373.) Quelquefois les chartes anciennes mentionnent la filiation des personnes ; on peut également en suivre les traces, en examinant avec attention les cas où, dans les partages, il y a eu division d'une terre appartenant à un auteur connu ; cette recherche exige beaucoup de discernement, mais on peut en tirer les résultats les plus satisfaisants.

---

Le nom des seigneurs de Menou est écrit diversement dans les anciennes chartes ; voici pourquoi : ces actes se rédigeaient en langue latine, qui, depuis le commencement du neuvième siècle, avait cessé d'être la langue vulgaire ; chaque clerc traduisait les noms à sa fantaisie : *Menone*, *Menoe*, *Menoto*, etc. Il n'y a pas lieu d'être étonné de ces variantes ; mais, dans les cas qui paraissent douteux, il convient de s'assurer de l'identité en examinant les circonstances. Ainsi, dans les *Olim*, on trouve *Nicholaus de Menoto, miles regis*, chargé de missions de confiance par saint Louis. Dans une enquête du bailli de Verneuil, rapportée au parlement de la Pentecôte 1263, des propriétés de ce même Nicholaus de Menoto sont désignées dans les mêmes termes que dans un dénombrement fait, en 1395, par son arrière-petit-fils, Jean de Menou. C'est donc Nicolas de Menou qui est désigné sous le nom de *Nicholaus de Menoto* dans les *Olim*, comme étant chevalier de l'hôtel de saint Louis, et comme ayant été bailli à Bourges, où, d'après la Thaumassière, l'on écrivait *Menetou*. Il est également nommé *de Menoto* dans les lettres et actes du roi d'Angleterre relatifs au traité de 1258. Rymer, dans son grand ouvrage, a écrit *de Meneto* : c'est une er-

---

(\*) Il n'est pas facile de trouver des actes de l'état civil avant 1667, date de l'ordonnance réglementaire de Louis XIV. Quant au notariat, établi dans Paris par saint Louis, il fut organisé en 1597, puis le 6 octobre 1791, et définitivement par la loi du 16 mars 1803.

reur de copiste ou d'imprimeur, puisque les originaux, que nous avons examinés à la Tour de Londres, portent *de Menoto*. Dans des chartes plus anciennes, le nom est écrit *de Menone* comme dans le testament d'Alix de Melun, femme de Simon de Menou, reçu devant l'officialité de Paris en 1328.

*On trouve :* Menonville, près Vitrai, en Beauce, et de Charonville, qui, en 1326, relevaient des héritiers de Simon de Menou, dont le trisaïeul était seigneur supérieur de Charonville avant 1202.

Menouville, près Chambly et Beaumont-sur-Oise, pays où Jean de Menou avait, en 1402, de nombreux fiefs :

Menoux, près de Dôle, en Franche-Comté.

Menoux, près d'Argenton, en Berri.

La fête de saint Menou, évêque, est célébrée le 12 juillet, dans le diocèse de Bourges.

Duchesne, dans la préface de son *Histoire de la maison de Dreux*, dit que « l'une des principales marques qui acquièrent aux familles la réputation d'illustres est celle des grandes alliances. » Sans entrer dans l'énumération détaillée de celles de la maison de Menou, on croit que dans cet ouvrage, destiné à la famille, il sera bon d'indiquer qu'elle descend, par les femmes :

— De Robert, comte de Vermandois, 974 ;

— De Conrad, duc de Bourgogne, 994 ;

— D'Ermengarde, fille de Hugues le Grand, 1037 ;

— De Thibaut, comte de Chartres, de Blois et de Tours, et de sa femme Alix, fille de Raoul le Grand, comte de Valois, 1090 ;

— De Henri-Étienne, comte de Champagne, et de sa femme Alix, fille de Guillaume le Conquérant, 1095 ;

— De Guillaume d'Eu, et de sa femme Adélaïde, comtesse de Soissons, 1095 ;

— D'Ives de Bellême, 944 ; et des comtes du Perche et d'Alençon ;

— De Geoffroy I$^{er}$, vicomte de Châteaudun ;

— Des anciens comtes de Poitiers, 1000 ;

— Des maisons de Dreux, d'Évreux, de Sancerre, de Beaugency, de Joigny, de Montfort, de Melun, de Sully ancien, de Preuilly, de la Trémoille, de la Châtre ; et, par cette dernière, des princes de Déols.

# PERSONNAGES DU NOM DE MENOU

### QU'IL N'A PAS ÉTÉ POSSIBLE JUSQU'ICI

#### DE RATTACHER AVEC CERTITUDE A LA SOUCHE COMMUNE DE LA MAISON.

*Jean* de Menou, chevalier, vivant en 1055, est mentionné par quelques auteurs, dont plusieurs le disent père de Guillaume. On n'a trouvé aucun acte qui le concerne.

*Eudes* de Menou, *de Mennone*, fut témoin d'une charte de *Bernerius Forslignez*, en faveur des religieux de Saint-Vincent du Mans, du temps de l'abbé Renaud, qui gouverna ce monastère de 1071 à 1081. Témoins : Seinfredus de Biart ; Odo de Mennone ; Bernardus de Soonia ; Gilo de Domniolo ; Berladius de Rivopetroso ; Drogo de Troniaco ; Witernus de Villiaco, etc. (*Cartulaire de Saint-Vincent du Mans*, f° 241, n° 5444, *Bibl. roy.*)

*Johannes de Menoto*, chanoine de Poitiers, fut désigné, le vendredi, avant le dimanche des Rameaux, 1309, par le parlement de Paris, pour assister Pierre de Villablouin, sénéchal du Poitou. (OLIM, t. III, p. 469.)

*Jacques* de Menou, écuyer, et demoiselle Jehanne, sa femme, sont nommés dans un acte passé, le 30 juin 1483, devant Chouldray, notaire en la baronnie de Châtillon-sur-Indre. (*Archives du Méez.*)

*Gauthier* de Menou, écuyer, parut au bourg de Déols, le 1$^{er}$ mai 1393, dans la revue de Jean de Menou, écuyer, seigneur de Reménonville, qui avait sous ses ordres deux chevaliers et dix écuyers pour servir sous le maréchal de Boucicaut, en Limousin et en Périgord. (*Voir* p. 29.)

. . . . . . de Menou, gentilhomme, fut tué le 3 août 1589, en repoussant l'attaque faite contre la ville de Bourges par les sieurs de Vatan et de Gamaches. (LA THAUMASSIÈRE, *Hist. du Berri*, p. 205.)

*Marie* de Menou, demeurant en la paroisse de Saint-Gervais, à Paris, épousa, le 17 septembre 1618, noble homme Samuel de la Rochelion, seigneur de Marolles, demeurant paroisse de Saint-Paul, à Paris. (*Archives de la ville de Paris.*)

# REMARQUES GÉNÉRALES

## SUR L'HISTOIRE

DE LA

# MAISON DE MENOU,

EXTRAITES

## DE DIFFÉRENTS OUVRAGES IMPRIMÉS OU MANUSCRITS.

---

La maison de Menou tire son origine du Perche, près Châteauneuf en Thimerais. Cette illustre et ancienne famille peut montrer des titres du onzième siècle. (Dom Housseau.)

---

Menou. — Ancienne maison originaire du pays du Perche, et qui s'est transplantée en Touraine, où la branche aînée possède la terre de Boussai, depuis cinq cents ans, de père en fils. — Le premier dont on ait connaissance est

Jean, sire de Menou, qui rendit foi et hommage, en 1055, d'un fief qu'il possédait dans le pays du Perche. Il y est qualifié chevalier : il eut pour fils

Guillaume, qualifié écuyer dans une ancienne charte de l'abbaye de Tyron de 1121. (Moréri, t. VII, p. 455, éd. 1759.)

---

Cette maison a pris son nom d'une terre située au Perche, et réunit tout ce qui constitue la bonne noblesse, indépendamment des charges de la couronne; c'est-à-dire une ancienneté remontée à plus de six cents ans, des qualités de chevaliers données à ses premiers sujets, des alliances illustres et des services militaires. — Elle est connue depuis Guillaume, seigneur de Feuillet et de Menou, vivant en 1121. (BEAUJON, *généalogiste des Ordres du roi*, 1767.)

---

Menou. — Ancienne maison originaire du Perche, qui y était connue dès l'année 1055, et se transplanta en Touraine. — La branche aînée y a possédé la terre de Boussay depuis le commencement du quatorzième siècle. — Elle a toujours été au service de nos rois, soit à la guerre ou dans leur maison, et récemment dans les dernières guerres de Louis XIV. Elle a donné en même temps jusqu'au nombre de trente-six officiers du même nom, dont plusieurs ont été tués au service.

Cette maison, aujourd'hui répandue dans les provinces de Touraine, Berri, Nivernais, Poitou, Sologne, Normandie et Bretagne, est divisée en plusieurs branches.

Jean, sire de Menou, le premier de ce nom que l'on connaisse, etc. (LA CHESNAYE DES BOIS, *Dictionnaire de la Noblesse*, éd. 1775, t. X, p. 40.)

---

La maison de Menou réunit tout ce qui constitue la bonne noblesse, l'ancienneté, de grandes charges, des services militaires distingués et des alliances illustres.

Elle prit son nom d'une terre située au Perche.

Elle est connue depuis 1121, et prouve sa filiation depuis 1272. (CHÉRIN, *généalogiste des Ordres du roi*, 1774.)

---

La maison de Menou, d'ancienne chevalerie, a pris son nom d'une terre considérable située dans le Thimerais, au Perche, et l'un des principaux fiefs de la baronnie de Châteauneuf. Le bourg de Menou est situé sur la rive gauche de l'Eure, à l'entrée de la forêt de Senonches, jusqu'à laquelle s'étendaient les droits seigneuriaux de cette famille; à cette possession, les premiers auteurs joignaient celle de Feuillet, située, comme la précédente, dans le diocèse de Chartres, et sur le territoire de laquelle ils fondèrent le prieuré de Boësse, vers la fin du onzième siècle.

Il est fait mention honorable des sires de Menou dans nos anciens historiens, soit comme ayant pris part aux croisades sous les rois Philippe-Auguste et saint Louis, soit pour avoir été dans les affaires les plus importantes du royaume, sous ce dernier monarque et sous Philippe le Hardi, son successeur. Depuis lors, cette famille n'a cessé de remplir les charges les plus distinguées de la cour et de l'armée, ayant eu successivement de nombreux commandements dans les provinces et les places de guerre, des capitaines de compagnies d'hommes d'armes des ordonnances, des conseillers chambellans et autres dignitaires de la maison de nos rois, des chevaliers de leur ordre, deux ambassadeurs : l'un, en Angleterre, pour le roi saint Louis, en 1258; l'autre, en Espagne, pour le roi Charles VIII, en 1492; plusieurs mestres de camp de régiments de leur nom, six généraux et deux brigadiers des armées, un gouverneur général de l'Acadie sous Louis XIV, et beaucoup d'officiers supérieurs.

Le caractère militaire qui distinguait cette famille dès son berceau s'est conservé dans toutes ses branches, et dans une seule bataille, celle de Malplaquet, en 1709, elle eut l'honneur de compter vingt-deux officiers de son nom, tués ou blessés.

Après un séjour de plusieurs siècles dans le Perche, marqué par de riches possessions et de très-nobles alliances, la famille de Menou alla s'établir vers 1330 au château de Boussay en Touraine, qui devint depuis cette époque son principal domaine. Elle se subdivisa successivement en de nombreuses branches, dont quatre seulement se sont perpétuées jusqu'à nos jours, et qui toutes se sont maintenues dans les diverses provinces où elles se sont établies, par des services distingués et les alliances qu'elles ont formées. (LAINÉ, *Manuscrit autographe et signé.*)

---

Parmi ces vieilles races qui se sont perpétuées jusqu'à nous, et qui ont joui à la cour et dans leurs provinces de cette considération qui ne s'accordait qu'à la haute noblesse, la maison de Menou tient un rang des plus honorables par ses alliances illustres et les services qu'elle a rendus.

Son origine remonte jusqu'aux temps féodaux, c'est-à-dire au onzième siècle, et ses premiers auteurs connus sont qualifiés de *chevaliers*, alors que la chevalerie était la récompense de vertus héroïques.

A toutes les époques de notre histoire, depuis les croisades, auxquelles plusieurs de ses membres prirent part, on voit cette famille, à chaque génération, servir dans les guerres que la France eut à soutenir, et laisser de son sang sur les champs de bataille.

Nicolas de Menou, qui fut ambassadeur du roi saint Louis après avoir été maître des arbalétriers, eut un fils qui fut membre du conseil de régence sous lequel la loi salique fut proclamée.

Ses descendants, conseillers et chambellans des rois Charles VI, Charles VII, Louis XI et Charles VIII, sont demeurés constamment auprès de la personne du souverain jusqu'au règne de Louis XIV.

Depuis, ils ont joui des honneurs de la cour sans y avoir d'emploi. On les retrouve à toutes les campagnes, de Flandres, d'Allemagne, d'Espagne et d'Italie. En 1706, au siége de Turin, la brigade de Touraine était commandée par le comte de Menou, qui y fut dangereusement blessé, et dont les trois fils ont été élevés au grade de maréchal de camp.

A l'époque de la révolution de 1789, il y avait un colonel et trois maréchaux de camp du nom de Menou.

Cette famille, originaire du Perche, où est située la terre dont elle porte le nom, s'est divisée en dix branches, qui se sont répandues dans plusieurs provinces où elles ont possédé un grand nombre de terres seigneuriales. Elle fut maintenue dans son ancienne noblesse d'extraction par arrêts des 9 février 1668 et 26 juin 1669, et fit encore ses preuves devant le juge d'armes de la noblesse de France. Quoiqu'elle soit connue par titres originaux depuis l'an 1055, sa filiation n'est littéralement établie qu'à partir de 1187, sur documents authentiques. (D'HOZIER, *Manuscrit autographe et signé.*)

---

La maison de MENOU est originaire du Perche, où était située, près de Châteauneuf en Thimerais, la seigneurie qui lui a servi de berceau, et qui est appelée, dans les anciens titres, *Meno* ou *Mano*, et en latin *Menone*, *Menoto*, etc.

Dès que la fixité et l'hérédité des noms propres permettent d'en suivre les traces à travers les ténèbres du moyen âge, on voit les seigneurs de Menou figurer au premier rang des chevaliers du Perche. Leur nom est consigné dans des chartes du pays dès le milieu du onzième siècle, comme le font remarquer les recherches manuscrites de Dom Housseau conservées à la Bibliothèque nationale.

Les possessions nombreuses de la maison de Menou, ses grandes libéralités envers les monastères et envers le prieuré de Boësse, qu'elle a fondé au douzième siècle, annoncent en elle une souche puissante et une haute extraction.

Elle a donné cinq chevaliers croisés, des capitaines de cinquante et de cent hommes d'armes, des gouverneurs de place, un grand nombre d'officiers de mérite et de personnes distinguées par leurs vertus et par la confiance intime et les missions délicates dont les princes les ont honorées. Aussi *Chérin*, frappé de tant d'avantages, s'exprime-t-il en ces termes dans la lettre d'envoi des preuves de cour du comte de Menou, en 1774 :

« Cette maison réunit tout ce qui constitue une bonne noblesse, l'ancienneté, de « grandes charges, des services militaires distingués et des alliances illustres. »

Du Perche, les seigneurs de Menou allèrent s'établir en Touraine, où ils possèdent la terre de Boussay depuis le commencement du quatorzième siècle.

La souche a formé diverses branches qui se sont répandues dans la Touraine, le Berry, le Nivernais, le Poitou, l'Orléanais, la Normandie et la Bretagne.

Cette race a toujours été au service de nos rois. (BOREL D'HAUTERIVE, *Annuaire de la Noblesse*, neuvième année.)

*N. B.* — MM. Beaujon et Chérin disent, dans les extraits ci-dessus, que la maison de Menou était connue depuis 1121, et qu'elle prouvait sa filiation depuis 1272; ils se sont arrêtés à cette dernière date, parce qu'on ne leur avait fourni que des copies pour les titres antérieurs; mais, tout en ne voyant pas en ces copies des preuves suffisantes de filiation, ils en ont reconnu la valeur, puisqu'ils en ont fait l'analyse dans leur travail pour les preuves de cour. Depuis lors, on a retrouvé des originaux dans les archives d'Eure-et-Loir, à Chartres, et dans d'autres dépôts; et, sans attendre les renseignements que l'on continue à chercher, on croit, dès à présent, pouvoir établir que la filiation remonte jusqu'à Guillaume, seigneur de Feuillet et de Menou, mentionné par Beaujon et Chérin.

Nous ferons remarquer, en passant, qu'à la mort de Guillaume, sa descendance ayant formé deux branches, chacune de ces deux lignes continua de posséder une partie des terres qui composaient primitivement l'héritage commun. La branche de Menou conserva sa part intacte jusqu'en 1500.

# PREUVES DE L'HISTOIRE

## DE LA

# MAISON DE MENOU.

## Iᵉʳ DEGRÉ.

GUILLAUME, seigneur de Feuillet, de Menou, de la Ferrière, des Gués de la Ferté et de Verneuil, de Gemages et autres seigneuries, laissa de Hersende, sa femme :   LOUIS LE GROS

    1° *Ernaud* de Feuillet, mentionné en l'année 1152, dans le cartulaire de Saint-Jean en Vallée, Bibl. roy., n° 5481, p. 99 ; et dans celui de l'évêché de Chartres, en l'année 1159, Bibl. roy., n° 5185, p. 179. (Des détails historiques sur cette branche seront donnés à la fin du volume.)

    2° *Jean* de Menou, qui suit, souche commune de toutes les branches de la maison de Menou.

---

    *Guillelmus de Follet* donna à Dieu et aux religieux de Tyron une charruée de terre à Brimont, du consentement de sa femme Hersende. Les témoins furent *Paganus Riboth*, *Robertus de Moteia*, *Richerius de Platea*, *Odo de Fractigneio*. (*Extrait du Cartulaire de Tyron*, par Dom Verninhac.) (1)   Ribauz, la Motte, la Place.

    *Rotrocus de Monteforte*, *Guatho de Villapetrosa*, *Nivelo de Mellayo*, *Willermus de Illeto*, recevant la croix du bienheureux Bernard, abbé de Tyron, ayant amorti les acquisitions faites par l'abbaye de Tyron, fondée par le roi de France et par Rotrou, comte du Perche, le 4 des ides de janvier 1121, auprès du grand autel de l'église de Tyron, le roi, qui était alors à Tyron, confirme cet amortissement le même jour et la même année. (*Ibid.*)   Montfort Villepreux Meslay, Illiers.

    *Guillelmus de Folieto, Menone, Ferrariis, Vadis, et Gimagiis dominus*, fait des donations à Tyron, afin que les religieux prient Dieu pour son heureux retour de Jérusalem dont il allait entreprendre le voyage. *Datum Tyrone, 3 idus* (1121). (*Ibid.*)

Villeraye

*Erardus de Villereio, Vallepillonis, Brenellis, Itanis, Orieux, Hedengallo, Raserio dominus*, fait des donations à Tyron, afin que les religieux prient Dieu pour son heureux retour. *Datum Tyrone, 3 idus,* etc. (*Ibid.*)

*Willelmus de Folieto* est cité comme l'un des témoins d'une charte par laquelle *Rotrocus de Monteforte, Guatho de Villapetrosa, Nivelo de Mellayo* et *Willermus de Illeto*, en reconnaissance de leur heureux retour de la Terre sainte, réitérèrent en faveur du monastère de Tyron l'acte d'amortissement qu'ils avaient fait avant leur départ. Fait à Tyron, près le grand autel, le 4 des ides de mai 1128.

Beaumont, Feuillet, Puysieux, Marsy, Vaupillon, La Motte

Témoins : *Gervasius de Castronovo in Thimero, Gaufridus de Longniaco, Gaufridus de Bellomonte, Erardus de Villereio, Willelmus de Folieto, Wimon de Buloto, Paganus de Marsiaco, Odo de Puteolis, Robertus, frater ejus, Wido de Wallepillon, Robertus de Castroduno, Conradus de Mota*, et autres. (*Excerpta ex chartulariis*, Bibl. roy.; fonds Saint-Germain latin, ms. 1069, f° 29.)

Châteauneuf, Longni, Beaumont, Villeraye

*Willelmus de Folieto, Gervasius de Castro novo in Thymero, Gaufridus de Longniaco, Gaufridus de Bellomonte, Erardus de Villereio*, avaient quelque temps avant, entrepris le voyage de Jérusalem, et reçu la croix, dans le monastère de Tyron, des mains de Bernard, homme dévoué à Dieu et père dudit monastère, et, s'étant recommandés aux prières de ses religieux, ils avaient amorti les acquisitions faites par eux de biens situés en leurs domaines. Ayant, avec le secours de Dieu et de ces prières, pu revenir heureusement en ce même monastère, lesdits seigneurs renouvelèrent cet amortissement, etc., etc. Fait à Tyron, près du grand autel, le 4 des ides de mai 1128. Témoins : *Robertus de Castroduno, Gofridus de Malespina, Odo de Puteolis, Varso de Richeriis, Odinus de Cauda-Mirale, Rotrocus de Bellismo, Hugo de Bellovidere, Yvo frater ejus*, et autres. (*Cartulaire de Tyron*, Bibl. roy.)

Châteaudun, Malespine, Richer, Beauvoir, Bellême.

Outre ces actes collectifs, Guillaume de Feuillet et Guillaume d'Illiers voulurent pour chacun d'eux une charte spéciale; voici celle du seigneur de Feuillet :

*Willelmus de Folieto, de Menone, Ferrariis, Wadis et Gimagiis dominus*, était revenu de Terre sainte en 1128. Heureux de son retour en ses domaines, et plein de reconnaissance pour les bienfaits signalés qu'il avait reçus de Dieu, ainsi que pour l'intercession et les prières des religieux de Tyron, il amortit, comme il l'avait déjà fait, les droits seigneuriaux qu'ils pourraient devoir dans les terres susdites et dans ses autres seigneuries, à la condition qu'ils continueraient à prier Dieu pour lui. Fait à Tyron, le 3 des ides de mai 1128. Témoins : *Gervasius de Castronovo, Gaufridus de Longniaco, Gaufridus de Bellomonte, Brandisius de Villereio, Wimon de Buloto, Guatho de Villapetrosa, Rotrocus de Monteforte, Nivello de Mellayo, Willermus de Illeto, Conradus de Mota, Paganus de Marsiaco*, et autres. (*Extrait du Cartulaire de Tyron*, t. III, p. 26. — Dom Housseau, *Pièces sur la Touraine*, t. IV, n° 1496, Bibl. roy.) Châteauneuf, Longni, Beaumont, Montfort, Meslay, Villepreux, d'Illiers.

*Willelmus de Folieto* parut comme témoin dans une charte de l'année 1136, par laquelle Hugues d'Étampes, archevêque de Tours, confirma les dons que son frère, Guillaume de la Ferté, avait faits à l'abbaye de Saint-Père de Chartres avant son départ pour la croisade. — Témoins : *Milo de Malrepast, Willemus de Folieto, Hugo Seneschallus, Ernaudus Fortin, Godefridus de Lamblora, Gosbertus Gemellus, Hugo de Bosco, Guatho de Remalast, Herbertus Capellanus*, et autres. (*Cartulaire de Saint-Père*, p. 611.) [Maurepas, Feuillet, [Lamblore, Remalart.

## II<sup>e</sup> DEGRÉ.

JEAN de Menou, premier du nom, chevalier, laissa de Hodierne, sa femme, quatre fils :

    1° *Gervais*, qui suit.

    2° *Philippe*, mentionné dans l'acte de vente fait par son père en 1187.

    3° *Guillaume*, dont l'existence se trouve établie par les deux extraits qui suivent :

Guillaume de Menou, *de Menone*, fut témoin, en 1185, d'une charte de Jean, comte d'Alençon, confirmant à l'abbaye de Perseigne les dons faits par son père, Guillaume Talvas : ce même Guillaume de Menou fut témoin, en 1192, d'une charte en faveur de l'abbaye de Perseigne, faite par Robert, fils de Jean, comte d'Alençon, au sujet d'un différend qui s'était élevé entre ledit monastère et les forestiers dudit comte. (*Cartul. de Perseigne*, Bibl. roy., n° 5474, f<sup>os</sup> 15 et 20.) (3)

    4° *Simon*, mentionné avec son frère Gervais dans le cartulaire de l'évêché de Chartres en l'année 1209, et dans une charte de 1221, où il est rappelé comme ayant donné à l'église de Chartres des terres situées dans le territoire de Châteauneuf.

PHILIPPE-AUGUSTE.

Jean de Menou, *de Meno*, chevalier, vendit, au mois d'août 1187, à Philippe de Jeanville, chevalier, un champart de trente arpents de terres labourables, près Cloye, du consentement de Hodierne, sa femme, et de ses fils, Gervais et Philippe. (*Original en parchemin aux archives de la famille.*) (2) Jeanville.

## IIIᵉ DEGRÉ.

**PHILIPPE-AUGUSTE.**

Noble Gervais de Menou, chevalier, seigneur de Menou, etc., épousa Blanche de Bretagne. Il laissa de cette union :

1° *Nicolas*, qui suit.

**Friaise.**

2° *Marguerite*, mariée à Garin de Friaise, qui accompagna saint Louis à la croisade de 1249. Il était fils de Jean de Friaise qui, à l'assemblée de Compiègne, où se prépara la croisade de Constantinople, avait représenté le comte Louis de Blois, auprès duquel il fut tué à la bataille d'Andrinople, après l'avoir noblement défendu ; Ville-Hardouin en fait mention.

---

Gervais de Menou est nommé dans une charte du mois d'août 1187, relative à une vente faite par Jean de Menou, chevalier, son père. (*Original aux archives de la famille.*)

Noble Gervais de Menou, étant à Acre en septembre 1191, contracta, solidairement avec d'autres chevaliers, un emprunt de XXV marcs d'argent payables en un an, étant sa part de CC marcs empruntés par eux. Il n'en recevait au comptant que V, et ne devait toucher le surplus qu'en produisant des lettres patentes scellées par tous les emprunteurs, et garanties par P. de Prunelé et J. de Beauvilliers, mandataires du vénérable seigneur Renaut, évêque de Chartres. En foi de quoi ledit seigneur Gervais apposa son signe, †. Témoins : R. de Billy et H. de Fontaines. Fait à Acre, l'an de Notre-Seigneur MCXCI, au mois de septembre. (*Original en parchemin aux archives de la famille.*) (4)

**Prunelé, Beauvilliers,**

**Billy, des Fontaines.**

Gervais de Menou était chevalier en 1209. (*Preuves de cour.*)

Il est mentionné, avec son frère Simon, dans le Cartulaire de l'évêché de Chartres, f° 440.

**Lanneraye.**

Gervais de Menou, *de Manou*, et Simon, son frère, figurent en 1209 dans une charte de Gohier de Lanneraye et de Legarde, sa femme, relative à des censives situées près de Saint-Maurice de Merfontaine, et aux territoires de Céreville et de Bossonville. Gervais et Simon intervenaient comme seigneurs suzerains, avec Ernaud des lis, Gervais de Nogent, Hubert Mordant, Geoffroi et Guillaume, frères dudit Hubert, et ses enfants, Jean, Agnès, Mathilde et Legarde. (*Cartulaire de l'évêché de Chartres*, t. II, f° 405.) (5)

**lis, Nogent, Mordant.**

Gervais, seigneur de Menou, *dominus de Menoe*, céda à l'église de Chartres des terres situées dans le territoire de Châteauneuf, et tenant à celles que son frère Simon avait données en pure aumône à cette église. Blanche, sa femme, consentit et renonça à tous ses droits de douaire et autres, au mois de juillet 1221. (*Original en parchemin aux archives de la famille.*)

« Par le testament de Gervais de Menou, dont il y a coppie dans les tiltres de Saint-Martin de Tours, se voit qu'en l'année 1228 il ordonna à Nicolas de Menou, son fils, de fonder un chappelain en ladite église, pour prier Dieu pour luy et pour dame Blanche de Bretagne, jadis son espouse. » (*L'abbé de* VILLELOIN.)

### IVᵉ DEGRÉ.

NICOLAS de Menou, premier du nom, chevalier, seigneur de Menou, de Milly, des Friches, etc., eut pour première femme Aaline, puis il épousa en secondes noces Élisabeth d'Anjou. Ses enfants furent :

1° *Simon*, seigneur de Menou, qui suit.
2° *Jean*, seigneur des Friches, qui forma la branche de ce nom, que nous rapporterons en son lieu.
3° *Guillaume*, chevalier, qui servait en 1315, sous le comte de Poitiers, à la tête d'une compagnie.
4° *Nicolas*, deuxième du nom, chevalier, qui fut bailli du roi en Berry.
5° *Henri*, cité dans un rôle de la chambre des comptes de Paris, en 1302.

Nicolas de Menou, *de Mennoi*, donna, en 1225, à Robert Foart, chevalier, une pièce de terre près Marcheville-de-Ver, en présence de Hugues de Châteauneuf. (*Cart. de Saint-Père*, p. 684.)

« Dans un titre de l'église de Saint-Martin de Tours, il est dit comme noble et puissant chevalier Nicolas de Menou donna 20 " de rente pour fonder un chappelain, en exécution des volontés de noble seigneur Gervais de Menou et dame Blanche de Bretagne, ses père et mère. » (*L'abbé de* VILLELOIN.)

Nicolas de Menou, chevalier, vendit sa part du moulin de Landelles à Symon de Dion, chanoine de l'église de Chartres, en 1236. Au mois de novembre, sa femme Aaline et Hugues de Cholet, seigneur supérieur, approuvèrent cette vente. (*Cartulaire de l'évêché de Chartres*, p. 91.)

Nicolas de Menou, *de Menoe*, chevalier, donna, en 1240, à l'église de Chartres, en pure et perpétuelle aumône pour le salut de son âme, tout ce qu'il avait et pouvait avoir en la paroisse de la Ferté, en terres, prés, maisons, rentes et toutes autres choses. (*Original en parchemin aux archives de la famille.*)

Nicolas de Menou, maître des arbalétriers de saint Louis, commanda l'arrière-garde à la bataille près Damielte. (Dom Housseau. — Chalmel, *Hist. de Touraine*, t. II, p. 115. — *Arrêt de* 1667. — *Lettres patentes de* 1697.) (6)

Nicolas de Menou, chevalier, fut bailli du roi en Berry, de 1253 à 1256. (La Thaumassière, *Hist. du Berry*, chap. xii, p. 46. — *Olim*, t. II, p. 474.) (7)

<small>Châteauneuf.</small>

<small>La Roche.</small>

Nicolas de Menou, chevalier, reçut, au mois de février 1253, la donation que lui fit, en considération de ses services, Éléonore, dame de Beaussart et de Châteauneuf, de toute la justice, grande et petite, qu'elle avait en ses terres, fiefs et arrière-fiefs, et seigneuries, en la baronnie de feu messire Hugues du Chastel, son père, et les tiers deniers de ses bois situés dans lesdits fiefs et arrière-fiefs, avec plein pouvoir de bâtir et édifier toutes forteresses ou maisons qu'il voudrait faire en ladite baronnie ; à quoi elle joignit 10 livres de rente que Geoffroy de la Roche et Iolende, sa femme, sœur de ladite Éléonore, prenaient sur les fossés de Digny, pour en jouir ledit seigneur de Menou et ses héritiers, sans autre redevoir qu'un éperon doré à chaque mutation de seigneurie, excepté les deniers des fossés de Digny. (*Original en parchemin aux archives d'Eure-et-Loir, à Chartres.*) (8)

<small>Bohum, connétable d'Angleterre. Fors, comte d'Albemarle.</small>

Nicolas de Menou, chevalier du roi, Gui de Neaufle, doyen de Saint-Martin de Tours, maître Eudes, trésorier de l'église de Bayeux, envoyés à Londres par le roi de France, négocièrent un traité avec Humphroy de Bohum, comte de Hereford et d'Essex, connétable d'Angleterre, et Guillaume de Fors, comte d'Albemarle, mandataires du roi d'Angleterre, le lundi après la Saint-Valentin, 1258. (*Original au Trésor des chartes.*) (9)

Il y a dans les archives de la Tour de Londres la minute d'une lettre que Henri III écrivit, le 16 février 1258, à saint Louis, pour lui annoncer que ses ambassadeurs avaient été reçus à leur arrivée avec tous les égards convenables, *eaque decuit veneratione* ; qu'il avait écouté leurs communications avec attention, et qu'il s'empresserait d'expédier les affaires qui faisaient l'objet de leur mission. Il paraît qu'ils étaient arrivés à Londres avant le 9 février, date des pleins pouvoirs donnés par Henri III au comte d'Essex, connétable d'Angleterre, et au comte d'Albemarle, pour négocier avec eux et jurer la paix en son nom.

Dans sa lettre, Henri III désigne Nicolas de Menou comme chevalier du roi, qualité qui lui est encore donnée dans plusieurs autres actes. (Rymer, *Acta publica*, t. I.)

Nicolas de Menou, *de Menoto*, chevalier, fut envoyé à Tours par saint Louis, et fit, avec M⁰ Jean de Troyes, une enquête sur les difficultés survenues entre le chapitre de Saint-Martin de Tours et les habitants du faubourg de Châteauneuf, qui avaient refusé de se rendre à l'appel du ban fait par ledit chapitre en 1260. (*Olim*, t. I, p. 116.)

Le seigneur Nicolas de Menou, *de Menoto*, est nommé dans un arrêt du parlement de Paris, en 1260, comme ayant, alors qu'il était bailli du roi, pris possession pour le roi des clefs et du scel de la ville de Clermont en Auvergne. (*Olim*, t. II, p. 471.)

Nicolas de Menou, *de Menoe*, vendit, en mars 1261, au prieur et frères de la milice du Temple de la maison de Buxières, les terres de Champrond et de Saint-Laurent au diocèse de Chartres, en présence de saint Louis, qui approuva et confirma cette vente, et qui qualifia Nicolas de Menou de son amé et fidèle chevalier, maître de ses arbalétriers, *magister balistariorum nostrorum*. (*Original en parchemin, aux archives de la famille.*)

Nicolas de Menou, *de Menoto*, chevalier, est nommé dans une enquête faite, en 1263, au sujet de difficultés survenues entre lui et les frères hospitaliers de la Renardière. Le parlement jugea que ledit Nicolas de Menou avait la haute justice sur ses terres et tous les droits qui avaient appartenu aux seigneurs de Châteauneuf, avec les tiers deniers sur les bois de Maupas. (*Olim*, t. II, p. 175.) (10)

Le seigneur Nicolas de Menou, chevalier du roi, *dominus Nicholaus de Menoto, miles domini regis*, Henri de Gaudonvilliers, chevalier, bailli du Berry, et Raoul de Trapes, sénéchal du Périgord, ayant été envoyés par saint Louis en Limousin, à l'occasion d'événements dont la ville de Châlus avait été le théâtre, ordonnèrent aux consuls et habitants de la ville de Figeac de les accompagner en armes à Châlus. Ceux-ci refusèrent, alléguant certains priviléges de nos rois, par lesquels ils étaient dispensés de se rendre à l'armée du prince hors les limites du diocèse de Cahors; néanmoins, le parlement, saisi de l'affaire, les condamna, en 1267, à l'amende. (*Olim*, t. I, p. 681.) (11)

« Le 9 mai 1268, Nicolas de Menou fit partage à ses enfants, dont copie dans les titres de Saint-Martin de Tours. » (*L'abbé* de VILLELOIN.)

Nicolas de Menou, chevalier du roi, fut envoyé par saint Louis avec Alain de Meulant, pour faire une enquête sur la plainte faite au roi par l'abbé de Saint-Ouen de Rouen, au sujet de certains outrages commis envers des personnes tenant au prieuré de Gaagny, par Jean Dubois, chevalier, et autres. Amende de 100 livres pour l'abbaye, de 100 livres pour le roi; emprisonnement à la volonté du roi. (*Olim*, t. II, p. 317.)

Nicolas de Menou eut pour femme Élisabeth d'Anjou. (*Arrêts* de 1667 et 1668.)

Nicolas de Menou, seigneur de Menou, Milly, les Friches, la Salle, Saint-Laurent et Champrond, chevalier du roi, maître des arbalétriers de saint Louis et son ambassadeur à Londres, est mort en 1270.

M. de Marolles, qui fut, depuis 1627 jusqu'en 1681, abbé de Villeloin en Touraine, a écrit que, de son temps, il y avait dans l'église Saint-Martin de Tours une tombe sur laquelle étaient représentées deux figures, l'une d'un homme armé, et l'autre d'une femme, avec une inscription en lettres gothiques, portant que là reposaient noble chevalier Nicolas de Menou, maître des arbalétriers de France, et noble dame Élisabeth d'Anjou, sa compagne et épouse. Au bas de cette tombe, on voyait les armes de Menou, écartelées d'Anjou ancien et de Bretagne. (12)

Guillaume de Menou servait, en août 1315, en la compagnie du comte de Poitiers, avec huit chevaliers de sa chambre reçus, à Arras, par les maréchaux Renaud de Lor et le Borgne de Céris. (*Chambre des comptes, extrait de l'abbé* DE CAMPS, vol. 83, Bibl. roy.)

Nicolas de Menou, deuxième du nom, chevalier, fut bailli du roi en Berry en 1277. (LA THAUMASSIÈRE, *Hist. du Berry*, chap. x, p. 50.)

Nicolas de Menou, *de Manoto*, chevalier, est cité au nombre des personnes qui rendirent hommage au R. P. Simon, évêque de Chartres, pour des propriétés situées à Tachainville, le lundi après la fête de la Madeleine, 1280. (*Cartulaire de l'évéché de Chartres*, livre noir, f° 328.)

*Meslay, Lessart, Galande, Bernay*

Nicolas de Menou, *de Menoto*, chevalier, fut témoin de l'hommage rendu à Paris, dans le grand palais, par Robert de Meslay, frère de Guillaume, vidame de Chartres, pour des terres sises à Saint-Georges sur Eure, qu'il tenait de feu Guillaume de Lessart; le mardi de l'Annonciation après la sainte Vierge, 1313. Autres témoins : Jean de Galande, le seigneur de Bernay et autres. (*Cartulaire de l'évêché de Chartres*, livre noir, f° 349.)

Henri de Menou est cité, dans un rôle de la chambre des comptes de Paris, parmi les censitaires qui tenaient des fiefs du roi en la châtellenie de Senonches, en 1302. (*Chambre des comptes*; DE CAMPS, vol. 83, Bibl. roy.)

## V<sup>e</sup> DEGRÉ.

SIMON de Menou, chevalier seigneur de Menou, eut une première femme dont on ne sait pas le nom; puis il épousa en secondes noces Alix de Melun, sœur de Jean, vicomte de Melun, comte de Tancarville, grand chambellan de France. Elle descendait des maisons de Joigny, Sancerre, Champagne et Sully. Il eut du premier lit :

PHILIPPE LE BEL.

    1° *Annor*, mariée à Gui Mauvoisin, seigneur de Bois-Fretteval;
    2° *Alix*, religieuse de Bellomer, qui reçut d'Alix de Melun un legs de dix livres de rente.

Du second lit sont issus :

    3° *Nicolas*, troisième du nom, qui suit.
    4° *Jean*, chevalier banneret.
    5° *Jeanne*, religieuse de Bellomer.

Simon de Menou est cité parmi les chevaliers de l'hôtel du roi *ayant bouche en cour* à la dernière croisade de saint Louis. (*Galeries de Versailles*, t. II, p. 153.)

Le seigneur Simon de Menou, *D. Symonus de Manoto*, fut du nombre des seigneurs du Perche cités, en 1272, pour rendre au roi le service qu'ils devaient dans ses armées. (LA ROQUE, *Hist. du ban et arrière-ban.*)

Simon de Menou, chevalier, servait dans l'armée de Philippe le Hardi en son voyage d'Aragon, en 1285, suivant le compte du munitionnaire de cette année. (*Preuves de cour.*)

Simon de Menou, chevalier, fut présent, avec le comte de Nevers, le comte d'Auxerre et plusieurs autres grands seigneurs, au contrat de mariage de Péronelle de Sully avec Geoffroi de Lusignan, passé à Paris au mois de février 1296. (*Preuves de cour.*)

Le comte de Nevers. Le comte d'Auxerre. Sully. Lusignan.

Simon de Menou, chevalier, vendit au roi une rente de 20 livres parisis sur la prévôté de Bourges, par acte passé à Verneuil, au Perche, l'an 1301, le vendredi après la Sainte-Luce, devant Pierre de Hangest, bailli de Gisors et de Verneuil. (*Original au Trésor des chartes*, n° 21, f° 318, parchemin scellé d'un sceau en cire rouge représentant *une bande*. Légende : S. SIMON DE MENOU, CHEVALIER.) (13)

Hangest.

Simon de *Manou* est cité, avec Jean et Henri de Menou, au nombre de ceux qui tenaient des fiefs dans la châtellenie de Senonches en 1302. (*Rôle de la chambre des comptes de Paris;* DE CAMPS, vol. 83, Bibl. roy.) (14)

Simon de Menou, *de Menoe*, obtint du roi Philippe le Bel des priviléges relatifs à ses bois, situés dans la châtellenie de Bellomer. Il est nommé par ce prince, *son amé chevalier*, dans cette charte, donnée à Vincennes au mois de mai 1304. (*Original en parchemin aux archives de la famille.*)

Monseigneur Simon de Menou, chevalier, est nommé dans une donation faite en 1308, au mois d'août, par Arnoul du Mesnil à l'abbaye de Notre-Dame de Lestrée, diocèse d'Évreux, d'une pièce de terre située dans la censive du seigneur de Menou. (*Preuves de cour.*)

Simon de Menou, chevalier, est nommé, avec Robert le vidame, aussi chevalier, dans un acte du mois de janvier 1308, comme devant asseoir en la châtellenie de Corno 4,000 livres en argent, avec 1,000 livrées de terre, que Henri de Sully s'engagea à donner à Péronelle, sa sœur, en faveur de son second mariage avec Jean de Dreux. (DUCHESNE, *Hist. de la maison de Dreux*, p. 106.)

Simon de Menou est qualifié chevalier, en 1309, dans le cartulaire de l'évêché de Chartres, p. 439.)

Simon de Menou, *de Menoto*, chevalier, fut nommé au mois de février 1309, avec Jean de Courtpalais, aussi chevalier, arbitre d'un différend qui s'était élevé entre Jean du Jard, archidiacre de Brenne, en l'église de Troyes, et Jeanne de Melun, dame de Cousances, à cause du bail de Simon et Marie de Melun, héritiers de feu Gilles de Melun, chevalier, fils de Simon de Melun, maréchal de France. (*Preuves de cour.*)

Simon de Menou fut envoyé par Philippe le Bel, avec Anseau de Joinville et Jean des Barres, pour la guerre qui se faisait contre le duc de Lorraine au sujet de Passavant en Argonne. (P. ANSELME, *Hist. des grands officiers*, t. VI, p. 686.)

Simon de Manou, chevalier, est nommé dans le cartulaire de l'évêché de Chartres, en l'année 1315. (*Cart. de l'évêché de Chartres*, f° 43.)

Messire Simon de Menou était l'un des chevaliers qui siégeaient au conseil de régence de Philippe le Long, convoqué par ordonnance du parlement et de la cour des comptes, rendue à Saint-Germain-en-Laye au mois de juillet 1316. (*Mémorial de la chambre des comptes de Paris*, DE CAMPS, vol. 83, Bibl. roy.) (15)

Noble homme monseigneur Simon de Menou, chevalier, et noble dame Alix, sa femme, demeurant à Heurelle, paroisse de Bacons, vendirent en 1317, au chapitre de Chartres, ce qu'ils avaient à Berchères-la-Maingot. (*Cart. de l'évêché de Chartres*, f° 3.)

Robert de Gouceaume, bailli de Chartres, messire Simon de Menou, chevalier, et Alix, sa femme, sont nommés dans le cartulaire en 1317. (*Cart. de l'évêché de Chartres*, f° 439.)

Monseigneur Simon de Menou est mentionné dans un procès-verbal fait à Bourges, au mois de novembre 1318, comme ayant quelques terres sous la mouvance du château de Charrost en Berry, appartenant à noble homme monseigneur Gauthier, sire dudit château. (*Preuves de cour.*) (16)

Monseigneur Simon de *Manou*, chevalier, rendit, le vendredi après la Saint-Martin de l'an 1319, foi et hommage à monseigneur l'évêque de Chartres, pour la mairie de Fresnoy, pour laquelle il fit rachat de 60 livres. L'évêque prétendait qu'il devait serment d'homme lige : Simon de Menou répondit *que en telle manière que ses devantiers y estoient illi entroit*. Les témoins furent Ivart de Lèves, le prévôt de Saint-Georges, Étienne de Chaustfour, Étienne Eschallart, Denis le Prêteur, M. Jehan de Leinsac, M. Jehan de Petit-Jehan, M. Jehan de Montlhéry, messire L. de Pontlevoy, lors bailli au lieu et en la ville de Pontgouin. (*Cart. de l'évêché de Chartres*, f° 427.)

Noble homme Simon de Menou, aussi nommé de *Manou* et qualifié monseigneur dans le corps de l'acte, fit un échange avec Colin de Cincourmes, écuyer, par acte passé, sous le scel de la châtellenie de Chartres, devant J. Sale, clerc-juré, et Jean de Montgison, tabellion de monseigneur le comte de Chartres ; ledit Cincourmes céda audit seigneur de Menou la moitié d'un hébergement appelé le châtel de Milly, avec la moitié des terres, bois, rivières, prés, cens, rentes, fiefs et arrière-fiefs, vasseurs, et tous autres domaines qui lui étaient échus par la mort de feu Jean de Cincourmes, fils de feu messire Simon de Cincourmes, chevalier, et qu'il tenait en fief de haut homme, noble et puissant seigneur le comte de Vendôme, seigneur de Feuillet, et de Guillaume de Lalande, écuyer, au fief de noble homme Nicolas Giffart en partie, et en partie en celui de Regnaut le Fournier, écuyer ; et ledit seigneur de Menou donna en échange audit sieur de Cincourmes tous les bois et les terres qu'il possédait en la ville et *au terroir de Cerées*, au fief de Guyot de Mondoucet, écuyer, et toutes les terres et dîmes qu'il avait en la ville et *au terroir* de Coudreil en la censive du seigneur de Menou, et six deniers par an de cens, mouvant de son héritage propre. L'an de grâce 1323, le lundi avant la Nativité de saint Jean-Baptiste. (*Original, à Boussay.*) (17)

Simon de Menou, chevalier, seigneur de Menou, Milly et autres lieux, chevalier du roi, membre du conseil de régence du royaume, est mort en 1325, après avoir fait un testament que l'on n'a pu retrouver. Sa femme, Alix de Melun, est morte à Paris en 1328. On donnera plus bas l'analyse de son testament.

Feu monseigneur Simon de Menou est rappelé dans un acte passé à Meun-sur-Loire le mardi après Pâques de l'an 1326, par lequel on voit que l'hébergement de Charonville, situé en la paroisse de Saint-Étienne de Gault, relevait de ses héritiers en foi et hommage, et qu'ils avaient quatre vassours, savoir : le chapitre de Saint-André de Châteaudun, Raoul le Barbier d'Aigueville, les héritiers de Jean Guiot de Blancheville, et Regnault le Vaassour de Vitré, pour quelques pièces de terre qu'ils possédaient de leur mouvance. (*Preuves de cour.*) (18)

Jean de Menou était mineur lorsqu'il fut institué, avec son frère aîné, héritier universel de sa mère, Alix de Melun. (*Archives de Boussay.*)

Jean de Menou fut du nombre des chevaliers bannerets qui, en 1340, servirent le roi en son *ost* de Bouvines, sous le gouvernement des maréchaux de France. (*Preuves de cour.*)

Monseigneur Jean de Menou *tenait de Geoffroi li maréchaux*, en 1350, selon l'extrait d'un titre de cette année. (*Preuves de cour.*)

Noble dame Alix de Melun, *nobilis domina, domina Aalixdis de Meleduno, domina de Menone, vidua*, fit son testament, sous le scel de l'official de Paris, le jeudi avant la fête Saint-Michel de l'an 1328, devant Laurent du Chesne et Robert Beradan, clercs dudit official et notaires-jurés, par lequel elle légua X livres tournois au curé de l'église de *Meno*, V sols au clerc de ladite église, et XX sols de rente perpétuelle audit curé et à ses successeurs curés de *Meno*, à prendre sur tous les cens et rentes qu'elle possédait sur ladite paroisse, pour faire solennellement son anniversaire chaque année au jour de son trépas. Elle choisit sa sépulture dans l'église de l'abbaye de Bellomer, au diocèse de Chartres, près ledit seigneur Simon de Menou, jadis son mari, à l'endroit réservé pour les personnes de l'église, et légua à cet effet sept livres tournois, *pro pitencia monialibus dicte abbatie facienda*. Elle fit divers legs pieux aux pauvres de Menou, de Jouy et de Jupilles, à douze églises des environs de Menou, et aux hôtels-Dieu de Chartres et d'Orléans;

elle fit d'autres legs à ses domestiques, à ses femmes et autres particuliers; laissa la somme de dix livres à la sœur Jeanne, religieuse de Bellomer; même somme à sœur Alix de Meno, aussi religieuse dudit monastère, à condition que si elle venait à mourir avant ladite testatrice, ladite somme retournerait à ladite Jeanne, fille de ladite testatrice; elle donna cent sols de rente à ladite abbaye de Bellomer, à prendre sur la cinquième partie des biens qu'elle possédait dans la prévôté d'Orléans; elle ordonna que si toutes les dispositions faites par ledit feu Simon de Menou, son mari, en son testament, n'avaient pas été remplies, elles le fussent sur tous ses biens. Elle institua ses héritiers universels Nicolas et Jean de Menou, ses fils, et nomma, pour les exécuteurs de ce testament, messire Henri de Cousances, chevalier, son neveu, ledit Nicolas, son fils, et monseigneur Jean de Menou, chevalier. (*Original*, *à Boussay*.) (19)

## VI<sup>e</sup> DEGRÉ.

Nicolas de Menou, troisième du nom, épousa Jeanne Péan, fille unique et héritière de Jean Péan, seigneur de Boussay, de Sennevières et du Méez, dont la femme était de l'ancienne maison de Palluau.

Jean Péan était petit-fils de Barthélemy Payen, l'un des chevaliers bannerets créés en 1213 par Philippe-Auguste pour la Touraine. Il était fils d'Isabelle de Preuilly, dont le frère, Eschivard, fut ce sire de Preuilly sous lequel saint Louis ordonna aux grands vassaux de la couronne de se trouver à Chinon le lendemain de l'octave de Pâques 1241, pour aller faire la guerre au comte de la Marche et au roi d'Angleterre; campagne qui se termina par la bataille de Taillebourg. Les Preuilly étaient premiers barons de Touraine; l'un d'eux est cité dans les vieilles chroniques comme inventeur des tournois, et un autre fut le fondateur de l'ancienne branche des comtes de Vendôme, dont une fille porta les biens à la maison de Bourbon. Les Preuilly possédaient la Roche-Posai, la Guierche et le Bouchet. Ils avaient fondé la Merci-Dieu en 1115, Boussay en 1024, et l'abbaye de Saint-Pierre de Preuilly en 1001.

Nicolas de Menou, étant veuf en 1346, épousa en secondes noces Marguerite de Clermont-Beauvoisis, fille de Raoul de Clermont et de Jeanne de Chambly. Marguerite de Clermont descendait de Simon de Clermont, régent du royaume en l'absence du roi saint Louis, 1270, et de Gui de Clermont, maréchal de France, tué à la bataille de Courtrai, 1302, en même temps que son frère le connétable Raoul de Clermont; elle était sœur de Jean de Clermont-Chantilly, maréchal de France, qui périt à la bataille de Poitiers, et de Robert de Clermont, maréchal du duc de Normandie, tué en défendant ce prince, depuis Charles V, dans une sédition qui eut lieu à

Paris en 1357. Dans sa famille il y avait eu un autre connétable, Raoul de Clermont, qui accompagna Philippe-Auguste en terre sainte, et mourut à Acre en 1191.

Du premier lit sont issus :

1° *Jean*, dit le seigneur du Meix, qui suit.

2° *Perrinet*, mentionné dans le partage des successions de ses père et mère. Il était mort sans postérité avant la Saint-André 1372, date du partage de sa succession.

3° *Amauri*, chevalier, seigneur de Sennevières, et après du Meix et de Jupilles, qui commanda une compagnie sous le duc de Berry en 1368, et mourut sans alliance avant la Saint-André 1372, après avoir laissé des legs à l'église de Sainte-Menhou de Palluau et à la collégiale de Loches.

4° *Alix*, mariée à Véron le Ver, chevalier, seigneur du Quesnoy ; il est fait mention d'elle dans le partage de 1361.

Du second lit :

5° *Jean*, seigneur de Montgobert, chambellan du roi, qui servit pendant vingt-deux ans à la tête de compagnies, et signala sa valeur sous Charles V et Charles VI. Sa branche sera rapportée en son lieu.

---

Melun.

Nicolas de Menou fut institué héritier universel par le testament de sa mère, dame Alix de Melun, de l'an 1328, avec Jean, son frère, et fut nommé l'un des exécuteurs dudit testament. (*Preuves de cour.*)

Péan.

Noble homme Nicolas de Menou reçut, comme seigneur de *Booçay*, au nom et pour cause de Jeanne Péan, sa femme, le mardi après la Fête-Dieu de l'an 1330, un aveu d'Aymon Cohet, seigneur de la Chambre. (Dom Housseau, n° 5190.) (20)

Mauvoisin.

Nicolas de Menou se rendit pleige avec Simon de Melun, écuyer, sire de la Salle, son cousin, et monseigneur Jean de Menou, chevalier, pour Annor de Menou, sa sœur, femme de Gui Mauvoisin, seigneur de Bois-Fretteval, le jeudi avant la Saint-Georges, 1331. (*Archives de Joursanvaux, à la bibliothèque de Blois.*) (21)

Vendôme.

Nicolas de Menou servait en qualité d'écuyer dans la compagnie de messire Amauri de Vendôme, chevalier banneret, seigneur de la Chartre-sur-Loir, et fut présent à la montre qui en fut faite en la ville du Mans le 12 décembre 1336. (*Chambre des comptes, extraits de* Gaignères, vol. 787, f° 417, Bibl. roy.)

Comte d'Eu.

Nicolas de Menou, parti en mars 1339 du Gué-les-Montessart en Touraine, servait en qualité de chevalier bachelier, ayant sous lui quatre écuyers, dans la bataille de monseigneur Raoul, comte d'Eu, connétable de France, lieutenant du roi, sur les frontières de Flandre : d'après un compte de Barthélemi du Drack, trésorier des guerres du roi en l'*ost* de Bouvines, du 9 mars 1339 au 1er octobre 1340. (*Chambre des comptes*; Decamps, vol. 83, f° 139.)

Messire Nicolas de Menou servait comme chevalier bachelier en l'*ost* de Bouvines, en la bataille de monseigneur le comte d'Alençon, ayant avec lui Garin de Beauvilliers, son compagnon, et neuf écuyers venus de Tournay, le 16 août 1340 : d'après un compte de Barthélemi du Drack. (*Chambre des comptes*; DECAMPS, f° 149).

Nicolas de Menou, chevalier, seigneur *de Booçay*, reçut, au nom de sa femme, un aveu, daté de la veille de la Saint-Michel de l'an 1342, que lui rendit Étienne de Vaux pour la terre de ce nom. (*Archives de Boussay.*)

Nicolas de Menou fit aveu pour sa terre de Boussay, en la baronnie de Preuilly, par acte passé sous le scel de la châtellenie de Tours, l'an 1342. (*Ibid.*)

Nicolas de Menou, chevalier, donna quittance, le 12 novembre 1345, à Jean Chauvel, trésorier des guerres, de 31 livres 13 sols sur ses gages et ceux de cinq écuyers de sa compagnie, employés aux guerres du Limousin : quittance datée de Poitiers, scellée d'un sceau en cire jaune chargé d'une *bande*. (*Preuves de cour.*)

Noble et puissant monseigneur Nicolas de Menou, chevalier, sire de Menou, au diocèse de Chartres, fonda, du consentement de *Jehanne*, sa femme, une chapelle en l'oratoire de son manoir de Menou, au diocèse de Chartres, en l'honneur de Dieu et sous l'invocation de la vierge Marie, pour le salut des âmes de feu monseigneur son père et de madame sa mère, pour célébrer audit oratoire par chaque semaine quatre messes, sauf et réservé au curé de l'église paroissiale dudit lieu de Menou les oblations faites audit oratoire, et le droit parochial. Il se réserva le droit de patronage pour lui et ses héritiers, et dota ladite chapelle de la somme de 20 livres tournois de rente, hypothéquée sur sa terre. Ledit seigneur nomma pour la première fois, à ladite chapelle, M. Jean Leconte, prêtre, curé de Menou. Cet acte, daté de *Meno* le 2 mai 1345, est à la suite des lettres de permission de l'évêque de Chartres, où ledit fondateur a la qualité de *nobilis militis, domini Colardi de Manoto*, et précède celle de Charles de Valois, comte d'Alençon et du Perche, qui qualifie ledit seigneur de Menou de *son amé compagnon*. Ces trois actes furent représentés le samedi après la fête Saint-André, apôtre (1348), par Jean Leconte, prêtre, et Huet Leconte, clerc tabellion juré, et Roger Grésiliette, devant Pierre de Perchependu, garde des sceaux de la vicomté de Verneuil, qui les scella du sceau de cette vicomté. (*Original en parchemin à Boussay.*)

Nicolas de Menou donna quittance à Micheau Canteau, commis à recevoir le subside d'Orléans, pour la somme de 649 livres 16 sous parisis, qu'il reçut sur ses gages et ceux de dix-neuf hommes d'armes de sa compagnie servant ès parties de Hesdin et de Calais, sous Pierre de Beaumont, seigneur de Charni, capitaine des gens d'armes et de pied de la baillie d'Orléans, le 17 août 1347. (*Preuves de cour.*)

Messire Nicolas de Menou, chevalier, possédait des héritages joignant la garenne et l'hébergement de Villeneuve, paroisse de Bacons, dont Philippe le Poitevin, chevalier, fit l'aveu au duc d'Orléans, à cause de Beaugency, le mercredi après *Reminiscere* de l'an 1351. (*Cartulaire des fiefs du duché d'Orléans.*)

Nicolas de Menou, chevalier, donna quittance à Jean de le Warde, lieutenant de Jean Chauvel, trésorier des guerres du roi, pour la somme de 165 livres tournois *en prest* sur ses gages et ceux de deux autres chevaliers et d'un écuyer de sa compagnie étant au service du roi, ès guerres de Bretagne, sous le gouvernement de M. le vicomte de Melun, lieutenant du roi dans ladite province. Cette quittance, datée du *Logéis* devant Ploërmel, le dernier juillet 1351, est scellée, sur queue de parchemin, d'un sceau en cire rouge représentant une *bande;* cimier : une tête de vieillard. (*Original à la Bibl. roy., titres scellés,* vol. 73.)

Nicolas de Menou est mentionné dans le Cartulaire de l'évêché de Chartres, en l'année 1352, f° 440.

Messire Nicolas de Menou et messire Simon de Melun, héritiers de feu messire Simon de Melun, sont portés pour la somme de 133 livres 6 sous 8 deniers dans le compte d'Étienne Brétois, receveur du bailliage d'Orléans dans l'année 1352. (*Chambre des comptes de Paris; Bibl. d'Orléans,* ms. n° 453, p. 28.)

Noble et puissant seigneur Nicolas de Menou, chevalier, sire de Menou et de Sennevières, ayant le bail et garde noble des enfants de lui et de feu noble dame Jeanne *Péanne*, jadis sa femme, reçut de Pierre Sabart, au nom de Jeanne de Bois-Simon, aveu de la dîme de la paroisse Saint-Hippolyte, se partageant par indivis avec le seigneur du Breuil-Doré, et mouvante de la seigneurie de Sennevières, en 1355. (MAROLLES, *Titres de Baudiment.*)

Dans un aveu de la seigneurie de Villentrois, rendu en 1388, il est dit que Nicolas de Menou tenait en fief de Guillaume de Bois-Simon, et en arrière-fief de Villentrois, la moitié de la dîme de Croyvre, se partageant avec le sieur de Plainvilliers.

Noble homme Nicolas, sire de Menou, chevalier, reconnut avoir vendu 80 livres de rente du propre héritage de madame Marguerite de Clermont, sa femme; et comme ces deniers avaient été employés à son propre profit, il assigna sur ses terres, à ladite dame sa femme et à ses hoirs, 80 livres de rentes. Acte passé le 29 août 1356, scellé du scel de la châtellenie de Châteauneuf; vidimus du 5 août 1358, signé Coistel et Carpentier. (*Original à Boussay*.) (22)

Nicolas de Menou, troisième du nom, chevalier, seigneur de Menou, Milly, Boussay, Sennevières, du Méez, de Jupilles, et des dîmes de Saint-Georges, est mort en septembre 1356. Sa première femme est morte en 1346; la seconde est restée veuve, et n'est morte qu'en 1378.

Amauri de Menou, chevalier, seigneur de Sennevières, tant en son nom que comme se portant fort pour son frère Perrinet, fit avec Jean de Menou, son frère aîné, un partage des biens délaissés par leurs père et mère. La terre de Jupilles, près Boussac, échut à Perrinet et Amauri, avec tout ce que leur père avait eu dans l'étendue de la châtellenie et ressort d'Issoudun, la dîme de Saint-Georges, etc. Acte passé devant Sevreau, notaire à Loches, le samedi après l'Assomption de Notre-Dame, 1361. (*Preuves pour Saint-Cyr*, 1702.)

Amauri de Menou servait en qualité d'écuyer dans la compagnie de Jean le Meingre, dit Boucicault, maréchal de France, dont la montre se fit le 23 janvier 1368. (*Preuves de cour*.)

Messire Amauri de Menou, chevalier, servait avec un autre chevalier et sept écuyers sous le duc de Berry et d'Auvergne, suivant le compte de Jean le Mercier, trésorier des guerres, du 1er avril 1368 au dernier mars 1369. (*Preuves de cour*.)

Amauri de Menou, chevalier, seigneur de Sennevières et du Meix, abandonna à Philippon Savary, fils de Huguet Savary, écuyer, l'hôtel de Laviz avec ses dépendances, et reçut en échange tout ce que ledit Philippon avait eu par donation de feu Guillaume d'Entresgues en maisons, prés, vignes, terres, bois, cens, dîmes, terrages, avinages, obliages, hommes et femmes de corps, taillables, etc.; — acte passé, en la cour du duc de Touraine, à Châtillon-sur-Indre, le samedi fête de la Conversion de saint Paul, 1370. (*Archives du château du Méez*.)

Amauri de Menou était mort sans postérité, le mardi avant la fête Saint-André 1372, jour où Jean de Menou, son frère aîné, et Jean, son frère puîné, partagèrent sa succession. Il avait donné à l'église Sainte-Menhou de Palluau 10 livres de rente sur les tailles de Jupilles. (*Ibid*.)

Il est mentionné dans les titres de la chartreuse de Liget. (Dom VILLEVIEILLE.)

Son anniversaire se célébrait le 3 décembre, dans l'église collégiale de Loches. (Dom HOUSSEAU.)

## VIIᵉ DEGRÉ.

JEAN de Menou, cinquième du nom, *seigneur du Meix*, avait suivi son père à la bataille de Poitiers, où il fut fait prisonnier avec le roi Jean, et conduit en Angleterre à la suite de ce prince. Il revint en France, en 1359, avec ses oncles le comte de Tancarville, grand chambellan de France, et Guillaume de Melun, archevêque de Sens, qui apporta sur le continent les conditions proposées pour la délivrance du roi. Il épousa demoiselle Agnès de Galardon, dame de Remenonville, issue d'une noble famille dont la filiation se suit depuis l'an 1075. Elle descendait des Montgommery-Bellesme et des anciens vicomtes de Châteaudun. En 1219, Thierri de Galardon était sénéchal de la Touraine et du Poitou. Philippe de Galardon était maître des arbalétriers de France en 1287, et Pierre de Galardon en 1321.

De ce mariage sont issus :

1° *Jean*, chevalier, seigneur de Remenonville et de Jupilles, chambellan du roi, qui, après de longs services, mourut sans laisser de postérité; son article suit.

2° *Pierre*, qui continua la branche aînée, et dont l'article suivra.

3° *Colinet*, qui forma la branche du Méez de Menou, et dont l'article sera rapporté en son lieu.

4° *Isabeau*, qui épousa Guillaume Tranchelion, écuyer, seigneur de Palluau et de Marteau, dont elle eut entre autres enfants Guillaume, seigneur de Palluau, et Jean, seigneur de Marteau, qui fut conseiller, chambellan du duc de Bourbon, et successivement capitaine de Moulins, de Montluçon et d'autres villes. Isabeau de Menou épousa en secondes noces Robert de Hellande, frère de Guillaume, évêque-comte de Beauvais et pair de France. Elle n'eut pas d'enfants de cette union.

---

Jean, sire de *Meno*, servait avec un autre chevalier, un écuyer et un archer, *pour le fait de Bruzolles*, sous le gouvernement de Jean l'Estandart, chevalier, suivant un compte de Nicolas Odde, trésorier des guerres, du 24 mars 1358 au 28 mars 1368. (*Preuves de cour.*)

Monseigneur Jean de Menou, chevalier, fils aîné de feu messire Nicolas de Menou, transigea pour lui et ses frères germains, au sujet de la succession mobilière dudit Nicolas, avec noble dame Marguerite de Clermont, sa veuve, agissant tant en son propre nom qu'en qualité de gardienne de Jean de Menou, son fils mineur. Acte passé devant P. de Lalande, bailli du roi à Chartres, sous le scel de la châtellenie de Chartres, le 11 août 1361. (*Original à Boussay.*)

Noble homme Jean de Menou, chevalier, fit, avec son frère Amauri, qui se porta fort pour leur frère Perrinet, le partage des biens échus par le décès de

Nicolas de Menou, leur père, et de feu noble dame Jeanne Péan, leur mère. Acte reçu par Sevreau, notaire à Loches, le samedi après l'Assomption de Notre-Dame, 1361. (*Preuves pour Saint-Cyr*, 1702.)

Jean, sire de *Meno* et de Boussay, chevalier, ayant procès avec la dame de Preuilly, qui aurait voulu l'empêcher de tenir ses plaids de quinzaine en quinzaine sur ses terres de Boussay, obtint du roi Jean des lettres royaux qui le désignent ainsi, *Johannes, dominus de Meno et de Boussaio, miles*, le 19 août 1362. (*Archives de Boussay*.)

Jean de Menou, chevalier, seigneur de Boussay, reçut l'aveu du fief de la Pinotière; dans cet acte, et dans un autre du mois de juin 1364, il est appelé haut homme, noble et puissant seigneur, monseigneur, sire de *Meno* et de *Boocay*. (*Ibid.*)

Jean de Menou fit aveu à Preuilly pour sa terre de Boussay, le 28 décembre 1364. (*Ibid.*)

Monseigneur Jean de Menou, chevalier, reçut de Pierre de Notre-Dame de Preuilly la cession des foi et hommage de Chamves, etc., par acte du dimanche *Judica me* de l'an de grâce 1365. (*Ibid.*)

Monseigneur Jean, sire de Menou, chevalier, reçut, à cause de sa seigneurie de Boussay, du chapitre et des chanoines de Saint-Pierre de Poitiers, l'aveu de la terre de la Patrière et le rachat de ladite terre. Acte du 17 octobre 1366. (*Ibid.*)

Il reçut également l'aveu de la terre et seigneurie d'Oyrai, le dimanche avant la Conception de l'an 1366. (*Ibid.*)

Jean de Menou, chevalier, seigneur de Boussay, vendit à Jaquelin d'Andigni, chevalier, la foi et hommage, service et obéissance que la terre d'Andigni devait à sa seigneurie de *Booçay*, se réservant six deniers de franc devoir chaque année, requérables à Andigni. Acte du 1$^{er}$ septembre 1367. (*Ibid.*)

Il reçut, à cause de sa seigneurie de Boussay, aveu de la terre et seigneurie de Rouvrai. Dans l'acte, qui est de la veille de la Notre-Dame de septembre 1369, il est qualifié très-cher et redouté seigneur. (*Ibid.*)

Noble homme monseigneur Jean de Menou, chevalier, ayant hérité, avec Jean, son frère puîné, de la terre de Jupilles et dépendances, de plusieurs rentes en blé, assises au lieu de Bonnes-Rendues, près d'Issoudun, et des dîmes de Saint-Georges, près de cette ville, fit avec lui un échange par lequel il reçut tous les héritages assis audit lieu de Jupilles, en maisons, terres, bois, prés, buissons, cens, rentes, taillis, domaines de corps, dîmes et autres redevances, et généralement tous les revenus et autres choses qui leur étaient échues par la mort de Perrinet et Amaury de Menou. En retour, ledit sieur de Menou céda à son frère puîné les château et lieu de Menou avec toutes leurs dépendances, tant en châteaux, maisons et édifices qu'en terres, cens, rentes, fiefs, arrière-fiefs, étangs, garennes, justice haute, moyenne et basse, et généralement tous les autres revenus et héritages qu'il possédait audit lieu, ainsi que les bois qu'il avait près de Senlis; le tout franc et quitte de toute redevance, excepté seulement 20 livres tournois de rente dues à Jeanne de Menou, sa tante, religieuse à Bellomer, à prendre, sa vie durant, sur le péage du lieu appelé la Fontaine-Symon, et la rente qui était due à l'abbaye de Saint-Vincent des Bois; ledit seigneur de Menou s'engageait en outre à faire renoncer Agnès de Galardon, sa femme, au douaire qu'elle pouvait avoir sur les choses ci-dessus échangées; acte passé sous le scel de la prévôté d'Orléans, devant Guillaume le Gallais, tabellion-juré du roi au ressort de ladite prévôté, le mardi jour de la Saint-André, 1372. (*Original en parchemin, à Boussay.*)

<small>Abbaye de Bellomer.</small>

<small>Abbaye de St.-Vincent. Galardon.</small>

<small>Galardon.</small>

Madame Agnès de Galardon, autorisée de noble homme messire Jean de Menou, chevalier, son mari, donna, par suite de l'échange ci-dessus, sa renonciation au douaire qu'elle pouvait avoir sur les lieux, château, rentes et revenus de Menou, et sur tous les autres héritages cédés par ledit seigneur son mari à son beau-frère, en échange de la terre de Jupilles et de ses dépendances; acte passé sous le scel de la prévôté d'Orléans, devant Guillaume le Gallais, tabellion-juré du roi au ressort de ladite prévôté, le lendemain de la fête de la Nativité de Notre-Seigneur, 1372. (*Original en parchemin, à Boussay.*)

Messire Jean de Menou, chevalier, renonça à la souffrance, foi et hommage qu'il devait pour le châtel de Menou et ses appartenances, en faveur de Jean de Menou, son frère puîné, à qui il avait donné cette terre en échange; renonciation faite par Jean de Crèvecœur, son procureur, entre les mains de Marie d'Espagne, comtesse d'Alençon, du Perche et d'Étampes, qui l'accepta par acte daté de Paris le 5 février 1372, et scellé en cire rouge. (Dom Housseau, n° 5244.)

<small>Crèvecœur. La comtesse d'Alençon.</small>

<small>D'Oinville. Poillevilain.</small>

Messire Jean de Menou, chevalier, paya 11 francs d'or au trésor royal pour quelques biens qu'il tenait, conjointement avec Hugues d'Oinville, aussi chevalier, de feu Jean de Poillevilain, suivant un compte dudit trésor, du 1$^{er}$ janvier 1372 au 1$^{er}$ juillet 1373. (*Preuves de cour.*)

Jean de Menou, chevalier, seigneur de Boussay, rendit aveu au seigneur baron de Preuilly pour sa terre de Boussay, y compris celle de Charnisai, tenue en parage par Jean de Chambon. Acte daté du jour de la Madeleine 1374. (*Arch. de Boussay.*)

Jean de Menou, chevalier, donna quittance, le 12 août 1376, à Jacques Renart, trésorier des guerres du roi, de la somme de 80 livres tournois qu'il reçut en prêt sur ses gages et ceux de quatre écuyers de sa chambre étant au service du roi aux guerres du Périgord, Limousin, Saintonge et Angoumois, en la compagnie de Louis de Sancerre, maréchal de France. (*Original en parchemin à la Bibl. roy.*, titres scellés, vol. 73. — Le sceau représente *une bande ;* cimier : une tête de vieillard chevelue.)

Messire Jean de Menou, chevalier, est nommé dans un aveu rendu, le 4 mars 1377, à Iolande de Flandres, par Pierre de Bournassel, chevalier, conseiller du roi pour la maison et les appartenances de Montreuil qui étaient contiguës aux terres dudit seigneur, Jean de Menou, au diocèse de Chartres. (*Preuves de cour.*)

Messire Jean de Menou, chevalier, seigneur de Remenonville, et Agnès de Galardon, sa femme, sont nommés, en 1383, comme père et mère de Jean de Menou, chevalier. (*Preuves de cour.*)

Messire Jean de Menou, chevalier, avait une compagnie composée de deux autres chevaliers et de vingt écuyers, dont montre fut faite à Orléans le 6 septembre 1386, suivant un compte de dépenses faites pour *le voyage d'Angleterre* ordonné par le roi, et pour lequel il avait mandé les ducs de Berry, de Bourgogne et de Bourbon, et plusieurs autres ducs, comtes et barons, et autres seigneurs et capitaines du royaume et du dehors. (*Bibl roy.*, *Supplément français*, vol. 2342.) (23)

Jean de Menou, seigneur de Boussay, du Meix et autres lieux, reçut un aveu pour les bois d'Ivesneau, qui lui fut rendu, à cause de Sennevières, en 1398. (*Archives de Baudiment.*)

Messire Jean de Menou était seigneur de Remenonville en 1398 ; le comte d'Étampes étant en procès avec l'évêque de Chartres au sujet de la haute justice de Remenonville, qu'il réclamait comme seigneur de Galardon, Jaquet de Champront, sergent du roi et juge, avait été commis par le roi pour gouverner les ressorts et souveraineté de la justice de Remenonville, appartenant audit seigneur de Menou. Il y eut appel au parlement et accord le 13 juin 1398. (*Arch. du roy.*, *section judiciaire*, *accords*, n°ˢ 408 et 409.) (24)

4.

Noble homme messire Jean de Menou, chevalier, est qualifié seigneur de Remenonville en 1398. (*Preuves de cour.*)

Messire Jean de Menou, chevalier, est nommé avec Pierre, son fils, et Jean de la Serre, écuyer, dans un état des amendes du parlement de l'an 1399, au mois de mai. (*Preuves de cour.*)

Galardon. Noble homme messire Jean de Menou, chevalier, seigneur du Meix, fit le partage de ses biens et de ceux de feu noble dame Agnès de Galardon, sa femme, entre ses enfants. Par ce partage, il donna à Jean de Menou, son fils aîné, tous les héritages que ladite dame de Galardon, sa mère, possédait au jour de son décès, avec la terre de Jupilles et ses dépendances; à Perrinet de Menou, les terres de *Bocay* et de la Forge, avec tous les droits, profits et revenus; à Colinet, son troisième fils, les terres du Meix et de Lougny, avec tous les droits et revenus, consistant en maisons, hébergements, garennes, terres, prés, vignes, cens, dîmes, rentes, hommes et femmes de corps et de service, etc.; et à Isabeau, sa fille, l'hôtel de Sennevières, avec toutes les dépendances; à condition que ledit Jean, son fils aîné, donnerait à ladite Isabeau la dîme de Sanvennes, évaluée à la somme de 50 livres tournois, et 100 livres tournois une fois payées, et auxdits Perrinet et Colinet de Menou, la somme de 100 livres aussi une fois payée, en compensation de tous ces partages, sous la réserve néanmoins de l'usufruit de tous ces héritages, que ledit seigneur de Menou garda sa vie durant. Acte passé, le 9 août 1401, sous le scel de la cour de Châtillon-sur-Indre, en présence de M<sup>e</sup> Jean Hamelin, de Jean Itier, prêtre, et de Jean Dorgnac. (*Original à Boussay.*)

Noble homme messire Jean de Menou l'aîné, chevalier, seigneur du Meix, de Sennevières et de Boussay, assista au contrat de mariage de son fils Perrinet, à Tours, le 5 février 1402. (*Preuves de cour.*)

Jean de Menou, lieutenant de haut et puissant seigneur Louis de Bourbon, comte de Vendôme, capitaine de Loches, donna quittance à honorable homme et sage P. de Riberac, receveur de Touraine, de la somme de 50 livres pour ses gages de la Toussaint, qu'il reçut par les mains d'Étienne du Ru, lieutenant dudit Riberac, à Loches, le 18 novembre 1406; le scel représente *une bande*. (*Preuves de cour.*)

Jean de Menou, chevalier, chambellan du roi, et lieutenant de haut et puissant seigneur monseigneur le comte de Vendôme, capitaine du château et de la ville de Loches, donna quittance à Éliot de la Guionnie, receveur de Touraine, de la somme de 50 livres pour un terme de ses gages de la garde de ladite ville et château. Cette quittance, datée du 11 novembre 1411, et scellée d'un scel en cire rouge représentant une *bande;* cimier : une tête de vieillard couronnée. (*Bib. roy.*, *titres scellés*, vol. 73.)

Noble personne messire Jean de Menou l'aîné, chevalier, seigneur du Meix, fit transport des foi et hommage appartenant aux terres et hôtels du Meix et de la Roche-Louvigni, à Colinet de Menou, son fils, auquel il avait donné ces terres en partage. Acte reçu par Lagrée, notaire à Loches, en présence de Pierre de Menou, son fils, le 17 février 1411.

Jean de Menou, chevalier, lieutenant du comte de Vendôme, capitaine de Loches, donna quittance de 25 livres, sur 50 de ses gages, à F. Piot, receveur de Touraine; quittance signée le 20 janvier 1413, et scellée d'un sceau en cire jaune représentant *une bande;* cimier : une tête de vieillard couronnée. (*Original à la Bib. roy.*, *titres scellés*, vol. 73.) (25)

Jean de Menou, cinquième du nom, chevalier, seigneur de Boussay, de Sennevières, de la Roche-Louvigni, du Meix, de Jupilles et de Remenonville, capitaine de cinquante hommes d'armes, chambellan du roi et lieutenant de Louis de Bourbon, comte de Vendôme, est mort en 1414. Agnès de Galardon, sa femme, était morte en 1398.

Isabeau de Menou fit avec son mari un acte de reconnaissance et de quittance le 19 avril après Pâques 1419, et reçut la même année, à cause de Sennevières, un aveu pour la moitié de la grande dîme du Bridoré.

Isabeau de Menou obtint, le 4 janvier 1441, de Charles VII, la permission de fortifier son hôtel de Sennevières (GAIGNÈRES, *Extraits des titres de Touraine*, Bibl. roy.), et, en 1445, elle recueillit sa part dans la succession de son frère aîné, Jean de Menou, seigneur de Remenonville.

Messire Jean de Menou, sixième du nom, est nommé, dans un acte de 1383, comme fils de Jean de Menou et d'Agnès de Galardon. (*Preuves de cour.*)

Jean de Menou, écuyer banneret, fit la montre de deux chevaliers bacheliers et dix écuyers de sa compagnie, reçue au bourg de Diex le premier jour de mai 1393. — Chevaliers : Jehan, seigneur de Lisle-Bouchard; Estienne de Loncpré. — Écuyers : Perrinet de Menou, Gauthier de Menou, Symon Guenant, Jeh. de Bruellat, Bertrand Tranchelion, Jaquet de la Porte, Jeh. de Gaucourt, Olivier du Fresnoy, Olivier du Guesclin, Bruyant du Coulombier. (*Original en parchemin à la Bibl. royale.*)

Lisle-Bouchard.
Tranchelion.
Gaucourt.
Du Guesclin.

Il donna, le lendemain, quittance à Jean Chanteprime, trésorier des guerres du roi, de la somme de 225 livres tournois qu'il reçut en prêt sur ses gages et ceux desdits chevaliers et écuyers de sa compagnie, servant sous messire Jean le Meingre, dit Boucicaut, maréchal de France, dans le *voyage* qu'il avait résolu de faire devant la ville et château de Domme. (*Original, en parchemin, à la Bibl. roy., titres scellés, vol.* 73. — Le scel, en cire rouge, représente *une bande* et *un lambel*; cimier : une tête de vieillard chevelue. Légende : JEH. SIRE DE MENOU.)

Monseigneur Jean de Menou, chevalier, seigneur de Remenonville, chambellan du roi, céda à Louis, duc d'Orléans, une rente de 133 livres 6 sols 8 deniers, qu'il avait droit et coutume de prendre, chaque année, sur la prévôté d'Orléans, et qui lui avait été transportée par messire Jean de Menou et Agnès de Galardon, ses père et mère. Acte passé à Paris, devant V. Chaon et Jean Gison, notaires au Châtelet, sous le scel de la prévôté; Jean, seigneur de Folleville, chevalier, chambellan du roi, étant garde de ladite prévôté, le 23 juin 1400. (*Original aux Arch. du roy.*)

Messire Jean de Menou, chevalier, fut partagé par son père de tous les héritages qu'avait possédés sa mère, et de la terre de Jupilles avec ses dépendances, le 9 août 1401. (*Original à Boussay.*)

Messire Jean de Menou, chevalier, assista au contrat de mariage de son frère Perrinet le 5 février 1402, et la même année il fit un bail de certaines propriétés qu'il avait près de Bourges. (*Gallia christiana,* t. II, p. 1209.)

Messire Jean de Menou, ayant cause de feu messire Simon de Melun, vendit au duc d'Orléans 80 livres de rente, faisant partie de plus fortes rentes que ledit messire Jean prenait sur la recette du duché d'Orléans en 1400, selon le compte de Robin Braffard, commis à la recette dudit duché, de la Saint-Jean 1424 audit jour 1427. (*Archives du duché d'Orléans.*)

Jean de Menou, chevalier, donna quittance, le 14 septembre 1415, à Macé Héron, trésorier des guerres du roi, de la somme de 225 livres tournois qu'il reçut en prêt sur ses gages et ceux d'un autre chevalier et de onze écuyers de sa compagnie, étant au service du roi pour résister à son adversaire d'Angleterre, et à sa puissance et partout ailleurs, sous le gouvernement de monseigneur le comte de Vendôme, conseiller, grand maître d'hôtel du roi. (*Original à la Bibl. roy., titres scellés,* vol. 73; le scel en cire rouge représente *une bande*; cimier : une tête de vieillard chevelue; légende : SCEL JEHAN DE MENOU, CHEVALIER.)

Jean de Menou, chevalier, seigneur de Remenonville et de Jupilles, chambellan du roi, est mort sans postérité. Sa succession fut recueillie, en 1445, par Jean de Menou, seigneur de la Ferté-Menou et de Villegongis, Louis de Menou, seigneur du Méez de Menou, ses neveux, et la dame de Hellande, sa sœur.

## VIII<sup>e</sup> DEGRÉ.

PIERRE de Menou, premier du nom, seigneur de Boussay et de la Forge, épousa en 1402 Marguerite de Fougières, dame de la Ferté-Sainte-Fauste; il se maria en secondes noces avec Marguerite de Brosse, dont il n'eut point d'enfant.

Du premier lit il laissa :

1° *Jean*, qui suit.
2° *Philippe*, mariée à Louis de la Marche, chevalier.

---

Pierre de Menou, écuyer, était dans la compagnie de son frère aîné, Jean de Menou, écuyer, dont la montre fut faite, le 1<sup>er</sup> mai 1393, au bourg de Diex, pour faire la guerre en Limousin et en Périgord, sous le maréchal de Boucicaut. (*Original en parchemin à la Bibl. roy.*)

Pierre de Menou, écuyer, est nommé, avec son père, dans un état des amendes du parlement de l'année 1399, au terme de la Saint-Jean. (*Preuves de cour.*)

Pierre de Menou fut partagé par son père des terres de *Boçai* et de la Forge, avec toutes leurs dépendances, le 9 août 1401. (*Original à Boussay.*)

Pierre de Menou épousa Marguerite de Fougières, fille de messire Eudes de Fougières, chevalier, seigneur de Fougières et de la Ferté Sainte-Fauste, et de Jeanne de la Celle, dame de Méré, sa femme. Lesdits seigneur et dame de Fougières donnèrent aux futurs époux une rente perpétuelle de 40 livres, la somme de 200 livres tournois une fois payée, dont la moitié devait être convertie en héritages au profit de ladite Marguerite, et la terre de Méré avec ses dépendances, en cas que la dame de Méré, mère de ladite dame de la Celle, mourût avant sa fille; mais au cas que ladite dame survécût à sa fille, ledit seigneur de Fougières accorda à la future épouse l'hôtel de Germaigne avec ses dépendances, laissant néanmoins aux héritiers de ladite dame de Méré le pouvoir d'échanger la terre de ce nom avec les futurs époux pour ledit hôtel de Germaigne. Et ledit seigneur de Menou, père du futur époux, assigna à ladite demoiselle de Fougières, pour son douaire, la tierce partie de la terre de Boussay et de la Forge. Contrat passé, le 3 février 1402, sous le scel de la châtellenie de Tours, en présence de nobles personnes, messire Guillaume Guenant, chevalier, seigneur des Bordes, messire Jean de Menou le jeune, Guillaume Tranchelion, Bertrand Tranchelion, Imbaut d'Azai, Colinet de Menou, Guiot de Fougières, Adam d'Azai, Philippon de Fougières, et autres. (*Preuves de cour.*)

Pierre de Menou fut témoin, le 17 février 1411, d'un acte reçu devant Lagrée, notaire royal à Loches, par lequel noble homme messire Jean de Menou, chevalier, seigneur du Meix, son père, transporta à Colinet de Menou, écuyer, frère dudit Pierre, les foi et hommage appartenant aux terres et hôtels du Meix et de la Roche-Louvigni, qu'il lui avait donnés en partage. (*Preuves pour Saint-Cyr*, 1702.)

Pierre de Menou, lieutenant de Loches pour le comte de Vendôme, capitaine dudit château, donna en cette qualité une quittance le 20 juin 1414, et une autre le 24 janvier 1414 (ancien style), l'une et l'autre scellées d'un scel en cire rouge représentant une *bande chargée d'un lambel*. (*Preuves de cour. — Ms. de la Bibl. de l'Arsenal*, n° 705.)

Pierre de Menou épousa en secondes noces Marguerite de Brosse, dont il n'eut point d'enfant. (*Archives de Boussay. — Mémoires de Marolles.*)

Pierre de Menou est qualifié amiral dans les lettres patentes de Louis XIV. D'après les renseignements trouvés à Boussay, il paraîtrait que son commandement s'étendait sur la mer d'Oleron. (26)

L'anniversaire de Pierre de Menou se célébrait, le 5 octobre, en l'église collégiale de Loches. (Dom Housseau.)

## IXᵉ DEGRÉ.

JEAN de Menou, septième du nom, épousa, le 3 janvier 1435, Jaqueline de Chamborant, dont il eut :     CHARLES VII.

    1° *Trignan*, qui suit.

    2° *Philippe*, qui continua la branche aînée, et dont l'article suivra celui de son frère.

    3° *Catherine*, qui épousa, par contrat du 24 novembre 1460, noble homme Claude de la Châtre, écuyer, conseiller chambellan du roi, puis capitaine des gardes de Louis XI et de Charles VIII, et chevalier de l'ordre du roi.     La Châtre.

---

Jean de Menou, ayant reçu ordre du roi de se jeter dans Orléans, conduisit des secours à la défense de cette place. (DOM HOUSSEAU, n° 5192.)

Noble homme messire Jean de Menou, chevalier, seigneur de Boussay, traita du mariage de Philippe de Menou, sa sœur, le 20 mai 1435, avec Louis de la Marche, chevalier, par acte passé sous le scel de la cour de noble et puissant seigneur, monseigneur de *Château-Raoulx*, devant Jean Baré, clerc-juré, notaire audit scel; ledit seigneur de Menou, tant en son nom qu'en celui de la demoiselle future épouse, sa sœur, absente, lui constitua en dot la somme de 60 livres tournois de rente, pour tous les droits qu'elle avait sur la succession de leurs père et mère et tous autres : laquelle rente il promit d'asseoir sur ses biens dans l'espace de l'année, faute de quoi il serait obligé de payer par an, auxdits époux, 60 écus ou réaux d'or du poids de six au marc, jusqu'à ce qu'il eût satisfait à cette clause; et il s'engagea de payer en outre à ladite demoiselle, sa sœur, la somme de 500 écus ou réaux d'or au poids susdit, en trois termes, savoir : 300 après la célébration dudit mariage, 100 l'année suivante et le reste la deuxième année; le tout à condition que ladite future épouse renoncerait à tout ce qu'elle pourrait réclamer sur ledit seigneur son frère. (*Original en parchemin à Boussay.*)     La Marche.

Noble et puissant homme Jean de Menou, chevalier, seigneur de la Ferté près Issoudun, épousa, par contrat passé le 3 janvier 1435 devant Thomas Challandrand, clerc notaire juré de l'official de Bourges, demoiselle Jaquette de Chamborant, fille de noble et puissant homme messire Foucaud de Chamborant, chevalier, seigneur de Chamborant, de Droux, de la Clavière et de Vauzelles. Ledit seigneur donna à la demoiselle future épouse, sa fille, 500 écus d'or au coin du roi, du poids de 3 deniers chacun, savoir : 300 à payer le jour de la célébration du mariage, et les 200     Chamborant.

autres quatre ans après, et la terre de Vauzelles, située dans la baronnie de Châteauroux, avec ses dépendances, maisons, vergers, vignes, terres, prés, forêts, garennes, étangs, hommes et femmes de condition servile, cens, rentes, droits, tels que ledit seigneur de Chamborant les possédait aux paroisses d'Arthon et de Bouësses; il déclara que s'il venait à mourir sans enfants mâles, tous ses biens seraient partagés entre ses filles ou leurs enfants, auquel cas ladite demoiselle future épouse emporterait par préciput avant ses sœurs la terre et la justice de Droux. Le seigneur de Menou assigna pour douaire à sa future épouse l'hôtel et le manoir de la Forge, situés dans le territoire de Preuilly, avec les dépendances, vergers, garennes, colombiers, etc., et 100 livres de rente annuelle qui devaient être hypothéquées sur les terres les plus voisines dudit manoir de la Forge. Il fut en outre convenu que les héritiers dudit seigneur de Menou seraient tenus de rendre à ladite demoiselle de Chamborant 200 écus d'or, ou de lui payer une rente annuelle de vingt livres tournois. (*Original à Boussay.*)

Jean de Menou, chevalier, seigneur de Boussay, transigea, le 2 juin 1442, avec le curé de Saint-Mélaine de Preuilly : celui-ci disait que les prédécesseurs dudit Jean de Menou, qui étaient seigneurs de Preuilly et de Boussay, avaient fondé trois sommes de vin pur : à quoi ledit Jean de Menou répondit qu'il ne voulait pas dire que ses prédécesseurs n'avaient pas fondé la cure de Saint-Mélaine et ne fussent seigneurs de Boussay. (*Archives de Boussay.*)

Jean de Menou, chevalier, seigneur de Boussay, rendit aveu, le 9 décembre 1442, de sadite seigneurie à noble et puissant seigneur Pierre Frottier, écuyer, seigneur et baron de Preuilly, à cause de demoiselle Marguerite de Preuilly, sa femme, reconnaissant qu'il devait 40 livres aux loyaux aides, selon la coutume du pays. (*Archives de Boussay.*)

Messire Jean de Menou, seigneur de la Ferté Sainte-Fauste, acquit, par échange, de Mathurin Grasleul, écuyer, la tour, le château et tout ce qui appartenait à ce dernier à *Villegongis*, par acte du 21 mai 1445. (*Inventaire des titres du duché de Châteauroux.*)

Jean de Menou partagea, en 1445, avec sa tante Isabeau de Menou, dame de Sennevières, femme de Robert de Hellande, et Louis de Menou, chevalier, seigneur du Méez de Menou, la succession de son oncle, feu Jean de Menou, seigneur de Remenonville et de Jupilles, chambellan du roi. (*Preuves de cour.*)

Messire Jean de Menou, seigneur de la Ferté Sainte-Fauste, acquit, avant 1446, de Guy de Chauvigny, seigneur de Châteauroux, une portion du chastel de *Ville-gongis* que ce dernier avait lui-même acquise, vers l'an 1420, de Huguet de Saint-Mort, écuyer, seigneur en partie dudit Villegongis. (*Archives de Châteauroux.*)

Noble homme messire Jean de Menou, chevalier, seigneur de Boussay et de Méré, céda le moulin de Chamve, qui lui appartenait à cause de sa terre de Boussay, à Pierre Frottier, écuyer, seigneur de Preuilly et du Blanc, vicomte de Monbas et de Melzéant, conseiller chambellan du roi, qui lui donna en échange le fief et la métairie de la Blanchardière, avec pouvoir de fortifier son hôtel de la Forge et d'y faire douve; l'acte est du 19 janvier 1447. (*Archives de Boussay.*)

Noble homme messire Jean de Menou, chevalier, reçut, en 1447, à cause de sa seigneurie de Boussay, l'aveu de Jean Boutineau, pour sa terre et seigneurie de Chambon, et, en 1450, ceux de Gillot de Marconnay, seigneur de la Gastellinière, pour son fief de la Thibaudière, et de Guiot de Bizac, pour son lieu et fief du Puis. (*Archives de Boussay.*)

Noble homme messire Jean de Menou, chevalier, céda au seigneur de Châteauroux les exploits sur les hommes de serve condition au bourg de Déoulx, le 7 août 1450. (DOM VILLEVIEILLE.)

Nobles hommes messire Jean de Menou, chevalier, seigneur de Villegongis, et Jean d'Aucoich, fils de noble homme Robert d'Aucoich et de demoiselle Marie de Menou, sa femme, ayant un différend sur ce que ledit messire Jean de Menou disait que, à cause de feu Jean de Menou, jadis chevalier, son aïeul, lui devaient appartenir les terres et châteaux de Menou, Milly, la Motte-Rotrou, la Roullandière, la Fontaine-Noire et la Fontaine-Simon, selon certains accords faits et passés entre sondit aïeul et messire *Johan* de Menou, son frère puiné, père de ladite Marie de Menou; lesdites parties transigèrent *pour bien de la paix et tous jours nourrir l'amour entre eulx qui sont prochains parens*, et de l'avis et consentement de nobles hommes messire Guillaume Tranchelion, chevalier, seigneur de Palluau, messire Jean de Varennes, aussi chevalier, seigneur du lieu d'Arthon près Chastelroux, Bertrand du Lac, écuyer, seigneur de Praimbert, Loys de Menou, seigneur du Méez de Menou, et Huet d'Aucoich, ledit Jean d'Aucoich céda audit Jean de Menou les susdits châteaux et terres, moyennant la somme de 1300 écus d'or à lui baillée par ledit messire Jean de Menou. Cet acte, vidimé par Pierre Dubois, licencié ès lois, garde du scel royal de la prévôté d'Issoudun, et passé devant Jean Leprestre, licencié ès lois, garde de la prévôté d'Orléans, le

15 juillet 1451, fut ratifié, le 20 août suivant, par Robert d'Aucoich et Marie de Menou, sa femme, par Hugues d'Aucoich et par Antoinette, femme de Jean d'Aucoich. (*Original à Boussay.*)

Noble homme messire Jean de Menou, seigneur de Menou et de Villegongis, constitua pour son procureur général honorable homme Jean de Martinsart, par acte passé devant Jacques Gyrenne, écuyer, bachelier ès lois, garde des sceaux de la cour du seigneur de Châteauroux, le 5 mars 1451. (*Original à Boussay.*)

La Trémoille. — Jean de Menou reçut la foi et hommage de Louis de la Trémoille, seigneur de Bomiers, en 1451. *Jurat ei fidem Ludovicus de la Tremoille, toparcha de Bomiers.* (*Gallia christiana*, tome II, page 1209.)

Fougères. — Jean de Menou céda, par acte du 20 août 1453, la moitié par indivis du château de la Ferté-Sainte-Fauste à Geoffroy de Fougères, écuyer, seigneur de Chezelles, et à demoiselle Philippe du Breuil, sa femme, qui lui abandonnèrent, en échange, l'hôtel et la justice de Chezelles, près Villegongis, avec ses dépendances. (*Archives du duché de Châteauroux*, tome 1er.)

Jean de Menou, chevalier, seigneur de Menou, de la Ferté, de Boussay, de la Forge, de Villegongis et de Nerbonne, reçut, le 4 mai 1454, des lettres royaux dans lesquelles Charles VII le qualifie son amé et féal conseiller et chambellan. (Dom Housseau, n° 5192.)

Vaupillon. — Jean de Menou rendit foi et hommage au sire de Vaupillon, pour le fief de la Motte-Rotrou, sous le rachat de 6 écus d'or, le 10 novembre 1455. (*Preuves de cour.*)

Le duc d'Alençon. Du Rieu. — Messire Jean de Menou, chevalier, est nommé dans un acte par lequel Jean, duc d'Alençon, *per* de France, comte du Perche, vicomte de Beaumont, reconnut que son amé Antoine du Rieu, écuyer, procureur en cette partie de messire Jean de Menou, chevalier, avait, audit nom, finé et composé avec lui la somme de 40 écus d'or pour le rachat ou vente qui *povoyent estre deus* à cause de la terre et chastellenie de la Ferrière du Val-Gervron, et ordonna à son vicomte et receveur de Châteauneuf en Thimerais et Senonches, que, en payant ladite somme, ils tiennent quitte et paisible ledit chevalier, etc. Donné en le chastel d'Argentan, le septième jour de décembre l'an 1455, par monseigneur le duc et *per*, Desalleurs et autres présents. (Dom Housseau, n° 5254.)

Jean de Menou, chevalier, seigneur de Menou et de la Ferrière, conseiller du roi et maître d'hôtel du duc de Berry, est nommé dans le Cartulaire de l'évêché de Chartres, f° 438.

Noble homme messire Jean de Menou, chevalier, seigneur de Menou et autres lieux, fut nommé, le 12 décembre 1455, arbitre d'un différend entre noble homme Jacques de Chamborant, écuyer, seigneur de Droulx, et Regnier de l'Age, écuyer, seigneur de Chazellet et de l'Age-Meilhot, au sujet de la dîme que ledit Regnier prétendait lui être due sur le fenage de Droulx. (DOM VILLEVIEILLE.) Chamborant. De l'Age.

Jean de Menou, chevalier seigneur de Boussay, et autres lieux, reçut, à cause de sadite seigneurie, un aveu rendu par le doyen et le chapitre de Poitiers, pour les terres de la Patrière et de Roche-Rateau, qu'ils tenaient de Boussay, l'an 1460. (*Archives de Boussay.*)

Jean de Menou, chevalier, seigneur de Menou et de Villegongis, est nommé avec Jaquette de Chamborant, son épouse, dans le contrat de mariage de Catherine, leur fille, avec noble homme Claude de la Châtre, écuyer, fils de noble homme Pierre de la Châtre, écuyer, seigneur de Nançai, et de demoiselle Marguerite Rouye, sa femme ; Jean de Menou et Jaquette sa femme donnèrent à ladite Catherine la somme de 1,800 écus d'or ayant cours, écus valant 27 sols 6 deniers tournois, pour tout droit de succession de ses père et mère le jour des noces, et autres clauses portées dans ledit acte, auquel furent présentes nobles personnes messire Guillaume Tranchelion, chevalier, seigneur de Palluau, Antoine du Rieu, Charles de Varennes, Guillaume du Cartier, le Galays du Cartier, Louis du Cartier, Louis de Menou, Philippe de Fougières, Antoine Gatineau et Jean de Menou, écuyer, le 23 novembre 1460. Ledit contrat passé sous le sceau de la prévôté d'Issoudun. (*Original à Boussay.*) Chamborant. La Châtre. Rouye. Tranchelion. Du Cartier. Fougières. Gatineau.

Noble homme Jean de Menou, seigneur de Menou et de Villegongis, accepta de Guillaume du Cartier, écuyer, seigneur de la Borde en Sologne, procuration l'autorisant à échanger sa terre de Jeu avec le seigneur de Chauvigny, pour ce que bon lui semblerait. Acte passé devant Mathurin Regnault le Prêtre, sous le scel de la cour de Châteauroux, le 1er novembre 1462. (*Ibid.*)

Noble et puissant messire Jean de Menou, chevalier, seigneur de Boussay, accorda, par son procureur et receveur, André Touseau, une permission sur la rivière au pont de Claise, en faveur du seigneur de Preuilly, le 5 juin 1463. (*Ibid.*)

Jean de Menou, seigneur de Villegongis, reçut, le 5 mai 1464, de Guy de Chauvigny, seigneur de Châteauroux, en considération des services rendus par lui audit seigneur de Châteauroux, l'octroi d'avoir en chacune des seigneuries de Villegongis, Chezelles et Vineuil, un juge seulement qui se nommerait bailli ou prévôt, et aurait la connaissance de toutes les causes dont l'amende n'excéderait pas 60 sols. (*Arrêt du parlement de Dijon, de* 1626.)

Jean de Menou, chevalier, seigneur de Menou et de Boussay, conseiller maître d'hôtel de monseigneur le duc de Berry, donna un certificat en cette qualité le 24 juillet 1464. (*Original en parchemin à la Bibl. roy.*)

Messire Jean de Menou, chevalier seigneur de Menou et de Boussay, maître d'hôtel de monseigneur le duc de Berry, rendit foi et hommage à Preuilly pour sa seigneurie de Boussay, le 8 décembre 1464, entre les mains de Charles, seigneur de Gaucourt, de Châteaubrun, de Cluis-dessus et de Preuilly, qui, dans l'acte, le nomme son très-cher et amé cousin. (*Archives de Boussay.*)

Noble et puissant homme, monseigneur, messire Jean de *Meno*, chevalier, seigneur de Menou, est nommé dans un acte par lequel Andrée de Nozai, femme de Trignan de Menou, écuyer, échanson de très-haut et puissant prince le duc de Berry, fils et frère de rois de France, renonça à la communauté des meubles et conquêts dudit Jean de Menou, père dudit Trignan de Menou, le 20 février 1464. (*Archives de Boussay.* — DOM HOUSSEAU, n° 5256.)

Jean de Menou, chevalier, seigneur du Boussay et de Villegongis, ayant l'administration de Trignan et de Philippe de Menou, enfants de lui et de feu Jaquette de Chamborant, sa femme, reçut des lettres royaux pour droit de committimus aux requêtes du palais de Paris. Dans ces lettres, données à Chartres le 10 avril 1464, le roi qualifie Jean de Menou son amé et féal conseiller, chambellan de son très-cher et très-amé frère Charles, duc de Berry. (DOM HOUSSEAU, n° 5257.)

Jean de Menou, chevalier, seigneur de Villegongis et de Menou, conseiller et chambellan de Louis XI, reçut de ce prince des lettres de committimus, l'autorisant à porter toutes ses causes aux requêtes du palais à Paris, « étant, à cause de cet office et autrement, sous la protection et sauvegarde spéciale du roi, avec sa famille, droits, choses, possessions et biens quelconques, et parce qu'il ne pourrait poursuivre ses parties adverses en diverses juridictions où elles seraient demourans sans prétermission du service du roi, dont il était ordinairement occupé. » Données aux Chartreux-lez-Paris, le  octobre l'an de grâce mil cccc soixante et six, et signées par le conseil, de Bailly. (*Original aux archives de la famille.*)

Noble homme messire Jean de Menou, chevalier, seigneur de Menou, est nommé avec feu Jaquette de Chamborant, sa femme, dans une transaction faite entre nobles personnes Trignan de Menou, écuyer, et Philippe de Menou, leurs fils, par acte passé, le 3 avril après Pâques de l'an 1469, devant Pierre Dubois, licencié ès lois, garde du scel de la prévôté d'Issoudun, en présence de Jean Pastureau, notaire royal en la prévoté d'Issoudun. (Dom Housseau, n° 5259.)

Jean de Menou reçut une lettre de Louis XI, l'appelant près de lui avec sa compagnie d'hommes d'armes, dont il avait grandement à besoigner en les affaires qu'il avait à supporter. Cette lettre, datée du Plessis-lez-Tours le 7 octobre 1469, et signée Loys, est adressée « à nostre cher et très-amé conseiller et chambellan, monsieur de Menou. » (*Original aux archives de la famille.*)

Jean de Menou, chevalier, seigneur de Boussay et de Villegongis, eut des lettres royaux lui donnant le droit de porter ses causes aux requêtes du palais de Paris. Dans ces lettres le roi le qualifie son conseiller et chambellan, et aussi conseiller et chambellan du duc de Guienne, *servant en nos ordonnances*, et à cause de ce en nostre protection et sauvegarde. Données à Paris, le 23 mars 1469, et signées par le conseil, Gaigners. (Dom Villevieille.)

Jean, sire de Menou, chevalier, conseiller et chambellan de Charles, fils et frère de rois de France, duc de Guienne, comte de Saintonge et de la Rochelle, eut de ce prince une commission pour savoir au vrai la valeur de ses finances tant ordinaires qu'extraordinaires, avec pouvoir de faire venir devant lui tous receveurs, et punir tous délinquants, révoquer, nommer, etc., et de pourvoir à tout ce qui concernait l'administration desdites finances. Original en parchemin signé Charles, et sur le replis : Par monseigneur, Jacquet, le 1$^{er}$ juin 1471. (*Preuves de cour.*)

Messire Jean de Menou, chevalier, conseiller et chambellan de monseigneur le duc de Guienne, donna en cette qualité une quittance à Pierre de Bailly, secrétaire dudit duc, le 3 septembre 1471. (*Original en parchemin à la Bibl. roy.*)

Bailly.

Messire Jean de Menou, chevalier, seigneur dudit lieu de Menou, est employé en qualité de chambellan dans un état des officiers de monseigneur Charles de France, duc de Berry et de Guienne, fils du roi Charles VII, du 1$^{er}$ octobre 1471 au dernier septembre 1472. (*Preuves de cour.*)

Duc de Berry et de Guienne.

Jean de Menou, chevalier, conseiller et chambellan du roi Louis XI et de monseigneur le duc de Guienne, comte de Saintonge et seigneur de la Rochelle, fut chargé, par lettres de ce prince, datées de Ham le 15 mai 1472, de ravitailler les châteaux de la Lune et du Hà, à Bordeaux. (*Preuves de cour.*)

Noble et puissant seigneur Jean de Menou, chevalier, seigneur de Boussay et de Villegongis, fit son testament, par lequel il voulut être enterré à Boussay ou à Villegongis, s'il venait à décéder en ce dernier lieu, où sa femme et son fils aîné étaient inhumés; il fit des legs aux églises de Boussay, de Villegongis, de Notre-Dame de Nerbonne, et aux Cordeliers de Châteauroux; il ordonna trente messes à son obit et soixante à l'annuel, et des distributions aux pauvres; il fit des legs à toutes les maisons-Dieu qui logeaient des pauvres à trois lieues autour de Villegongis, et il donna quatre hanaps du poids de huit marcs pour faire trois calices, dont il destina l'un à Boussay, l'autre à Villegongis, et le troisième à Notre-Dame de Nerbonne, et dont il confia la garde à ses héritiers, ses armes y devant être gravées. Il ordonna de terminer les chapelles de Boussay et de Villegongis, ainsi que le château qu'i construisait en ce dernier lieu. Ce testament fut fait à Villegongis le 14 juillet 1473,

La Brosse. en présence de vénérable homme frère Guillebert de la Brosse, religieux de l'ordre de Saint-Benoît, au monastère de Massay, et prieur de la chapelle, de Pierre Perret, curé de Villegongis, et de messire Jacques Barrault, prêtre, vicaire de Villegongis. L'acte fut reçu par Pierre le Camus et Simon Chapon, clercs notaires de l'officialité de Bourges, le 14 juillet 1473. (*Original à Boussay.*)

Jean de Menou, neuvième du nom, chevalier seigneur de Menou, Milly et la Ferrière-au-Perche, de Boussay, Charnisai, Méré et la Forge-en-Touraine, de la Ferté-Menou, de Villegongis et de Vauzelles-en-Berry, et de Jupilles, conseiller chambellan des rois Charles VII et Louis XI et du duc de Berry, capitaine d'une compagnie des ordonnances du roi, est mort en son château de Villegongis, le 26 juillet 1473; aussitôt après, les officiers de Châteauroux firent l'inventaire de ses meubles. Jaqueline de Chamborant, sa femme, était morte en 1464.

Nozai TRIGNAN de Menou, écuyer, échanson du très-haut et très-puissant prince le duc de Berry, fils et frère de rois de France, épousa demoiselle Andrée de Nozai, dame de Targé, fille unique de noble homme Eustache de Nozai, écuyer, seigneur de Menciaux et de Tusseau. De cette union il eut :

La Touche. 1° *Madeleine*, qui épousa noble homme Lancelot de la Touche, à qui elle porta les terres de Vauzelles et de Jupilles, près Boussac.

Brisai. 2° *Marquise*, mariée à noble homme Abel de Brisai, seigneur de Beaumont, écuyer de l'écurie de Louis XI, à qui elle porta la terre de Villegongis. Leur fils, Jacques de Brisai, sénéchal de la haute et basse Marche, et
Chabannes. depuis lieutenant du roi, en Bourgogne, épousa Avoye de Chabannes, fille de Jean de Chabannes, maréchal de France, et de Suzanne de Bourbon, comtesse de Roussillon.

Trignan de Menou reçut de son père, par son contrat de mariage, toutes les terres

CHÂTEAU DE BAYARD.

qu'il avait en Berry, ainsi que celle de Vauzelles, avec les appartenances; et de plus la seigneurie de Menou, et tout ce que son père et sa mère avaient au pays du Perche. (*Archives de Boussay.*)

Andrée de Nozai, autorisée par son mari Trignan de Menou, écuyer du duc de Berry et seigneur de Vauzelles, reconnut qu'elle n'avait et n'aurait aucune communauté dans les biens meubles et conquêts de noble et puissant homme monseigneur messire Jean de Menou, chevalier, seigneur de Menou, père dudit Trignan. Acte reçu, à Villegongis, le 20 février 1464, par G. Solon, garde du scel de la châtellenie de Châteauroux. (*Original à Boussay.*)

Trignan de Menou avait été avantagé, afin qu'il pût porter plus honorablement le nom et les armes de Menou; mais plus tard, dans le même intérêt de famille et de l'aveu de son père et de sa femme, il consentit que, s'il venait à mourir sans laisser d'hoirs mâles du nom et armes de Menou, la seigneurie de Menou et les autres au pays du Perche appartiendraient à son frère Philippe ou à son fils aîné. Acte reçu, le 3 avril après Pâques 1469, par Pâtureau, notaire royal, devant Pierre Dubois, garde du scel de la prévôté d'Issoudun. (*Original à Boussay.*)

Trignan de Menou, écuyer du duc de Berry, était à Paris le 8 mars 1470 et se rendait à Menou : il avait été mis en possession de cette terre, et c'est à lui que Denis Doron, curé de Neuilly et receveur de Menou, rendait un compte dont l'original se trouve aux archives de la famille.

Trignan de Menou, écuyer, était homme d'armes de la garde du duc de Guienne, le 3 septembre 1471, date d'une quittance donnée par lui au trésorier des guerres de ce prince. (*Original à la Bibl. roy.*)

Trignan de Menou est mort en 1472, avant le 7 juillet. Sa veuve, Andrée de Nozai, épousa, le 11 juin 1475, Jean de Blanchefort, tige des ducs de Lesdiguières et de Créqui. (*Preuves de cour.*)

## Xᵉ DEGRÉ.

LOUIS XI.

PHILIPPE de Menou épousa, le 8 octobre 1474, Antoinette de la Touche, petite-nièce du maréchal de Rouault. De cette union sont issus :

1° *René*, dont l'article suivra.
2° *Anne*, mariée à Antoine de Châteauneuf, seigneur de Luçai.
3° *Philippine*, mariée à Jean Isoré, seigneur de Fontenay et d'Amenon.
4° *Perrine*, mariée à Antoine des Essarts, seigneur de Lyc, de Thieux et de Glatigny.
5° *Antoinette*, mariée à Louis du Fau, l'un des cent gentilshommes de l'hôtel du roi.
6° *Antoinette*, religieuse à Fontevrault.

---

Philippe de Menou ayant demandé le supplément de sa portion en rectification des partages faits après la mort de sa mère et des avantages accordés à Trignan, son frère aîné, lors de son mariage, ledit Trignan, de l'aveu de son père et de sa femme, consentit que, dans le cas où il irait de vie à trépas sans héritiers mâles du nom et des armes de Menou, les seigneuries et terres de *Meno* et autres au pays du Perche *appartiengnent et deviengnent audit Philippe* ou à son fils aîné, ou, à défaut dudit fils aîné, au plus *prouchain* enfant mâle dudit Philippe, du nom et des armes de Menou, né en loyal mariage, *ad ce que le nom et armes de Meno pussent mieulx et plus honorablement estre entretenus au temps advenir*. Acte reçu le 3 avril 1469, après Pasques. (*Original à Boussay.*)

Philippe de Menou, écuyer de l'écurie du duc de Guienne, donna, en cette qualité, quittance à Jean Grandet, trésorier des guerres de ce prince, le 3 septembre 1471. (*Original en parchemin à la Bibl. roy.*) (27)

Philippe de Menou était l'un des cent gentilshommes de l'hôtel du roi, suivant un état des gages desdits gentilshommes, du 1ᵉʳ octobre 1473 au dernier septembre 1474. (*Bibl. roy.*, *Supplément français*, vol. 2343.)

Philippe de Menou, héritier de Jean de Menou, seigneur de Villegongis et autres lieux, fut nommé exécuteur de ses dernières volontés par testament du 14 juillet 1473. (*Original à Boussay.*)

Noble homme Philippe de Menou, écuyer, seigneur de Menou et de Boussay, comparut devant François Barbe, écuyer, licencié ès lois, garde et juge de la châtellenie de Châteauroux pour noble et puissant Guy de Chauvigny, seigneur dudit *Chasteau Raoulx* et vicomte de Brosse, et lui exposa que feu messire Jean de Menou, chevalier, son père, l'avait institué gouverneur et administrateur de Marquise et de Madeleine de Menou, ses nièces, filles mineures de feu Trignan de Menou et d'Andrée de Nozai ; ledit juge confirma cette clause du testament, et lui donna pouvoir de partager avec sesdites nièces les meubles de la succession, le 28 juillet 1473. (*Original à Boussay.*)

Noble personne Philippe de Menou, écuyer, seigneur de Menou et de Boussay, par contrat passé à Chinon, le 8 octobre 1474, devant P. le Merle et Chantelou, notaires, épousa Antoinette de la Touche, fille de noble personne Hardouin de la Touche, écuyer, seigneur de Villaines, des Roches d'Oignes et des Roches de Cursay, et de feu demoiselle Louise de Billy. Ledit seigneur de la Touche constitua en dot à sa fille la somme de 100 livres tournois de rente perpétuelle, hypothéquée, une moitié sur ladite terre et seigneurie des Roches de Cursay et dépendances, et l'autre sur la terre et seigneurie de Villecoppière, échue à ladite demoiselle et à Lancelot et Geoffroy de la Touche, ses frères, par la succession de la dame *de Villy*, leur mère ; il donna de plus, à sa fille, la somme de 1500 écus d'or au coin du roi, valant 30 sols 2 deniers. Ledit seigneur de Menou assigna pour douaire à ladite Antoinette son hôtel de Boussay et la somme de 120 livres tournois de rente, à prendre sur les terres et seigneuries de Boussay, Méré, la Forge, la Thoracte, Pingrai et dépendances, à condition que, si ladite dame passait à de secondes noces, elle serait tenue de laisser l'hôtel de Boussay aux héritiers dudit seigneur de Menou, et de se contenter de l'hôtel de Méré, ou de celui de la Forge. (*Grosse en papier à Boussay.*)

Philippe de Menou fut l'un des trente hommes d'armes de la garde du roi que Louis XI envoya en Roussillon, sous la conduite de Hector de Goulart, écuyer, son chambellan, pour réduire la ville de Perpignan et autres villes et châteaux. Ils y servirent durant les mois de janvier, février et mars 1474, avril et mai 1475, et leur payement fut ordonné par des lettres patentes du 27 juin 1475. (*Preuves de cour.*)

Messire Philippe de Menou, chevalier, servit dans la compagnie des cent hommes d'armes de la garde du roi, sous la charge de Louis de Graville, depuis 1475 jusqu'en 1482. (*Bibl. roy.*, *Supplément français*, vol. 2343.)

Philippe de Menou était conseiller et chambellan de Louis XI en 1482 et 1483. (*Archives de Boussay.* — Dom Housseau, n° 5193.)

**La Touche.**

**Brisai.**
**Nozai.**

**Tranchelion.**

Noble et puissant seigneur messire Philippe de Menou, chevalier, seigneur de Menou et de Méré, avait donné à Madeleine de Menou, sa nièce, lors de son mariage avec Lancelot de la Touche, les seigneuries de Vauzelles et de Jupilles pour tous les droits de partage qu'elle pouvait prétendre, par représentation de feu Trignan de Menou, son père, dans les successions de ses aïeul et aïeule ; et Marquise de Menou, lors de son mariage, avait eu pour sa part la terre de Villegongis, à condition que son mari, Abel de Brisai, payerait 50 livres par an à la dame Andrée de Nozai, mère desdites demoiselles, à compte de son douaire. Ce partage fut ratifié par Philippe de Menou et par sa nièce, autorisée du seigneur de la Touche, son mari, et de noble et puissant Jean Tranchelion, seigneur de Palluau, son curateur, qui quittèrent ledit Philippe de tous les autres biens, meubles et immeubles, et de tout ce dont il pouvait être redevable pour le temps qu'il avait eu *le bail et gouvernement* de sesdites nièces. Acte passé à Tours, le 28 décembre 1482. Il y eut ensuite transaction le 12 juillet 1483, et sentence d'homologation rendue aux assises royaux de Tours, le 21 mai 1484, par Jean Travers, lieutenant du bailli de Touraine. (*Originaux à Boussay.*)

**CHARLES VIII.**

Messire Philippe de Menou, chevalier, seigneur de Menou et de Boussay, donna, le 2 décembre 1484, quittance de la dot portée dans son contrat de mariage. (*Original à Boussay.*)

**La Jaille.**
**Vaugirault.**

Messire Philippe de Menou, seigneur de Menou, fut nommé exécuteur du testament de son beau-père Hardouin de la Touche, chevalier, seigneur des Roches-Tranchelion et de Villaines, maître d'hôtel de très-haute et excellente dame la reine de Sicile. Fait à Saumur, le 13 août 1485, en présence de Jean de la Jaille, écuyer de l'écurie de la reine de Sicile, de Jacques de Vaugirault et autres. (*Original à Boussay.*)

Messire Philippe de Menou, fils et héritier de Jean de Menou, rendit compte de l'administration des finances du duc de Guienne par son père, le 2 mai 1489. (Dom VILLEVIEILLE.)

**Malmouche.**

Messire Philippe de Menou, chevalier, seigneur de Boussay, rendit foi et hommage au sieur de Malmouche, seigneur de Mondion, pour raison de la seigneurie de Villecoppières, qui lui appartenait du chef d'Antoinette de la Touche, sa femme. Acte reçu par Jean Lavener, notaire à Mirebeau, le 2 octobre 1489. (*Arrêt de 1668.*)

Philippe de Menou, chevalier, seigneur de Menou, fit acte de foi et hommage de sa terre de Milly à haut et puissant seigneur Antoine de Vieuxpont, écuyer, seigneur de la Mothe et de la Lande, et lui paya 200 livres pour le rachat. Acte du 7 juillet 1490. (*Archives de Boussay.*)

Philippe de Menou, chevalier, seigneur de Menou, conseiller du roi, eut des lettres patentes qui l'exemptaient de comparaître au ban et arrière-ban du royaume, tant en faveur des grands et louables services qu'il avait rendus et rendait chaque jour *au fait des guerres* ou autrement, que parce que le roi lui avait donné commission, dans ce même temps, d'aller aux pays d'*Espaigne* et de *Castelloigne*, pour avancer les grandes affaires qu'il avait en ces contrées. Ces lettres, datées de Montils-lez-Tours le 25 octobre 1492, furent signées par le roi, le comte de Liney, l'amiral de Graville, les sires de Grimault, de Clérieu et autres, contre-signées, Bourdin, et scellées sur simple queue du grand scel en cire jaune. (*Preuves de cour.*)

Messire Philippe de Menou, chevalier, seigneur de Menou et de Boussay, et Antoinette de la Touche, sa femme, assistèrent, le 25 avril 1494, au contrat de mariage de leur fille, Anne de Menou, avec Antoine de Châteauneuf, seigneur de Luçay (DOM HOUSSEAU, n° 5275. — *Original à Boussay.*)

Messire Philippe de Menou, chevalier, seigneur de Menou, rendit un compte particulier de la somme de 1,200 livres qui avait été confiée à feu son père par le duc de Guienne, pour l'avitaillement des châteaux de la Lune et du Hà, à Bordeaux; et ce compte fut arrêté en la chambre des comptes de Paris, le 16 avril 1496. Original signé Picard. (*Preuves de cour.*)

Messire Philippe de Menou, chevalier, seigneur de Menou et de Boussay, rendit, par son procureur Jean Dubois, foi et hommage de sa terre de Menou et de ses autres seigneuries au Perche, à Marguerite de Lorraine, duchesse d'Alençon et comtesse du Perche, comme ayant *le bail et garde* de Charles d'Alençon et de ses autres enfants mineurs, le 7 juillet 1497. (*Archives de Boussay.*)

Philippe de Menou, seigneur de Boussay, transigea, le 20 février 1498, avec Regné du Beslay, chanoine et archidiacre du Poitou, et Jean de Fougières, chanoine, agissant au nom du doyen, et des chanoines de l'église Saint-Pierre de Poitiers, *pour la paix et amour entre les parties, et pour ledit seigneur de Boussay estre associé aux prières et bienfaits de l'Église* : il les exempta dès lors et pour l'avenir du rachat dû à la seigneurie de Boussay pour les terres de la Patrière et de Rochechateau, à condition qu'ils continueraient à donner homme vivant et mourant pour faire foi et hommage et rendre aveu pour ladite terre à sa seigneurie de Boussay, et qu'ils transporteraient audit seigneur un canton de bois qui touchait aux siens. (*Archives de Boussay.*)

Boussay.

Philippe de Menou, chevalier, seigneur de Menou et de Boussay, fut présent, à *Boussay*, à la célébration du mariage de Philippine de Menou, sa fille, avec noble homme Jean Isoré, seigneur de Fontenay et d'Amenon, en 1499. (Dom Housseau, n° 5277. — *Original à Boussay.*)

d'Illiers.

Noble et puissant seigneur messire Philippe de Menou, chevalier, seigneur de Boussay, vendit, par acte du 25 février 1500, à noble et circonspecte personne maître Charles d'Illiers, licencié ès lois, doyen de l'église de Chartres, seigneur d'Achères et de Glatigny, son cousin, les *chastels*, *chastellenies*, terres et seigneuries de la Ferrière, *Manou*, Milly, Mothe-Rotrou, Beaulieu, situés en la châtellenie de Châteauneuf et aux fiefs, savoir : la châtellenie de la Ferrière, sur le

D'Alençon.

fief de très-haut et très-puissant prince le duc d'Alençon, pair de France, à cause de la châtellenie de Châteauneuf et la terre et seigneurie de *Manou* sur le même fief; la terre de Milly, relevante du seigneur de la Lande; la Mothe-Rotrou, relevante de la seigneurie de Vaupillon; pour le prix de 23,000 livres tournois, payé, par ledit acheteur, en écus d'or au soleil, 2,538; en écus d'or à la couronne, 2,068, et le surplus en autre or et monnaie; c'est à savoir, *douzains*, *karolins*, *treyzains*, *demi-douzains*, *liards*, et autre espèce de monnaie du roi ayant cours. (*Original à Boussay.*)

Philippe de Menou, chevalier, seigneur de Boussay, reçut, le 29 juin 1501, à cause de sadite seigneurie, l'aveu rendu pour la terre de Ciran-la-Latte, par les chanoines du chapitre de Saint-Gatien de Tours, qui avaient nouvellement acheté cette terre. Et, le 8 juillet suivant, il reçut les rentes et indemnités et accepta, pour homme vivant et mourant, aux charges de rachat selon la coutume de Touraine, M$^e$ Jean Robin, chapelain et prévôt de ladite église. (*Archives de Boussay.*)

Cossé.
Briçonnet.

Philippe de Menou est désigné comme noble et puissant seigneur sire Philippe de Menou, chevalier, seigneur de Boussay, dans une procuration donnée, le 9 juillet 1501, par noble homme René de Cossé, écuyer, premier panetier du roi, à noble homme François Briçonnet, conseiller et receveur général des finances du roi, et à Pierre de Cossé, écuyer, son frère, pour recevoir de la dame Antoinette de la Touche, femme dudit chevalier, la somme de 14,165 livres par elle due audit René, à cause de pareille somme à elle baillée. (*Archives de Boussay*.)

Messire Philippe de Menou, chevalier, seigneur de Boussay et de *Villy*, reçut de la reine, Anne de Bretagne, des provisions de conseiller et maître d'hôtel ordinaire de ladite reine, au lieu et place de feu messire Louppe di Castillo, chevalier. Ces provisions, datées de Blois le 5 janvier 1501, furent signées sur le repli : par la reine et duchesse, N. C. Normant, et scellées sur double queue de parchemin d'un grand scel en cire jaune ; et sur le dos était l'acte constatant la prestation de serment, par ledit seigneur de Menou, entre les mains de la reine, le même jour, en présence d'un contrôleur, signé : Baron. (*Preuves de cour*.)

Messire Philippe de Menou, chevalier, de l'avis de messire Gabriel de la Châtre, chevalier, capitaine de la garde du roi, d'une part, et messire Théodore Pavye, chevalier, de l'autre, firent, le 7 avril 1502, une transaction à cause de la terre et seigneurie de Billy ; acte reçu devant Richard Vyé Olive, tabellion juré du scel royal en la châtellenie de Blois. (*Arrêt de* 1668.)

Messire Philippe de Menou, chevalier, conseiller et maître d'hôtel de la reine, seigneur de Boussay et de Billy, fit une procuration chargeant le sieur de la Touche et autres personnes y désignées de rendre foi et hommage, pour la dîme de Billy, au seigneur de Brisai. Acte passé en la cour de Preuilly, le 2 janvier 1503. (*Ibid*.)

Philippe de Menou est qualifié noble et puissant seigneur messire Philippe de Menou, maître d'hôtel de la reine, dans une sentence rendue à Tours, le 27 juin 1505. Il fit un testament olographe le 22 décembre 1505, et, le 1ᵉʳ janvier, maria sa fille, Perrine, à Antoine des Essarts. (*Originaux à Boussay*.)

Philippe de Menou, chevalier, est porté comme conseiller et maître d'hôtel de la reine, dans un état de la maison de ladite reine en l'année 1505. (Dom Morice, *Preuves de l'histoire de Bretagne*.)

Philippe de Menou ayant parlé au roi Louis XII de son projet de marier son fils avec la fille de madame de Mantelan, nièce du président du Fau, et sa fille avec Louis du Fau, ce prince, pour favoriser ces mariages, écrivit au sieur de Saint-Bonnet, mari de ladite dame de Mantelan, pour le prier, ainsi que sa femme, d'avoir cette alliance agréable, d'autant plus qu'il connaissait lui-même les parties, et que, de tous côtés, on ne pouvait mieux faire, *ce qui lui feroit un très-grand plaisir, et il le reconnoistroit en ses affaires*. Cette lettre, datée de Blois le 19 janvier 1509, est signée Louis, et plus bas, Marchant. La reine Anne écrivit dans le même sens : cette princesse avait déjà adressé à mademoiselle de Mantelan une lettre sur le même sujet, datée de Moulins, le 6 janvier signée : Anne, et plus bas, Chasteau. (*Preuves de cour*, Bibl. roy., coll. *Béthune*, n° 8465, p. 6.)

Noble et puissant messire Philippe de Menou, chevalier, seigneur de Boussay, conseiller et maître d'hôtel ordinaire de la reine, traita, le 24 février 1509, des mariages de René et Antoinette, ses enfants, tant en son nom qu'en celui d'Antoinette de la Touche, sa femme : il assista, le 17 novembre 1511, à Blois, au mariage de Louis de Rohan, seigneur de Guéméné. (*Archives de Boussay.* — Dom Morice, *Hist. de Bretagne.*)

Philippe de Menou, maître d'hôtel de la reine Anne de Bretagne, ordonna la pompe funèbre de cette princesse aux églises de Paris et de Saint-Denis, en 1513, ancien style, pour l'appareil de ses funérailles. (*Preuves de cour.*)

Philippe de Menou, chevalier, seigneur de Boussay, transigea, le 8 juin 1514, avec Pierre et Anne de Launay, enfants de Guillaume de Launay et de Jeanne de Billy, fille d'Alexandre de Billy et de Louise de la Touche, et leur donna 120 livres pour demeurer quitte envers eux des actions qu'ils prétendaient avoir sur la seigneurie de Billy. (Dom Housseau, n° 5284. — *Original à Boussay.*)

Philippe de Menou est mentionné, le 14 janvier 1514 (ancien style), dans les provisions d'échanson de la reine, accordées à René de Menou, son fils, par la reine Claude : il y est écrit que cette princesse lui donnait cette charge en considération des grands et très-recommandables services que son amé et féal conseiller et maître d'hôtel ordinaire, Philippe de Menou, lui avait rendus, ainsi qu'à la feue reine sa mère. (*Preuves de cour.*)

Noble et puissant seigneur messire Philippe de Menou, chevalier, maître d'hôtel ordinaire de la reine, fut présent à une transaction passée, le 10 mars 1515, entre son fils, René, et Louis du Fau. (*Original à Boussay.*)

Philippe de Menou, chevalier, seigneur de Boussay, conseiller et maître d'hôtel de la reine, avait fait un testament olographe en 1505 : ayant perdu sa femme, il en fit un autre le 14 mars 1515, avant Pâques, qui fut signé par lui, par son fils et par *sa fille* Claude, femme dudit René, en présence de noble homme Artus de Bez, seigneur de Chantepie, et de vénérables personnes François Touchart, curé de Barou, et Isaac Maron, habitant de Loches : il voulut être inhumé près de sa femme, *en la voûte, sous la chapelle* qu'il avait fait édifier, en agrandissement de l'église paroissiale de Saint-Laurent de *Bossay*, en l'honneur de Dieu, de monsieur saint Sébastien et de monsieur saint Antoine : il fit un legs à *Bossay*, pour remplir les intentions de son père; un autre au curé et aux enfants de l'école, pour fonder des prières et un service chaque semaine, en *recordation et recommandation* de sa femme et de lui, et fit un legs au curé de Charnisai, pour de semblables services à Notre-Dame de Sainte-Valère; il nomma son fils et Pierre Tranchelion, son cousin, exécuteurs de ce testament. (*Original à Boussay.*)

Messire Philippe de Menou, chevalier, était premier maître d'hôtel de Louise de France, fille aînée de François I$^{er}$, en 1515 et 1516. (*Bibl. roy., Supplément français*, vol. 2344, f° 1029.)

Il fut premier maître d'hôtel de mesdames Louise et Charlotte de France en 1516 et 1517. (*Ibid.*, f° 1033.)

Philippe de Menou reçut de la reine Claude plusieurs lettres; dans une d'elles se trouvent les expressions suivantes : « Ce que ne veulx faillir à vous annoncer la premiere, pour layse ou je suis de vous avoir peu faire chose aggreable, et n'y manquerai jamais en toute occasion, pour ne pouvoir recognoistre assez honorablement vos services. » Paris, 22 mai; signé : Claude; et, plus bas, Commacre. (*Original aux archives de la famille.*)

Philippe de Menou, chevalier, seigneur de Boussay et de Billy, eut des lettres royaux de François I$^{er}$ à l'effet de pouvoir porter toutes ses causes aux requêtes du palais, à Paris, 29 janvier. (Dom Housseau, n° 5285.)

Il est qualifié, dans des lettres royaux de François I$^{er}$ : « nostre amé et féal conseiller, maistre d'hôtel de nostre chère et bien amée compagne la reyne, et de nostre très cher et amé fils François, dauphin de France. » (Dom Housseau, n° 5198.)

Il reçut une autre lettre de François I$^{er}$, datée de Romorantin le 23 janvier. (*Original aux archives de la famille.*)

Philippe de Menou, chevalier, seigneur de Boussay, avait des lettres royaux en vertu desquelles il fit ajourner Jean Fleury et sa femme, seigneurs d'Andigni et de la Croisette, pour qu'ils eussent à avouer ou désavouer ladite terre d'Andigni, tenue de lui à cause de sa seigneurie de Boussay. Il en résulta contre les défendeurs une sentence, du 6 août 1520, dans laquelle Philippe de Menou est qualifié chevalier, seigneur de Boussay, Charnisai, Beauvolliers et des Merceries, conseiller et maître d'hôtel de la reine, gouverneur de monseigneur le Dauphin. (Dom Housseau, n° 5202.)

Philippe de Menou, chevalier, seigneur de Menou, Milly, la Ferrière et Beaulieu au Perche, de Boussay, la Forge, la Thoracte, Pingrai, Méré, Charnisai, les Merceries et Beauvolliers en Touraine, de *Villy* et Villecoppières en Mirebalais, conseiller-chambellan de Louis XI et Charles VIII, conseiller de Louis XII et de François I<sup>er</sup>, maître d'hôtel des reines Anne et Claude, premier maître d'hôtel de mesdames Louise et Charlotte, filles de François I<sup>er</sup>, premier maître d'hôtel et gouverneur du Dauphin, est mort à la fin de l'année 1520 : sa femme était morte le 10 juillet 1515.

## XI<sup>e</sup> DEGRÉ.

René de Menou épousa Claude du Fau, dame de Mantelan, fille de François du Fau, chevalier, et de Gabrielle de Villiers de l'Isle-Adam. Ce mariage fut appuyé des puissantes recommandations du roi, de la reine, et de Jeanne de Bourbon, grande-tante de la mariée. Claude du Fau était petite-fille de Marguerite de Montmorency, proche parente du connétable. Elle descendait du maréchal de l'Isle-Adam, et avait pour grand-oncle Philippe de Villiers, grand maître de l'ordre de Saint-Jean de Jérusalem, qui défendit glorieusement l'île de Rhodes contre les Turcs.

De cette union sont issus :

1° *Jacques*, mort, en 1553, de blessures reçues à la guerre.

2° *Jean*, dont l'article suivra.

3° *René*, mort en 1572, sans alliance.

4° *François*, auteur de la branche de Charnisai, dont l'article viendra en son lieu.

5° *Aulbin*, seigneur d'Aubeterre, mort sans alliance en 1564.

6° *Avoie*, mariée, en 1555, à Gaucher de Meslay, et qui, étant veuve sans enfant, épousa, en 1578, Anne de Château-Châlons, capitaine-lieutenant de cinquante hommes d'armes des ordonnances sous M. de Villequier. Elle est morte en 1584, sans postérité.

7° 8° *Antoinette* et *Claude*, religieuses à Rives.

9° *Antoinette*, religieuse à Lencloître.

René de Menou était, en 1509, l'un des enfants d'honneur de Louis XII, et fut compris dans l'état de la maison du roi jusqu'en 1516. (*Bibl. roy.*, *Suppl. français*, vol. 2344, f° 821.) (28)

Noble écuyer René de Menou épousa, par contrat du 24 février 1509, demoiselle Claude du Fau, dame de Mantelan, fille de feu messire François du Fau, chevalier, et de Gabrielle de Villiers; ladite future épouse, autorisée par Jean Isoré, écuyer, seigneur de Fontenay, son curateur, et assistée de noble homme messire Louis Gâtineau, chevalier, seigneur de Germigny, son beau-père, de noble et puissant seigneur messire Lancelot du Fau, abbé commendataire de Pleneseve, conseiller du roi, président de la cour du parlement de Bordeaux, et de messire Louis du Fau, chevalier, ses oncles paternels. Dans le préambule de ce contrat sont rapportés les motifs de la contestation qui s'était élevée entre lesdits Lancelot et Louis du Fau et Jean Isoré, tuteur de ladite Claude, à l'occasion des successions de feu noble et puissant Jean du Fau et de Jeanne-Baptiste de Bourbon, père et mère desdits Lancelot et Louis, et dudit François, père de ladite Claude. Ledit René de Menou, de l'autorité de son père, s'engagea à prendre pour femme ladite demoiselle du Fau lorsqu'elle serait parvenue à l'âge nubile, et les parents de ladite demoiselle consentirent à ce qu'elle fût remise sur-le-champ entre les mains dudit seigneur de Menou et de sa femme, père et mère dudit futur époux, pour la nourrir, gouverner et entretenir jusqu'à l'âge nubile; auquel temps ils s'engagèrent de faire accomplir ledit mariage et à ratifier les clauses du contrat, sous peine de 10,000 livres applicables aux parties acquiescentes; et, pour tous les droits de partage de ladite future épouse dans les successions de ses aïeul et aïeule et en celle de son père, lesdits Lancelot et Louis du Fau, ses oncles, de l'exprès consentement de sa mère et dudit seigneur de Germigny, lui donnèrent les terres et seigneuries de Mantelan, Marai et Châtre, dans les paroisses de Chambourg et de Mantelan, et de plus les terres et seigneuries de la Chesnaye, Guiffart, la Touche et dépendances, situées en la paroisse de Gueil en Bretagne, etc. Ce contrat fut passé à Loches, sous le scel de la cour de Loches, devant Lemage et Pierre Leblanc, notaires royaux, en présence de nobles hommes messire Charles Tranchelion, chevalier, seigneur de Palluau, et Pierre Tranchelion, écuyer, seigneur de Saint-Christophe. (*Original à Boussay*.)

René de Menou fut nommé échanson de la reine Claude par provisions datées de Paris le 14 janvier 1514 (ancien style), signées, par la reine-duchesse, de Brie, et scellées. (*Archives de Boussay*. — Dom Housseau, n° 5202.) (29)

Noble demoiselle Claude du Fau, dame de Mantelan, Châtre et Marai, autorisée par son mari, noble homme René de Menou, écuyer, échanson de la reine, sei-

7.

Villy.

Isoré.

gneur de Villy, donna sa procuration, le 8 décembre 1515, à honorable homme Hugues Mandin, pour élire M⁰ Ives Bizoton, licencié ès lois, conseiller au siége royal de Loches, afin d'assister pour elle à la clôture du compte de l'administration de ses biens, que noble homme Jean Isoré, seigneur de Fontenay, voulait rendre à son mari et à elle. (*Archives de Boussay*.)

Noble écuyer René de Menou, échanson ordinaire de la reine, uni à la demoiselle Claude du Fau, sa femme, fit une transaction avec noble et puissant messire Louis du Fau, chevalier, l'un des cent gentilshommes de l'hôtel du roi, uni à Antoinette de Menou, sa femme, sœur dudit René. Par cet acte, ledit du Fau abandonna auxdits seigneur et dame de Menou les cens, rentes, hommages et autres devoirs qu'il pouvait prétendre en la paroisse de Chambourg, quoiqu'ils ne fussent point des dépendances des terres de Châtre et de Marai, et même l'hommage que devait M⁰ Jean Sainctier à cause de sa seigneurie de Bissus, avec une rente sur ses héritages de Guilloteau, en la paroisse de Chanceaux et l'étang d'Épineau. Cette transaction fut passée, en l'auditoire royal de Loches, devant d'Argouges, licencié ès lois, conseiller du roi et lieutenant particulier ordinaire audit siége royal de Loches pour monseigneur le bailli de Touraine, en présence de nobles personnes Jean Isoré, seigneur d'Amenon et de Fontenay, Pierre du Douet, lieutenant de M. de Pontbriant, capitaine de Loches et de Blois, honorables hommes M⁰ Aimery Choppin, Ives Bizoton, licencié ès lois, et M⁰ Hugues Mandin, juge et garde de la prévôté de Loches et autres. (*Original en parchemin à Boussay*.)

René de Menou était l'un des échansons de la reine Claude, suivant un état des officiers de cette princesse, de l'an 1523. (*Preuves de cour*.)

René de Menou fut maître d'hôtel ordinaire de la reine. (*Preuves de cour*.)

Châteigner.

René de Menou, seigneur de Boussay, fut témoin d'un acte passé, le 27 mai 1525, entre François Châteigner, seigneur d'Andonville, et Jean Châteigner, seigneur de la Roche-Posai. (*Histoire de la maison de Châteigner*, f⁰ 492.)

René de Menou reçut du roi une lettre, du 28 décembre 1526, faisant foi de l'affection que le roi lui portait pour les bons services qu'il lui avait rendus et lui rendait. Elle est adressée : Au seigneur de Menou, chevalier de mon ordre. (*Arrêt de 1667*.)

Clermont.

Le 20 octobre 1529, Louis de Clermont-Gallerande, seigneur de Preuilly, confirma à René de Menou plusieurs priviléges pour sa terre de Boussay, et le droit de tenir ses plaids de quinzaine en quinzaine en ses terres et seigneuries de

Boussay, Charnisai, Beauvolliers et les Merceries, sur les sujets de ses terres, et la haute justice sur les sujets de ses vassaux. (*Archives de Boussay*.)

René de Menou, chevalier, seigneur de Boussay, reçut, le 11 août 1530, de la reine Éléonore, deuxième femme de François I*er*, des provisions de l'état et office de son premier échanson, « en recognoissance des bons, grands, vertueulx et recommandables services qu'il avait faits à très excellente princesse et de bonne mémoire la feue *royne*, que Dieu absolve. » Ces provisions sont datées de Coignac, signées : Héléonore, et sur le repli : par la reine, Beauvergier, et scellées sur double queue. Au dos est la prestation de serment dudit René de Menou, chevalier, seigneur de Boussay, faite, le 5 avril 1531, avant Pâques, entre les mains de N. de Tignonville, conseiller et maître d'hôtel ordinaire de ladite reine. Signé : Olivier de Launay, *contrerolleur général*. (*Archives de Boussay*.)   Tignonville.

Noble et puissant seigneur messire René de Menou, chevalier, seigneur de Boussay, de Charnisai, de Billy et de Mantelan, premier échanson de la reine, reçut, le 1*er* février 1530, l'hommage du fief de Preigneux, possédé successivement par Charles et Adrien de Vernou, et mouvant de la seigneurie de Boussay :   Vernou. hommage rendu par noble homme Louis de Téligny, écuyer, seigneur de Lierville, comme mari de demoiselle Aréthuse de Vernou, et au nom de dame Anne   Téligny. de Vernou, sa sœur, femme de noble et puissant seigneur messire Claude de Villeblanche, seigneur de Brou, en Bretagne. (*Preuves pour Saint-Cyr*, 1687.)   Villeblanche.

René de Menou, chevalier, seigneur de Boussay, premier échanson de la reine, fit sa procuration le 1*er* mars 1530, à l'effet de poursuivre un procès intenté et pendant au parlement, contre Antoinette d'Eschelles, femme de Jean Chenu, écuyer. (*Original à Boussay*.)

Messire René de Menou, chevalier, et Claude du Fau, sa femme, défendeurs, obtinrent, le 26 mai 1531, une sentence des requêtes du Palais à Paris contre Hardouin du Fau, écuyer, demandeur, pour raison des successions de feu messire   Bourbon. Jean du Fau et de demoiselle Jeanne-Baptiste de Bourbon, sa femme. (*Arrêt de* 1668.)

René de Menou obtint des lettres patentes du roi, lui faisant don de 300 livres parisis auxquelles il avait été condamné en l'amende par le bailli de Blois, à l'occasion d'un procès : ces lettres, datées de Paris le 25 mars 1530, signées de la main du roi, et plus bas, Bouchetel, scellées sur simple queue en cire jaune ;   Bouchetel. et, le 12 mars 1533, il eut d'autres lettres, signées : Barillon, pour l'autoriser à faire entériner ces lettres, qui étaient surannées. (*Bibl. de Blois*, *Archives de Joursanvaux*, carton 3210 à 3219, liasse 3219.)

René de Menou, seigneur de Boussay et de Billy, uni à Charles Tiercelin, seigneur de la Roche-du-Maine, et à Sibylle Chapon, douairière d'Abain, présenta au baptême Charles Châteigner, fils de Jean Châteigner, troisième du nom, seigneur de la Roche-Posai, le 22 juin 1533. (*Histoire de la maison de Châteigner.*)

René de Menou, chevalier, rendit au roi, le 6 décembre 1533, le dénombrement de tous ses biens, fiefs, terres et seigneuries, et de tous ceux qui étaient tenus de lui, à cause de sesdites seigneuries; « savoir, la maison forte de Boussay, avec tous les droits qui lui étaient attribués, entre autres la chasse, droit de garenne à toutes sortes de bêtes, menues et grosses, de tous oiseaux à cordages et filets mêlés; droit de forêt et autres droits dans les bois de la Forge : il déclara les fiefs qu'il possédait sous la foi et hommage de Boussay dus à la baronnie de Preuilly, dont ledit Boussay relevait; savoir, les fiefs et seigneuries de la Forge, de la Blanchardière, de Vaux, de la Chambre, de Pellechat, sous la foy ci-dessus : et, sous autre foi et hommage, comme de l'abbé de Preuilly, la seigneurie de Méray, les fiefs de Picosson, de Pingrai, de la Touratte, de la Ressendelière, Lègue, la Carotière, le petit Moriandé; de monseigneur l'évêque de Poitiers, le fief de Joyère; du seigneur de la Gastelinière, les fiefs de Tournon, celui appelé la Gastelinière, séant en la ville de Preuilly, *qu'il a et qu'il possède;* les terres de Charnisai, Beauvolliers, les Merceries et Estiveau, le tout au rolle de Preuilly : puis il déclara les terres qu'il possédait et tenait de par sa femme au rolle de Loches; savoir, les chastellenies de Mantelan, Châtres, Marai et autres lieux ; puis il déclara tous ceux mouvants de lui à cause de ses terres et seigneuries, à foi et hommage, franc devoir, franche aumône, rachat et autres devoirs. » (*Archives de Boussay.*)

René de Menou, chevalier, premier échanson de la reine, ayant obtenu une sentence contre Jean Binet, écuyer, seigneur de Vallemer et d'Andigni, maître d'hôtel ordinaire du roi et de la reine de Navarre, ledit Binet se pourvut, en chancellerie, le 20 février 1533, de lettres appelant de cette sentence aux grands jours de Tours (*Preuves pour Saint-Cyr*, 1687); sur quoi René de Menou eut un jugement rendu en sa faveur le 25 avril 1534, avant Pâques, établissant définitivement que la terre d'Andigni relevait de la seigneurie de Boussay. (*Archives de Boussay.*)

Très-haut et puissant seigneur messire René de Menou, chevalier, seigneur de Boussay, de Billy, de Mantelan, de Marai, de Charnisai, de Beauvolliers et des Merceries, reçut, le 28 septembre 1538, la déclaration à lui donnée des héritages que Jeanne Giomat tenait de la seigneurie de Vaux. (*Archives de Boussay.*)   Giomat.

René de Menou, chevalier, seigneur de Boussay, de Billy, Charnisai et Beauvolliers, premier échanson de la reine *Alienor*, fit son testament, par lequel il choisit sa sépulture en l'église de Saint-Laurent de Boussay, en la voûte, sous la chapelle que feu Philippe de Menou, son père, avait fait édifier, près ladite église, en l'honneur de Dieu, de saint Sébastien et de saint Antoine. Il ordonna que, selon les dispositions prescrites par messire Jean de Menou, son aïeul, en son testament, la messe matutinale du dimanche fût continuée moyennant les fonds portés en cedit testament, et confirma les ordonnances testamentaires de Philippe de Menou, son père, et de dame Antoinette de la Touche, sa mère; il nomma pour exécuteurs de ce testament Claude du Fau, sa femme, Jacques de Menou, son fils aîné, et son neveu, François Isoré. (*Original à Boussay.*)   Isoré.

René de Menou est qualifié chevalier, premier échanson de la reine, seigneur de Boussay et de Charnisai, dans une procuration donnée, le 26 novembre 1538, par Claude du Fau, sa femme, au sujet du partage des biens de Gabrielle de Villiers, sa mère. Ce partage eut lieu en mars 1548. (*Ibid.*)   L'Isle-Adam.

René de Menou, seigneur de Boussay, rendit au roi le dénombrement et déclaration de ses terres, fiefs et seigneuries, le 8 février 1539; reçu par Buzot, le 2 mars 1539. (*Ibid.*)

Messire René de Menou eut un appointement en droit pour la justice de Boussay contre Gaspard de Chamborant, seigneur de la Clavière, à cause de Louise de Reillac, sa femme, le 30 juin 1540. (*Ibid.*)   Chamborant. Reillac.

Noble homme messire René de Menou, chevalier, seigneur de Boussay, fut témoin du contrat de mariage de Claude Savari, seigneur de Lancosme, avec demoiselle Jacqueline de Villequier, le dernier jour de février 1542. (*Preuves de cour.*)   Lancosme. Villequier.

Noble et puissant seigneur messire René de Menou, seigneur de Boussay, de Billy et de Charnisai, premier échanson de la reine, demeurant ordinairement en son château de Boussay, mais alors présent au château de la Maisonfort en Berry, tant en son propre nom que se faisant fort de Claude du Fau, sa femme,

Étampes.

ratifia, sous obligation et hypothèque de tous ses biens, les clauses du contrat de mariage de Jacques de Menou, écuyer, son fils, avec la dame Louise d'Étampes. Acte du 10 mars 1544. (*Original à Boussay*.)

Messire René de Menou est porté sur les états de la maison de la reine, comme son premier échanson, jusqu'en novembre 1546. (*Bib. roy.*, *Supplément français*, vol. 2344, f° 1011.)

Il avait porté les armes dans les guerres que François Ier eut à soutenir contre l'empereur Charles-Quint. (*Preuves de cour*.)

René de Menou, chevalier, seigneur de Boussay, Charnisai, Beauvolliers et des Merceries, de Billy, Villecoppières, Méré, Mantelan, Châtres et Marai, échanson, puis maître d'hôtel de la reine Claude, premier échanson de la reine Éléonore et chevalier de l'ordre du roi, est mort à la fin de 1546. La dame Claude du Fau, sa veuve, eut un arrêt des grands jours de Tours, le 17 octobre 1547, pour raison des

Fumée.

différends qui existaient entre elle et messire Antoine Fumée, conseiller du roi en sa cour de parlement, demoiselle Françoise du Fau, sa femme, et Hardouin du

HENRI II.
Du Tillet.

Fau, écuyer, demandeurs. (*Arrêt de* 1668.) Elle obtint, le 2 avril 1551, un arrêt de la cour du parlement de Paris, signé du Tillet, dans un différend pendant entre elle et Hardouin du Fau, au sujet du partage des biens de feu son oncle Lancelot du Fau, évêque de Luçon. Elle avait nommé Crespin Bodier, seigneur des Parts, et maître Pierre de Lancure, ses procureurs, pour la représenter en la cour du parlement, par acte signé Petitpied, Contault et Cochon, tabellions et notaires en la baronnie de Preuilly, le 28 décembre 1551, (*Arrêt de* 1668.) et, le 9 septembre 1557, il y eut une transaction finale dont l'original est à Boussay.

René de Menou est rappelé dans des lettres patentes obtenues, le 17 avril 1555, par sa veuve, tant en son nom qu'en celui de Jean, René, François, Aulbin et Avoye, leurs enfants, du roi Henri II : ce prince, en considération *des bons et agréables services* que ledit seigneur de Menou avait rendus *au feu roi, son père, au fait de ses guerres*, et à la reine Éléonore, douairière de France, sa belle-mère, en l'état de son premier échanson, exempta ladite dame sa veuve et ses enfants de comparaître et de contribuer au ban qu'il devait faire convoquer en ladite

Montmorency.

année. Ces lettres, datées de Fontainebleau, signées par le roi, en présence du duc de Montmorency, pair et connétable de France, closes et scellées du grand sceau de cire jaune. (*Preuves de cour*.)

Jacques de Menou, fils aîné de René de Menou, seigneur de Boussay, fut avec

Louis de Clermont d'Amboise, marquis de Gallerande, parrain de Louis Châteigner, au mois de février 1535. (*Hist. de la maison de Châteigner*, p. 505.)

Jacques de Menou épousa, le 10 mars 1544, Louise d'Étampes, fille de feu messire Claude d'Étampes, chevalier, seigneur des Roches, de la Ferté-Nabert et de Monteuron, baron de Druy, capitaine de quarante lances des ordonnances du roi, et de dame Anne Robertet, qui, le 3 juin 1533, avait épousé en secondes noces Claude de la Châtre, seigneur de la Maisonfort. Louise d'Étampes était veuve de François de Genouillac, dit Gourdon, seigneur d'Acier, avec lequel son mariage avait été traité en 1534, quoiqu'elle ne fût âgée que de sept ans. Elle demeurait en son château de Druy. Le contrat fut passé au château de la Maisonfort, devant Adam et Laurent, notaires, en présence de la mère et du beau-père de la future et de noble et puissant seigneur messire René de Menou, seigneur de Boussay, tant en son nom que comme se faisant fort de dame Claude du Fau, sa femme, dont la ratification fut donnée par acte reçu, le 8 avril 1545, avant Pâques, devant Cormasson, Cormasson et Richard, notaires à Preuilly. (*Original à Boussay.* — *Arrêt de* 1668.)

Jacques de Menou, seigneur de Boussay, baron de Druy, fut du nombre des seigneurs qui firent des courses et combats au tournoi royal publié à Paris, au mois de Juin 1549, à l'occasion de la solennité des noces et de l'entrée du roi Henri II et de Catherine de Médicis. Il portait : de gueules, à une *bande* d'or; cimier : une tête de More; supports : deux amazones. (*Preuves de cour.*)

Messire Jacques de Menou obtint, le 7 juillet 1550, une surséance jusqu'à la Toussaint pour faire la foi et hommage des terres et seigneuries de Bognon et Burtain, qui relevaient du roi, à cause du comté de Blois, et qu'il possédait du chef de Louise d'Étampes, sa femme; il rendit cet hommage en la chambre des comptes de Blois, le 4 décembre de la même année. (*Preuves de cour.*)

Jacques de Menou, seigneur de Boussay, guidon de la compagnie de cinquante hommes d'armes des ordonnances du roi commandée par Honorat de Savoie, comte de Villars, lieutenant pour S. M. au gouvernement du Languedoc, obtint, le 1er novembre 1551, à Montpellier, un certificat constatant ses services en ladite qualité. (*Arch. de Boussay.*)

Noble et puissant seigneur messire Jacques de Menou, chevalier, seigneur de Boussay et de la Ferté-Nabert, baron de Druy, donna, par acte passé, le 20 décembre 1551, en la cour de Preuilly, devant la Salle et Soullet, notaires, sa procu-

Isoré.

ration à noble et scientifique personne monseigneur Antoine Isoré, seigneur de la Roche, protonotaire du saint-siége, pour assister, en son nom, au contrat de mariage de son frère, Jean de Menou, seigneur de Charnisai, gentilhomme de la maison du roi. (*Original à Boussay.*)

Jacques de Menou, guidon de la compagnie de monseigneur le comte de Villars, obtint du roi, le 17 avril 1551, des lettres qui l'exemptaient de se trouver à la montre qui devait être faite de cette compagnie pour le quartier précédent, et ordonnaient au commissaire des guerres de le passer comme présent, pourvu qu'il fît représenter ses armes et ses chevaux. Ces lettres sont datées d'Amboise, signées, Henri, et plus bas, Bourdin. (*Preuves de cour.*)

Jacques de Menou, chevalier, portant le guidon de la compagnie des ordonnances du roi, commandée par le comte de Villars, donna, le 3 mai 1552, à Nicolas de Troyes, trésorier des guerres, une quittance signée et scellée du sceau de ses armes représentant une *bande*. Légende : Jacques de Menou. (*Original à la Bibl. roy.*)

Jacques de Menou, étant prisonnier à Gorhum et se voyant en danger de mourir de ses blessures, fit un testament par lequel il laissa des legs à ses serviteurs qui l'avaient *léaulment et longtemps servi* : il donna son cheval pie d'Espagne, son *rossin* et 100 livres de rente viagère à François Dutay, dit Lagny, son gentilhomme ; plus, en rentes viagères, 50 livres à de la Motte, son varlet; 40 livres à René Perreau, son tailleur ; 30 livres à Grosjean, son palefrenier ; 15 livres à Bodichon, et une somme à son laquais pour apprendre un métier. Il recommanda *le reste* à sa femme, à ses frères et à sa mère, qu'il nomma usufruitière de tous ses biens. Ce testament, dressé, le 10 septembre 1553, par Gérard Droin, clerc notaire public, secrétaire-juré de la ville de Gorhum, fut signé en présence de plusieurs nobles officiers venant de différentes provinces de France, entre autres, Gilles

Vansai, Mouy, Crevecœur, Mypont, Chapeau, Chaugy, Vichy.

d'Authon de Vansai, Jean de Mouy, Christophe de Crevecœur, Philibert de Mypont, François Chapeau, Charles de Chaugy, Philibert de Vichy. Dans cet acte, dont il y a une copie authentique à Boussay, le testateur est désigné comme noble, puissant et généreux homme, Jacques de Menou, baron, seigneur de Boussay.

Montmorency.
Chaulnes.

M. de Thoré, fils du connétable de Montmorency, qui était prisonnier en Hollande, écrivit, le 7 novembre 1553, à M. de Chaulnes pour lui annoncer la mort de Jacques de Menou, ajoutant que ses compagnons lui avaient rendu le plus d'honneur qu'ils avaient pu. (*Preuves de cour.*)

La dame Louise d'Étampes, veuve de messire Jacques de Menou, héritière mobilière dudit seigneur, donna, le 19 janvier 1553 (ancien style), procuration à noble personne Antoine Isoré, pour recevoir les appointements dus à feu son mari, comme guidon de la compagnie des ordonnances commandée par M. de Villars. Le 31 du même mois, Isoré donna quittance à Jean Gaultier, trésorier des guerres, pour la somme de 100 livres tournois reçue par les mains de Jacques Burgondy, payeur de ladite compagnie. (*Original à la Bibl. roy.*)

La dame Louise d'Étampes fit une donation à Jean de Menou, son beau-frère, à l'occasion de son mariage et continua à entretenir les relations les plus intimes avec la famille de Menou jusqu'à sa mort, qui eut lieu le 22 juillet 1575. Ses biens patrimoniaux furent recueillis par la dame de Saint-Nectaire, sœur de son père, et ils échurent ainsi au maréchal de la Ferté. En ce qui regarde ses meubles et conquêts, elle les laissa à ses sœurs, les dames de Menou, Pot de Rhodes, de l'Aubespine et de Vitri, et à son frère, Claude de la Châtre. Actes des 9 août 1575 et 8 septembre 1604, dont il y a des copies authentiques à Boussay.

## XIIᵉ DEGRÉ.

JEAN de Menou, huitième du nom, épousa, le 30 décembre 1551, demoiselle Claude des Personnes; puis, étant veuf, il se remaria, le 10 décembre 1559, avec Michelle de la Châtre.

Il eut du premier lit :

1° *Marie*, dame de la Ville-aux-Clercs, mariée à François de Gaignon, gentilhomme de la chambre du roi.

Du deuxième lit sont issus :

2° *Jean*, qui suit.
3° *Claude*, qui fonda la branche de Champlivault-Cuissy, et dont l'article sera rapporté en son lieu.
4° *René*, qui fut bénédictin de l'abbaye de Preuilly.
5° *Philippe*, seigneur de Mantelan, qui n'eut point d'enfant.
6° *Joachim*, chevalier de Malte.
7° *Claude*, mariée à Marin de Vançay, chevalier de l'ordre du roi et gentilhomme ordinaire de sa chambre.
8° *Louise*, mariée à Amable de Sainte-Fère.
9° *Françoise*, mariée à Charles de Fougières, seigneur de Colombiers et du Breuil, gouverneur de Brosse.
10° *Jacqueline*, religieuse à Glatigny.

Jean de Menou était, en 1534, l'un des enfants d'honneur sans gages de messeigneurs le dauphin de Viennois et les ducs d'Orléans et d'Angoulême, fils de François Ier. (*Bibl. roy.*, *Supplément français*, vol. 3244, f° 1034.)

Jean de Menou fut l'un des pages de la chambre de François Ier qui, en 1547, assistèrent aux funérailles de ce prince. (*Preuves de cour.*)

Tende.

Jean de Menou, chevalier, portant le guidon de la compagnie de quarante lances fournies des ordonnances sous la charge du comte de Tende, donna, le 12 mai 1550, quittance de 100 livres tournois reçues de Thibault Palluau, payeur de cette compagnie, pour le quartier de janvier, février et mars 1549 ; et, le 23 août 1551, il donna au même payeur quittance de pareille somme, pour le quartier de janvier, février et mars 1550, pour son service comme guidon de la même

Longueville.

compagnie, qui était alors commandée par le duc de Longueville ; ces quittances, signées de sa main et scellées d'un sceau écartelé des armes de du Fau et de Menou, sont en original à la Bibliothèque royale. (*Titres de Menou.*) (30)

Noble homme Jean de Menou, seigneur de Charnisai, gentilhomme de la maison du roi, fils de défunt messire René de Menou, premier échanson de la reine Éléonore, chevalier, seigneur de Boussay, et de dame Claude du Fau, épousa

Des Personnes.
Beaufils.

Claude des Personnes, fille de Jean des Personnes, en son vivant seigneur de Thierville et de Chantôme, et de Marguerite de Beaufils, mariée en secondes noces

D'Eschelles.
Constant.

à noble homme Jean d'Eschelles, seigneur d'Oucques. Par le contrat, fait en présence dudit d'Eschelles, de sa femme et de noble homme Louis de Constant, seigneur de Fontpertuy, gentilhomme de la maison du roi et cousin de ladite Claude, il fut stipulé que les époux seraient communs en tous biens, nonobstant les coutumes du pays où les parties seraient domiciliées et où leurs biens seraient situés. Jean de Menou prit ladite Claude avec tous ses droits et actions, et, comme ses biens étaient chargés de diverses rentes, il fut convenu que celles qui seraient rachetées ou amorties par eux ou l'un d'eux seraient réputées acquêts et que la jouissance en resterait au survivant : ladite Claude devait être douée du tiers de tous les biens présents ou à venir de Jean de Menou, nonobstant la coutume de Touraine, qui veut que fille héritière ne puisse prendre douaire sur les biens de son mari : et fut présent, noble et scientifique personne monseigneur Antoine Isoré, seigneur de la Roche, protonotaire du saint-siège, demeurant à Fontenay en Touraine, fondé de procuration de noble et puissant seigneur messire Jacques de Menou, chevalier, seigneur de Boussay et de la Ferté-Nabert et baron de Druy ; lequel Isoré, au nom dudit seigneur de Boussay, assura que le partage, tant paternel que maternel, dudit seigneur de Charnisai, pourrait valoir de 700 à 800 livres de revenu. Ledit contrat fut passé, le 30 décembre 1551, devant Caillaud, notaire, sous le scel de la châtellenie de Marchénoir, en présence de noble homme Georges de Comavargon, écuyer, seigneur de Beauvillier, et d'honnête homme et sage René Solleil, licencié ès lois, demeurant à Preuilly, et autres témoins. (*Original à Boussay.*)

Jean de Menou, écuyer, seigneur de Charnisai, gentilhomme de la maison du roi, et demoiselle Claude des Personnes, sa femme, fille de défunt Jean des Personnes, écuyer, seigneur de Thierville, et de dame Marguerite de Beaufils, firent, le 21 février 1551, une transaction avec Jean d'Eschelles, écuyer, et ladite Marguerite de Beaufils, sa femme. (*Original à Boussay.*)

Noble seigneur Jean de Menou, chevalier, fils aîné de feu messire René de Menou, chevalier, fit un partage provisionnel des maisons nobles, seigneuries et fiefs délaissés par son père, avec la dame Claude du Fau, sa mère, agissant aussi au nom de René et Avoye de Menou, ses enfants, et comme ayant le bail et garde noble de François et Aulbin, ses enfants mineurs; acte passé en la cour de Preuilly, devant Soullet et Payen, notaires, le 8 juillet 1555. (*Arrêt de* 1668.)

Jean de Menou fut exempté, avec sa mère, de contribuer au ban et arrière-ban par lettres du roi du 17 avril 1555. (Dom Housseau, n° 5298.)

Messire Jean de Menou, chevalier, seigneur de Boussay et de Charnisai, épousa, par contrat passé à Issoudun, le 10 décembre 1559, devant Claude Quarreure, notaire juré, demoiselle Michelle de la Châtre, fille de haut et puissant seigneur messire Claude de la Châtre, chevalier, baron de la Maisonfort, et de dame Anne Robertet, sa femme; il fut assisté de René de Menou, son frère, de François Isoré, écuyer, seigneur de Fontenay, et de scientifique personne messire Antoine Isoré, protonotaire du saint-siége apostolique et seigneur de la Roche; et ladite demoiselle de la Châtre, dudit seigneur son père, de sa mère, de dame Louise d'Étampes, veuve de Jacques de Menou, et de son oncle, messire Claude Robertet, seigneur d'Alluye, conseiller du roi et trésorier de France : lesdits seigneur et dame de la Maisonfort constituèrent en dot à ladite demoiselle, leur fille, la somme de 10,000 livres, pour laquelle le futur époux assigna une rente de 500 livres à prendre sur la seigneurie de Boussay, hors le château et lieu seigneurial, cours, jardins et droits compris sous le vol du chapon; laquelle rente demeurait rachetable par ledit sieur de Menou ou ses héritiers, pour la somme de 10,000 livres, au cas de mort sans enfant du présent mariage; ladite demoiselle de la Châtre renonça à tous les droits qu'elle pourrait avoir dans la succession de ses père et mère en faveur de Claude et de Jacques de la Châtre, ses frères, à condition néanmoins que, si l'un d'eux mourait, elle aurait 3,000 livres dans la succession de l'aîné et 2,000 livres seulement dans celle du puîné et que, s'ils n'avaient point d'enfants légitimes, elle rentrerait en partage avec ses sœurs en rapportant la somme de 10,000 livres. Il fut depuis accordé entre lesdites parties que ledit seigneur de Menou donnerait ladite somme à Marie, sa fille du premier lit, pour tout droit de légitime, à condition qu'elle ne pourrait revenir en partage avec les enfants qu'il pourrait avoir de ce second mariage, et qu'il assignerait à sadite épouse le douaire coutumier avec pouvoir de prendre par préciput ses bagues, pierreries et joyaux. (*Grosse à Boussay.*)

Messire Jean de Menou, chevalier, seigneur de Boussay et de Charnisai, ayant épousé la sœur de dame Louise d'Étampes, veuve de messire Jacques de Menou, ladite dame leur fit une donation *pour la bonne amour et dilection* qu'elle avait pour sadite sœur et en faveur de son mariage avec ledit Jean de Menou. Acte passé devant Quarreure, notaire à Issoudun, le 15 décembre 1559. (*Original à Boussay.*)

M. de la Bourdaisière écrivit, le 22 octobre 1560, à Jean de Menou, afin de lui recommander de faire bon accueil à M. de l'Aubespine, qui devait lui rendre foi et hommage pour une portion qu'il venait d'acheter de la terre d'Andigni relevante de la seigneurie de Boussay; ajoutant que M. de l'Aubespine était son allié, que toute leur vie ils avaient vécu en grande amitié et qu'il était si près du roi et de la reine, qu'il se trouvait souvent à même de rendre service à ses amis, etc. Signé, votre obéissant oncle et meilleur ami. (*Archives de Boussay.*)

Jean de Menou, étant au camp de Poitiers, le 1$^{er}$ août 1562, reçut des lettres de Louise d'Étampes, de madame de la Châtre et de trois de ses filles, qui, échappées d'Orléans lors de la surprise de cette ville par le prince de Condé, s'étaient réfugiées à Boussay. Elles envoyèrent un courrier à Poitiers pour savoir des nouvelles de Jean de Menou et de son frère. (*Ibid.*)

Noble et puissant seigneur messire Jean de Menou, chevalier, et nobles personnes François et René de Menou, ses frères puînés, firent, le 9 novembre 1563, au sujet des biens des successions de défunts messire René de Menou, leur père, messire Jacques de Menou et noble Aulbin de Menou, leurs frères, un partage en forme de transaction avec la dame Claude du Fau, leur mère, comme cessionnaire des droits de noble homme Gaulcher de Meslay et de demoiselle Avoye de Menou, sa femme, fille de ladite dame du Fau. (*Arrêt de* 1667.)

Noble et puissant messire Jean de Menou, chevalier, fit une transaction, le 7 décembre 1564, avec René et François de Menou, ses frères puînés, et Claude du Fau, leur mère, étant aux droits d'Avoye de Menou, sa fille. Ladite dame du Fau et lesdits René et François demandaient l'exécution d'un contrat de partage, du 9 novembre 1563, disant qu'il leur était dû, depuis le 8 juillet 1555, les fruits de choses à eux attribuées, faisant une somme d'environ 10,000 livres; ils réclamaient en outre leur part dans la terre de Mantelan, vendue au-dessous de sa valeur à M. de Villars et dont leur frère aîné avait obtenu possession par retrait de lignage : de son côté, Jean de Menou, prétendant avoir été lésé outre mesure dans le partage de 1563, avait obtenu des lettres royaux pour faire casser ce partage et en faire de nouveaux. Les parties s'arrêtèrent à une transaction, par laquelle ledit Jean renonça à l'effet desdites lettres royaux, et consentit à ce que le partage du 9 mai 1563 demeurât en sa force à l'égard de sa mère, qui, pour faciliter la transaction, ne retint que ses biens meubles et jusqu'à la concurrence de 2,000 livres de ses immeubles pour en disposer après sa mort. Lesdits René et François de Menou eurent pour tous leurs droits dans la succession de leurs frères et de leurs père et mère, les lieux, maisons, terres et seigneuries de Charnisai, Beauvollier, les Merceries et Boisguenant avec leurs dépendances, une redevance de vingt setiers de blé à prendre chaque année sur le moulin de Chenevaulx et 50 livres de rente sur la seigneurie de Boussay, pour en jouir seulement jusqu'à la mort de leur mère, auquel temps cette rente retournerait à Jean de Menou, qui serait obligé de leur abandonner alors les maisons, terres et seigneuries de Billy, Villecoppières et Guinchamp avec les dépendances situées au pays de Mirebalais et la moitié de la terre et seigneurie de la Bouvette, située en la châtellenie de Faye, rachetable dans l'intervalle d'une année, pour la somme de 1,530 livres. Ledit Jean de Menou eut pour sa part les château, fief, terre et seigneurie de Boussay, les bois de haute futaie dudit lieu, ladite redevance de 50 livres de rente avec la métairie de Mérai, tous les acquêts faits par son père et sa mère audit lieu de Boussay, qui avait été assigné pour douaire à sa mère, et de plus les terres et seigneuries de Marai, Châtre et la Picquetterie et l'autre moitié de la terre et seigneurie de la Bouvette; moyennant lequel partage, lesdites parties se désistèrent de leurs prétentions. Cette transaction fut faite à Charnisai, devant Claude Rodier, notaire royal juré sous les sceaux de Tours, demeurant à Preuilly, en présence de nobles et puissants seigneurs messire René de Rochefort, chevalier, gentilhomme de la chambre du roi; François Isoré, écuyer, seigneur de Fontenay, l'un des cent gentilshommes de la maison du roi; Jacques d'Étampes, écuyer, seigneur de Valençai; de nobles hommes Jean de Mirai, écuyer, seigneur de la Tiercerie, René de Gray, écuyer, seigneur de Chambon, et honorable homme et sage messire Guillaume Phillebert, conseiller du roi et lieutenant particulier au lieu et siége royal de Chinon. (*Grosse à Boussay.*)

<small>Rochefort.
Isoré.
Étampes.
De Gray.</small>

Jean de Menou reçut une lettre du roi, Charles IX, lui annonçant qu'il avait, à sa considération, donné à la veuve de Genton, garde des sceaux au présidial de Bourges, la place qu'il avait demandée pour elle. Original en papier daté de Moulins, le 8 avril 1566, signé Charles, et plus bas, Bourdin. (*Archives de la famille.*)

Jean de Menou eut une commission du roi par laquelle ce prince, en considération de sa fidélité, expérience et prudhommie, le nomma l'un des commissaires de ses guerres pendant l'année 1567, pour faire la montre de deux compagnies de gendarmerie française, aux gages de 60 livres par montre et aux honneurs et prérogatives accoutumés; cette commission, datée de Fontainebleau, le 18 mars 1567, signée par le roi en son conseil, et contre-signée, l'Aubespine, lui fut remise avec une lettre d'avis du connétable de Montmorency par laquelle il mandait qu'il l'avait choisi pour faire la montre des compagnies de messieurs de Clermont-d'Amboise et de Matignon, qu'il eût à se transporter à Mortagne et à Alençon, lieux des garnisons de ces compagnies, le 1ᵉʳ juin suivant; et que, attendu le peu de temps qui lui restait, il le dispensait, jusqu'après les montres, de prêter entre ses mains le serment accoutumé. (*Preuves de cour.*)

<small>Le connétable de Montmorency.
Clermont-D'Amboise.
Matignon.</small>

Lesdites lettres et commission se trouvent insérées en leur entier dans le procès-verbal de Nicolle le Clerc, conseiller du roi, juge et lieutenant général en Touraine, qui reconnut que Jean de Menou était exempt du ban et arrière-ban, en vertu de ladite charge, quoiqu'il possédât les châteaux, seigneuries et fiefs suivants, savoir: la châtellenie, terre et seigneurie de Boussay, ressort de Preuilly; les fiefs de la Tourette et Richaudellière, paroisse de Barou; le fief de Juliers, paroisse de Tournon, ressort de Preuilly; et la châtellenie, terre et seigneurie de Mantelan, ressort de Loches. Extrait du ban et arrière-ban du bailliage de Touraine, du 14 octobre 1567, signé Palet. (*Preuves de cour.*)

Le seigneur de Menou reçut un passe-port du roi, le 15 décembre 1567, pour aller en sa maison de Touraine, avec ses gens, armes et chevaux, jusqu'au nombre de dix, afin de se faire panser d'un coup qu'il avait reçu à travers les reins à la bataille de Saint-Denis. Ce passe-port est daté de Paris, signé : Charles, et plus bas : par le roi, Robertet. (*Preuves de cour.*) — Robertet.

Jean de Menou, gentilhomme ordinaire de la chambre du roi, fut nommé chevalier de l'ordre royal de Saint-Michel, dans une assemblée de chevaliers dudit ordre, et reçut à cette occasion une lettre par laquelle le roi lui annonçait qu'il avait été choisi à cause de ses vertus, vaillances et mérites. (*Preuves de cour.*)

Messire Jean de Menou, chevalier de l'ordre du roi, prêta le serment accoutumé entre les mains de messire Melchior des Prez, seigneur de Montpezat, chevalier de l'ordre du roi, capitaine de cinquante hommes d'armes, sénéchal de Poitou et gouverneur du duché de Châtellerault, le 19 avril 1568, en recevant de ses mains le collier dudit ordre. (*Preuves de cour.*) — Montpezat.

Jean de Menou, chevalier de l'ordre du roi, fut envoyé pour commander en la ville de Loches par le seigneur de la Châtre, chevalier du même ordre, capitaine de cinquante hommes d'armes, gouverneur et lieutenant général pour Sa Majesté au pays de Touraine, Blois, Amboise, Châtillon et Loches, qui lui envoya, de Tours, le 3 juin 1568, les instructions nécessaires pour mettre cette place en sûreté contre les entreprises qui se *brassaient* par les ennemis du roi. (*Preuves de cour.*) — La Châtre.

Le sieur de Menou, chevalier de l'ordre du roi, reçut des provisions de gouverneur des ville et château de Loches, pour veiller à ce que ceux de la nouvelle religion ne pussent s'en emparer, avec pouvoir de lever et assembler toute force de gens de guerre, à cheval et à pied, que bon lui semblerait, et de faire en cette occasion tout ce que l'on pouvait attendre d'un bon chef de guerre. — Ces provisions, datées de Saint-Maur-lez-Fossés le 22 septembre 1568, étaient signées : Charles et plus bas : Sublet, et scellées du scel en cire jaune. (*Preuves de cour.*)

Jean de Menou, chevalier de l'ordre du roi, seigneur de Boussay, Mantelan, Châtres et Marai, lieutenant de Sa Majesté en les ville, chastel, comté et ressort de Loches, prit ces qualités dans un acte signé par lui le 24 novembre 1568. (Dom Housseau, n° 5238.)

Messire Jean de Menou, chevalier de l'ordre du roi, seigneur de Boussay,

Mantelan, la Forge et autres lieux, fut enrôlé en pleine montre, le 14 décembre 1568, en qualité de lieutenant de la compagnie de Claude de la Châtre, chevalier du même ordre, capitaine de cinquante hommes d'armes des ordonnances de Sa Majesté et son lieutenant général en Touraine, suivant le certificat dudit seigneur de la Châtre et des commissaires et contrôleurs ordinaires des guerres, daté du même jour, à Tours, signé : la Châtre, du Pillet et Sublet, et scellé en placard. (*Preuves de cour.*)

Jean de Menou, chevalier de l'ordre du roi, gentilhomme ordinaire de sa chambre, et lieutenant de la compagnie de cinquante hommes d'armes des ordonnances commandée par Claude de la Châtre, fit au roi sa déclaration de toutes ses seigneuries et fiefs, savoir : « sa terre, seigneurie et châtellenie de Boussay; les fiefs, terres et seigneuries de Mérai, la Vienne, Vaux, Pellechat, la Chambre, et la Pénissière, situés paroisse de Boussay; les fiefs, terres et seigneuries de la Forge et la Blanchardière, situés paroisse de Chambon; les fiefs de Pingré et la Touracte, paroisse de Barou; les fiefs du Gué, paroisse d'Izeure; de la Jugère, paroisse de Tournon, rolle de Preuilly; les fiefs, terres, seigneuries et châtellenies de Mantelan, de Launai, du Bouchan, du Castellet, de la Table et de la Traperye, paroisse de Mantelan; de Marai et Châtres, paroisse de Chambourg; et de Piquotière, paroisse du Fau, au rolle de Loches : pour tous lesquels fiefs il réclamait être déchargé de la présentation et contribution du ban et arrière-ban à raison de ses emplois militaires, le 22 mars 1569. » — En conséquence, il obtint, par son procureur Pierre Ivon, une sentence de Nicolle le Clerc, conseiller du roi, seigneur de Courcelles en Touraine, déclarant que ledit seigneur de Menou était exempt du ban et arrière-ban pour tous les fiefs, seigneuries et châtellenies ci-dessus énumérés, étant chevalier de l'ordre du roi, ce qui lui était prouvé par acte authentique, et aussi lieutenant de la compagnie des ordonnances de M. de la Châtre, ainsi qu'il était certifié par un acte du 19 décembre 1568, signé : la Châtre, du Pillet et Sublet. Cette sentence, signée : Valet, le 22 mars 1569. (*Archives de Boussay.* — Dom Housseau, n° 5312.)

Jean de Menou, chevalier de l'ordre du roi et lieutenant de la compagnie de ses ordonnances commandée par Claude de la Châtre, reçut du duc d'Anjou et de Bourbonnais, frère du roi et lieutenant général du royaume, une commission pour lever une compagnie de deux cents hommes de pied, afin de conserver en l'obéissance de Sa Majesté la ville et le château de Loches, et d'ôter aux ennemis le moyen de faire aucune entreprise sur elle ; avec pouvoir de commander ladite compagnie aux honneurs, autorité, etc., affectés aux capitaines de pareil nombre de gens de guerre. — Cette commission, datée du camp de Montmorillon le 23 mai 1569, était signée : Henri, et plus bas : par mondit seigneur Fizes. (*Preuves de cour.*) (31)

Jean de Menou, seigneur de Boussay, lieutenant de cinquante lances fournies des ordonnances, dont le sieur de la Châtre avait la charge et conduite, donna, en cette qualité, quittance de 262 livres 10 sous tournois pour le quartier d'octobre, novembre et décembre 1568, à Benoît Mylon, trésorier ordinaire des guerres. Signée par lui le 19 juin 1569, et scellée d'un sceau représentant une *bande* et le collier de l'ordre du roi. (*Original à la Bibl. roy.*)

Jean de Menou, chevalier de l'ordre du roi, gouverneur pour Sa Majesté des ville et château de Loches, reçut de Louis de Bourbon, duc de Montpensier, une lettre, datée d'Argenton le 22 juillet 1569. (Dom Housseau, n° 5163.)  Duc de Montpensier.

Jean de Menou reçut du duc d'Anjou, lieutenant général du royaume, une lettre par laquelle ce prince le priait de fortifier la ville de Loches, conformément à un plan qu'il lui envoyait : lettre datée du Plessi-lez-Tours le 29 août 1569, et signée : Votre bon ami, Henri. (*Preuves de cour.*)  Duc d'Anjou.

Jean de Menou ayant une affaire importante, le connétable de Montmorency écrivit deux lettres en sa faveur : on y trouve ce qui suit : « Et vous me ferez singulièrement grand plaisir pour l'amour dudit sieur de Menou, qui est tant de mes amis que je ne le vous pourrois trop recommander. » Dussay, le 29 août 1559. (*Archives de Boussay.*)  Le connétable de Montmorency.

Jean de Menou reçut une lettre de Charles IX par laquelle ce prince lui marquait qu'il avait reçu l'avis du passage de nombre de huguenots par le pays de Berry, mais qu'il ne pouvait se persuader qu'il fût aussi grand qu'il le lui mandait, quoiqu'il le désirât, afin que son armée pût défaire plus facilement ceux qui seraient restés en Poitou. — Datée du Plessis-lez-Tours le 21 septembre 1569, signée : Charles, et plus bas : Bruslart. (*Preuves de cour.*) Et quelques jours après, M. de Villars lui annonça le gain de la bataille de Moncontour. (Dom Housseau, n° 5224.) (32)

Le duc de Guise écrivit à Jean de Menou au sujet de la maison de la Bertellière à Loches, et en faveur du commissaire général Tesseron, dont il louait les recommandables services en plusieurs honorables charges : il terminait en disant qu'il saurait bien reconnaître ce plaisir aux endroits qu'il le voudrait employer.  Duc de Guise.

Loudun, le 8 octobre 1569. Votre entièrement bon ami, signé : Henry de Lorraine. (*Archives de Boussay.*)

Cardinal de Lorraine.

Les intérêts de la reine d'Écosse furent recommandés aux soins de Jean de Menou par Charles de Lorraine, oncle de ladite reine, dans une lettre datée de Tonnay-Boutonne, le 26 novembre 1569. (*Ibid.*)

Jean de Menou, chevalier, seigneur de Boussay et autres lieux, obtint du roi, en août 1570, des lettres patentes établissant, dans ses domaines, des foires pour encourager l'agriculture : une à Boussay, le 10 août; une à Chambon, le 29 juin; et deux à Mantelan. Ces lettres furent présentées au lieutenant général du royaume pour les marchands et merciers, et enregistrées le 19 septembre 1570. (*Ibid.*)

Jeanne d'Albret.

Jean de Menou reçut de Claude de la Châtre une lettre par laquelle il l'informait qu'il était depuis cinq semaines à la cour, et devait encore y demeurer quelque temps, jusqu'aux noces de Madame, qui étaient chaque jour retardées, la reine de Navarre ne voulant pas venir avant qu'on lui eût remis la ville de Lectoure, etc. Le fils de Jean de Menou étant déjà grand et en âge d'être mis hors de la maison (il avait douze ans), Claude de la Châtre avait demandé au duc d'Anjou une place de page, qu'il lui avait *libéralement* accordée. Il assurait qu'ils étaient fort bien nourris et entretenus, à son gré trop délicatement; si cela convenait, il ne pourrait entrer qu'à Pâques, un autre devant alors sortir : son père pourrait, en attendant, le présenter ou l'envoyer à Claude de la Châtre, qui s'en chargerait. Amboise, le 10 décembre 1571. Votre très-humble frère à vous faire service. (*Ibid.*)

Claude de la Châtre, gouverneur et lieutenant général pour le roi à Bourges, pays et duché de Berry, commandant l'armée devant Sancerre, fit un certificat attestant que Jean de Menou, lieutenant de sa compagnie de cinquante hommes d'armes des ordonnances, l'avait toujours menée et conduite aux occasions qui s'étaient présentées pour le service du roi depuis le temps qu'ils étaient devant Sancerre. Fait au camp de Sancerre, le 15 avril 1573. (*Ibid.*)

HENRI III.

Jean de Menou, lieutenant de cinquante lances des ordonnances du roi dont le sieur de la Châtre avait la charge et conduite, donna, en cette qualité, quittance de la somme de 82 livres 10 sous tournois, pour le quartier d'octobre, novembre et décembre 1573, reçue par les mains du sieur Légier, trésorier et payeur de ladite compagnie, signée le 5 janvier 1574, et scellée d'un sceau représentant une *bande* et le collier de l'ordre du roi. (*Original à la Bibl. roy.*)

Jean de Menou, seigneur de Boussay, chevalier de l'ordre du roi, et son frère François firent, le 7 février 1575, une transaction au sujet de la succession maternelle : de l'avis de Louis de Crevant, seigneur de Cingé, et d'Esme de Prie, baron de Montpoupon, parents et amis; en présence d'Antoine Isoré, prieur de Loose, et de Jacques Isoré, commandeur de Ballan. (*Original à Boussay.*)

Crevant.
De Prie.
Isoré.

Noble seigneur messire Jean de Menou, chevalier de l'ordre du roi, est nommé, dans un acte passé, le 9 août 1575, entre la dame Michelle de la Châtre, sa femme, d'une part; et messire Guillaume Pot, chevalier, seigneur de Rhodes, prévôt, maître des cérémonies du roi, son premier écuyer tranchant et capitaine des gardes de Monseigneur, frère du roi, et Jacqueline de la Châtre, sa femme; messire Guillaume de l'Aubespine, conseiller du roi en son conseil privé, chevalier, baron de Châteauneuf-sur-Cher, seigneur de Hauterive, Rousson et Beauvoir, et Marie de la Châtre, sa femme; et enfin dame Anne de la Châtre, veuve de messire François de l'Hopital, chevalier de l'ordre du roi, seigneur de Vitri et de Hallyer, d'autre part, pour partager une portion de la succession de défunte haute et vertueuse dame Louise d'Étampes, leur sœur, en son vivant veuve de Jacques de Menou, et dame de la Ferté-Nabert : lesdits biens à eux échus par le partage fait avec haut et puissant seigneur messire Claude de la Châtre, chevalier de l'ordre du roi, seigneur de la Maisonfort, leur frère, et leur cohéritier quant aux meubles et conquêts de ladite défunte dame de la Ferté. (*Original à Boussay.*)

Rhodes.
L'Aubespine.
L'Hopital.
D'Étampes.
La Châtre.

Le duc d'Alençon s'étant retiré à Dreux et *faisant contenance* de lever des troupes, le roi écrivit à Jean de Menou qu'il avait besoin de l'assistance de ses loyaux serviteurs; il avait voulu l'avertir de cette occasion de montrer sa *droite affection* au bien de son service, et le priait de se mettre en mesure de venir le trouver, avec bonne compagnie de ses amis, dans le meilleur équipage d'armes et de chevaux et le plus tôt qu'il le pourrait, pour lui rendre le service qu'il s'était toujours promis de sa loyauté et fidélité; ce serait faire acte digne d'un gentilhomme d'honneur, tel qu'il s'était toujours fait connaître : il pouvait être assuré que le roi lui en saurait perpétuellement bon gré. Signé : Henri, et plus bas : Bruslart. Paris, le 22 septembre 1575. (Dom Housseau, n° 5177.) (33)

Duc d'Alençon.
Bruslart.

Jean de Menou reçut une lettre de François de Bourbon, duc de Montpensier, lui annonçant que, dans une assemblée de seigneurs et gentilshommes qui venait d'avoir lieu à Poitiers, on avait été d'avis que, *par la forteresse* dont était sa maison de *Bouschai*, il était nécessaire d'y mettre des soldats pour empêcher que ceux qui

Duc de Montpensier.

avaient pris les armes contre l'autorité du roi ne vinssent à s'en emparer, ce qui causerait un grand préjudice au pays. Le prince faisait appel *au bon zèle et affection* que Jean de Menou avait toujours eu au bien des affaires et au service de Sa Majesté, et l'engageait à y mettre lui-même des soldats. (Dom Housseau, n° 5215.)

Haut et puissant seigneur messire Jean de Menou, chevalier de l'ordre du roi, seigneur de Boussay, assista, le 29 mai 1575, au mariage de Marie de Menou, dame de la Ville-aux-Clercs, sa fille, avec messire François de Gaignon, chevalier, seigneur de Saint-Bohaire, de Lougny et du Gué de la Ville, gentilhomme ordinaire de la chambre du roi. (Dom Housseau, n° 5316. *Original à Boussay.*)

Jean de Menou reçut du roi la lettre suivante, datée de Blois le 28 décembre 1576, signée : Henri, et plus bas : Sublet : « Monsieur de Menou, le sieur Nos Maraffin vous fera entendre aucunes choses, tant de ma part que du sieur de Chavigny, chevalier de mon ordre, conseiller en mon privé conseil, capitaine de cent gentilshommes de ma maison, qui importent grandement mon service et le salut de cet État, auquel je vous ay cy-devant *congneu si dévôt et affectionné*, que je me suis promis que vous y rendrez toujours même fidélité et *debvoir*, en toutes les occasions qui se présenteront. A cette cause, je vous prie croire ledit sieur Nos Maraffin et ce qu'il vous dira, comme moy-même, qui prie le Créateur vous avoir, monsieur de Menou, en sa sainte garde. » (Dom Housseau, n° 5181.)

Messire Jean de Menou, chevalier de l'ordre du roi, seigneur de Boussay, et messire François de Menou, aussi chevalier, seigneur de Charnisai et de Billy, son frère, par leur procureur Guy du Bois, écuyer, firent à Honoré Guillen et Pierre Regnault un bail à rente des terres y mentionnées. Acte passé en la cour de Mirebeau, le 3 janvier 1577, en fin duquel est la ratification desdits chevaliers. (*Arrêt de* 1668.)

Jean de Menou, chevalier, seigneur de Boussay, rendit, le 28 juin 1579, foi et hommage de sadite seigneurie, à cause de la baronnie de Preuilly dont elle relevait, à messire Charles de la Rochefoucauld, chevalier de l'ordre du roi, baron de Preuilly, qui ratifia les priviléges de la seigneurie de Boussay, déjà confirmés par Louis de Clermont, en faveur de René de Menou. (*Archives de Boussay.*)

Messire Jean de Menou, chevalier, seigneur de Boussay, fit une transaction avec messire François de Menou, aussi chevalier, pour raison de la terre de Billy, le 30 août 1579. (*Arrêt de* 1668.)

Jean de Menou, chevalier de l'ordre du roi, reçut de Claude de la Châtre, son beau-frère, une lettre, datée de Château-Thierry le 8 décembre 1581, l'informant qu'il avait envoyé son fils (probablement Philippe) au duc de Nevers, qui l'avait demandé. Il lui adressait en même temps un mémoire sur les affaires politiques et de la cour. (*Archives de Boussay.*)

Messire Jean de Menou, chevalier de l'ordre du roi, seigneur de Boussay, est nommé dans le contrat de mariage de noble demoiselle Claude de Menou, sa fille, avec Marin de Vançay, écuyer, seigneur de la Barre, de Conflans, de Rocheux et des Créneaux, le 15 juillet 1582. (*Original à Boussay.*) Vançay.

Messire Jean de Menou, chevalier de l'ordre du roi, et dame Michelle de la Châtre, sa femme, donnèrent, le 1<sup>er</sup> septembre 1582, une procuration à l'effet de vendre et aliéner les terres et seigneuries de Chambourg, Châtres et Marai, avec leurs appartenances et dépendances, à condition de rachat. (*Original à Boussay.*)

Jean de Menou, chevalier de l'ordre du roi, reçut du chancelier de Chiverni une lettre datée de Saint-Germain, le 17 décembre 1583, dans laquelle se trouvent les expressions suivantes : « Et m'asseurant que ne me refuserez de cette priere, de laquelle en recompense je me revencheray où me voudrez employer, etc. » (*Archives de Boussay.*) Le chancelier Chiverni.

Jean de Menou, chevalier, seigneur de Boussay, la Forge, la Blanchardière, Pingrai, la Thoracte, Mantelan, Marai, Châtre et de la Piquotière, gentilhomme ordinaire de la chambre du roi, chevalier de son ordre et gouverneur de Loches, est mort en 1588. Michelle de la Châtre, sa femme, est morte en 1592. (34)

René de Menou se fit religieux bénédictin de l'abbaye de Preuilly ; l'acte de sa réception, du 8 mai 1588, constate qu'il fut présenté par sa mère, haute et puissante dame Michelle de la Châtre, veuve de défunt haut et puissant seigneur messire Jean de Menou, en son vivant chevalier de l'ordre du roi, seigneur de Boussay : en présence de haut et puissant seigneur Ludovic de la Châtre, son cousin, qui fut depuis maréchal de France ; de messire François de Menou, chevalier, seigneur de Charnizai, de messire Anne de Château-Châlons, chevalier de l'ordre du roi, ses oncles, et de plusieurs autres seigneurs : il fut partagé, le 7 juillet 1598, des terres de la Blanchardière et de la Forge, par indivis avec sa sœur Françoise. La Châtre.<br>Château-Châlons.

Philippe de Menou, écuyer, était sous la curatelle de son frère aîné, lorsque, le 7 juillet 1598, il fut partagé de la terre de Mantelan, par indivis avec son frère Joachim. (Dom Housseau, n° 5334.)

Du Chèvre.
La Châtre.
Chabot.
Rhodes.
Rochechouart.
La Vauguyon.

Philippe de Menou épousa, le 12 avril 1609, demoiselle Françoise du Chèvre, fille de noble homme Étienne du Chèvre et de dame Madeleine Bézard, de l'avis et consentement de son oncle maternel, haut et puissant seigneur messire Claude de la Châtre, chevalier des ordres du roi, capitaine de cent hommes d'armes de ses ordonnances, gouverneur des duchés de Berry et d'Orléans, maréchal de France, seigneur de la Maisonfort; de haute et puissante dame Madeleine Jeanne Chabot, son épouse; de son cousin germain, haut et puissant seigneur Louis de la Châtre, chevalier des ordres du roi, lieutenant général pour le roi au duché de Berry; de sa tante, haute et puissante dame Jacqueline de la Châtre, veuve de haut et puissant seigneur messire Guillaume Pot, chevalier, seigneur de Rhodes et de Menetou, prévôt des ordres du roi et grand maître des cérémonies de France; et de son cousin germain, haut et puissant seigneur messire Guillaume Pot, ayant la survivance de son père en toutes ses charges: en présence de la dame Anne de Monceaux, veuve de François de Rochechouart, et de très-révérend père en Dieu, messire André Frémiot, patriarche et archevêque de Bourges, primat d'Aquitaine. (*Original à Boussay*.)

Joachim de Menou assista, le 29 novembre 1603, au mariage de Jean, son frère aîné, avec Anne de Blois. (*Preuves pour Saint-Cyr*, 1687.)

Joachim de Menou entra dans l'ordre de Malte: ses quartiers sont à la bibliothèque de l'Arsenal à Paris; et, le 29 novembre 1604, il reçut à Tours, de frère Simon le Petit de la Vauguyon, chevalier dudit ordre, commandeur de Vallon, receveur et procureur pour ledit ordre au prieuré d'Aquitaine, quittance de 200 écus d'or donnés pour son passage pour être reçu au rang de frère chevalier de l'ordre de Saint-Jean de Jérusalem. (*Archives de Boussay*.)

Messire Joachim de Menou, chevalier de l'ordre de Saint-Jean de Jérusalem, seigneur d'une partie de Mantelan, vendit, le 3 août 1607, sa moitié indivise de ladite terre à son frère aîné Jean de Menou, seigneur de Boussay, et à sa femme. (Dom Housseau, n° 5345.)

Joachim de Menou fut fait prisonnier par les Turcs. (*Archives de Boussay*.)

## XIIIᵉ DEGRÉ.

Jean de Menou, neuvième du nom, épousa, le 21 juin 1591, Madeleine Fumée, fille unique de Martin Fumée, chevalier de l'ordre du roi, gentilhomme de la chambre du duc d'Anjou, seigneur de Genillé et de Marly-le-Chatel, qui était frère de l'évêque-comte de Beauvais. Il descendait d'Adam Fumée, dont on trouvera l'éloge dans le P. Anselme, *Histoire des grands officiers de la couronne, chapitre des chanceliers*, t. VI, p. 420.

<u>HENRI IV.</u>

Jean de Menou, étant veuf, épousa en secondes noces, le 29 novembre 1603, Anne de Blois, fille de François de Blois, issu d'une branche cadette de la maison de Roussillon.

Jean de Menou laissa du premier lit :

    1° *René*, qui a continué la descendance directe.

**Du second lit :**

    2° *Jean*, qui forma la branche de Billy.

    3° *Charles*, auteur de la branche de Narbonne, relatée ci-après.

    4° *François*, mort jeune sans alliance.

    5° *Philippe*, seigneur de Maurian, major du régiment du prince de Tarente, cavalerie, mort au service, sans alliance, en 1655.

    6°, 7° et 8° *Henri*, *Claude* et *Anne*, morts jeunes, sans alliance.

    9° *Gabrielle*, mariée, le 30 juin 1637, à messire Artus de Jauvre, chevalier, seigneur de Lussais.

    10° *Marie*, mariée, le 12 avril 1638, à messire Jean de Meaussé, chevalier, seigneur de la Richerie et de Jupilles, dont elle n'eut pas d'enfant.

---

Jean de Menou, neuvième du nom, commença fort jeune sa carrière militaire, qu'il suivit avec distinction, ainsi que le témoignent les lettres et documents conservés dans les archives de la famille. A l'âge de douze ans il fut reçu page du duc d'Anjou, lieutenant général du royaume ; il se trouvait à la cour lors du mariage du roi de Navarre, et s'attacha tellement à ce prince qu'il se jeta dans son parti contre celui de la Ligue, et se sépara de sa famille pour aller servir sous ses ordres. Henri IV, à son avénement à la couronne, le créa chevalier de son ordre, le nomma gentilhomme de sa chambre, et lui confia des commandements importants. (*Archives de Boussay.*)

Duc d'Anjou.
Le roi de Navarre.

Le cardinal de Bourbon écrivit à Jean de Menou une lettre, datée de Tours le 10 août 1589, pour lui annoncer que Henri III avait été assassiné, et que l'armée et une *infinité* de noblesse avaient reconnu le roi de Navarre. Il ajoutait que Jean de

Le cardinal de Bourbon.

Menou avait montré tant d'affection et de fidélité au service du roi, que l'on comptait sur lui en cette crise difficile ; il l'invitait à monter à cheval en toute hâte, et à rassembler aussitôt le plus de troupes qu'il pourrait ; ce qu'il se promettait de sa vertu et affection. (Dom Housseau, n° 5185.)

*Fumée.* — Jean de Menou, chevalier, seigneur de Boussay, fils aîné et principal héritier de défunt messire Jean de Menou, en son vivant chevalier, seigneur de Boussay, et de Michelle de la Châtre, épousa, le 21 juin 1591, demoiselle Madeleine Fumée, fille unique de Martin Fumée, chevalier de l'ordre du roi, seigneur de Genillé, et de Marie Louet. (*Original à Boussay.*)

Ce mariage fut ratifié, le 25 juin, par Michelle de la Châtre, veuve de haut et puissant seigneur messire Jean de Menou, chevalier de l'ordre du roi et seigneur de Boussay. Acte reçu par Rodier, notaire à Boussay. (*Original à Boussay.*)

Henri IV écrivit au prince de Conti qu'il avait connaissance particulière de la valeur de Jean de Menou pour l'avoir souvent vu près de lui en son armée ; et, le 7 juillet 1591, il le nomma gouverneur de la ville du Blanc (Dom Housseau, n°ˢ 5325, 5326.)

Jean de Menou reçut du prince de Conti une commission, datée du camp de Selles le 12 novembre 1591, au sujet de la réparation des fortifications de la ville du Blanc. (*Archives de Boussay.*)

*Le prince de Conti.* — Jean de Menou reçut une commission relative au château d'Angle, de la part de François de Bourbon, prince de Conti, lieutenant général pour le roi ès armées d'Anjou, Touraine, Maine, Poitou, Berry, Blésois, Vendômois, du haut et bas Limousin et du Perche, qui, de l'avis d'un conseil établi près de lui, donnait pouvoir à Jean de Menou, soit de ruiner et démolir ledit château, soit, s'il jugeait qu'il pût le garder, d'y pourvoir comme il penserait devoir faire pour le service de Sa Majesté, bien et soulagement de ses sujets, le plus commodément que faire se pourrait des deniers ci-devant ordonnés d'être levés sur ceux de la baronnie d'Angle ; il les contraindrait à payer s'il le fallait, ayant tout pouvoir, puissance, autorité et commandement, etc. Fait à Tours, etc. ; signé : François de Bourbon, et : par monseigneur, Leroy, le 21 décembre 1591. (*Archives de Boussay.*)

Monseigneur Jean de Menou reçut, le 18 février 1592, des habitants de la ville d'Angle, l'invitation de prendre possession de ladite ville et de son château, afin de les bien et fidèlement garder pour le service de Henri IV, et sous son autorité, suivant la commission qu'il avait du prince de Conti. Signée Guionnet, Robin, Fournier, Chasseloup et autres. (*Archives de Boussay.*)

Haut et puissant seigneur Jean de Menou, chevalier, fils aîné et principal héritier de défunt haut et puissant seigneur messire Jean de Menou, en son vivant chevalier de l'ordre du roi, seigneur de Boussay, Mantelan, Châtre et Marai, fit, le 22 mars 1593, un partage des biens immeubles demeurés après le décès dudit défunt chevalier, son père, et de la dame Michelle de la Châtre, sa mère, avec messire François de Menou, chevalier, seigneur de Charnisai, curateur, quant audit partage, de Claude de Menou, René de Menou, Philippe de Menou, Joachim de Menou, écuyers, et de demoiselles Louise et Françoise de Menou, tous enfants puînés desdits défunts seigneur et dame de Menou. La dame de Saint-Bohaire et les héritiers de la dame de la Barre étaient exclus par la coutume de Touraine, lesdites dames ayant renoncé après avoir été mariées en argent. Les puînés eurent pour leur tiers la terre et seigneurie de Mantelan, celles de Marai, Châtre et Chambourg dans la paroisse de Chambourg, de la Blanchardière et la Forge, paroisse de Chambon : Jean de Menou, comme aîné, prit pour son préciput le fief de Rouvrai, paroisse de Boussay; et il eut la terre et seigneurie de Boussay, le fief de Mourryz, paroisse de Dangé; la Cornuse, les étangs et les bois, paroisse de Ferrières; des bois nommés les Thibaudières, paroisse de Lésigny; le fief entier de la Chambre et de la Guignardière, avec la maison de la Charlotière et le fief de Feularde, paroisse de Chambon; le fief de Puy, paroisse de Charnisai; les fiefs d'Oyrai-outre-Creuse, près Châtellerault; de Preigneux, paroisse de Nully-le-Noble; de Launay-sur-Fourche, paroisse Saint-Martin de Bossay; de la Platrière, paroisse de Chambon et de la Saulnaye; à charge de faire hommage à la reine. Et pour leur tiers dans les fiefs dépendants desdites seigneuries, les puînés eurent, en la seigneurie de Boussay, les fiefs d'Andigni, paroisse de Saint-Mars de la Pille; de la Chuchotière, paroisse de Chambon; de Fromenteau, appartenant à Jean Roger, et de Ciran, paroisse de Ciran; et, en la seigneurie de Mantelan, les fiefs de Migny, l'Arrable, de la Gilbertière et des Thibaudières, paroisse de Mantelan; et, en la terre de Marai, le fief de Bissus, en la paroisse de Chambourg : il fut convenu que les 4,000 livres dues à Marie de Menou, dame de Saint-Bohaire, et la pension de Jacqueline de Menou, religieuse à Glatigny, seraient payées par les puînés. Acte du 22 mars 1593, signé par les parties et par Corbier, par autorité de justice, au lieu de feu Claude Robin. (*Original à Boussay.*)

Messire Jean de Menou, chevalier de l'ordre du roi, seigneur de Boussay, Genillé, Châtre et Marai, gouverneur pour le roi de la ville et du château du Blanc, ayant obtenu, le 2 janvier 1594, des lettres royaux, qui, en considération de ses bons et agréables services, l'exemptaient de la contribution au ban et arrière-ban, comparut, par son procureur Mathurin Moysi, devant Victor Gardette, conseiller du roi, président et lieutenant général en Touraine; celui-ci, sur la vue des lettres, confirma ladite exemption pour les terres et seigneuries ci-dessus nommées, et pour les autres que ledit seigneur de Menou pouvait avoir au ressort et bailliage de Touraine. Signé : Bouru. *(Preuves de cour.)*

Haut et puissant seigneur messire Jean de Menou, chevalier de l'ordre du roi, seigneur de Boussay, vendit, le 9 avril 1597, les terres et seigneuries de Marai et de Châtre aux prieur, chanoines et chapitre de l'église de Notre-Dame de Loches, par son procureur M$^e$ Gilbert Séguin, seigneur de Saint-Lactencin, lieutenant à Loches du bailli de Touraine. *(Original à Boussay.)*

Haut et puissant seigneur messire Jean de Menou, chevalier seigneur de Boussay et de Genillé, reçut, le 27 octobre 1597, de la part de Louise de Menou, sa sœur, insinuation et notification de la donation faite à ladite Louise, par Marie de Menou, dame de Saint-Bohaire et de la Ville-aux-Clercs, sa sœur, de la somme de 1,333 écus, 20 sols francs, qui avaient été promis par le défunt seigneur de Menou à ladite Marie, sa fille, en faveur de son mariage avec défunt messire François de Gaignon, chevalier, seigneur de Saint-Bohaire. *(Original à Boussay.)*

De Gaignon

Messire Jean de Menou, chevalier, seigneur de Boussay et de Genillé, au nom et comme curateur des personnes et biens de Philippe et Joachim de Menou, écuyers, partagea, le 6 juillet 1598, les biens des successions de défunts Jean de Menou, chevalier de l'ordre du roi, et dame Michelle de la Châtre, avec Claude de Menou, chevalier, seigneur de Mantelan, agissant tant pour lui que pour Louise de Menou, sa sœur majeure, René de Menou, écuyer, et Charles de Fougières, écuyer, seigneur de Colombiers et du Breuil, et Françoise de Menou, sa femme; tous enfants et héritiers desdits défunts seigneur et dame de Menou. *(Original à Boussay.)*

Fougières.

Messire Jean de Menou, chevalier, seigneur de Boussay et de Genillé, partagea, le 28 janvier 1599, les biens immeubles de la succession de dame Avoye de Menou, veuve en dernières noces d'Anne de Château-Châlons, seigneur des Effes, avec messire Claude de Menou, chevalier, seigneur de Mantelan; messire Amable

Château-Châlons

de Sainte-Fère, chevalier, seigneur de Saint-Florent, et Louise de Menou, sa femme; René de Menou, écuyer, seigneur de la Blanchardière, et Charles de Fougières, écuyer, seigneur de Colombiers et du Breuil, tous héritiers, ainsi que ledit Jean, de ladite défunte dame leur tante. (*Ibid.*)

Messire Jean de Menou est nommé dans un partage fait, le 9 mai 1599, entre messire Charles de Fougières, écuyer, seigneur de Colombiers et du Breuil, tant pour lui que pour Françoise de Menou, sa femme, et messire René de Menou, écuyer, seigneur de la Blanchardière, des biens à eux délaissés des successions de défunts messire Jean de Menou, chevalier de l'ordre du roi, seigneur de Boussay, et dame Michelle de la Châtre, par les partages faits entre eux, leurs frères et sœurs puînés, et Jean de Menou, leur frère aîné. (*Ibid.*)

Jean de Menou fit, le 30 mai 1601, une transaction avec haut et puissant seigneur messire Jacques de Montgommery, chevalier de l'ordre du roi, conseiller en son conseil privé, capitaine de cinquante hommes d'armes de ses ordonnances, seigneur de Lorge et des Roches-Tranchelion. Cette transaction, faite *pour nourrir paix et amitié* entre les contractants *qui étaient parents*, avait rapport à une rente réclamée par le chapitre et les chanoines des Roches-Tranchelion. (*Archives de Boussay.*)

Messire Jean de Menou, seigneur de Boussay et de Genillé, chevalier de l'ordre du roi, fils de feu messire Jean de Menou, chevalier du même ordre, et de Michelle de la Châtre, sa femme, assisté de son frère Joachim de Menou, seigneur de Mantelan, et de Pierre de Boislève, seigneur de Perai, épousa à Bordeaux, le 29 novembre 1603, demoiselle Anne de Blois, fille de feu François de Blois, seigneur de Sénillac, et de Marie-Benoîte de Largebaston, assistée de son oncle, Jean de Blois, seigneur de Maurian, de Jean de Verteuil, son beau-frère, et de François de Borde, seigneur de Fayolles, gentilhomme de la chambre du roi. (*Original au Méez.*)

Jean de Menou, seigneur de Boussay et de Genillé, fils aîné et principal héritier de défunt messire Jean de Menou, chevalier de l'ordre du roi, et de feue dame Michelle de la Châtre, et Joachim de Menou, écuyer, seigneur de Mantelan, l'un des enfants puînés desdits défunts seigneur et dame de Menou, ratifièrent la transaction passée, le 8 septembre 1604, par haut et puissant seigneur messire Guillaume Pot, chevalier, seigneur de Rhodes, premier prévôt des ordres du roi, grand maître des cérémonies de France, et Jacqueline de la Châtre, sa femme, avec Barthélemi de Courcelles, procureur au siége présidial d'Orléans. (*Original à Boussay.*)

Messire Jean de Menou, chevalier, seigneur de Boussay et de Genillé, transigea, le 4 octobre 1605, avec messire Claude de Menou, chevalier, seigneur du Ménil; Amable de Sainte-Fère, chevalier, et Louise de Menou, sa femme; Charles de Fougières, écuyer; René, Philippe et Joachim de Menou, écuyers, touchant la succession des biens immeubles de défunte Avoye de Menou, leur tante. (*Ibid.*)

Jean de Menou, seigneur de Boussay, curateur des enfants puînés de feu messire François de Menou, chevalier, seigneur de Charnisai, reçut une sommation de parachever les partages des biens dudit François, de la part de Melaine de Menou, écuyer, fondé de procuration de la dame Éarine du Raynier, leur mère, veuve dudit François; le 19 octobre 1605. (*Ibid.*)

Jean de Menou, chevalier, seigneur de Boussay, et Anne de Blois, sa femme, se firent réciproquement une donation entre-vifs, par acte du 24 mai 1607. (*Ibid.*)

Haut et puissant messire Jean de Menou, chevalier seigneur de Boussay et de Genillé, et Anne de Blois, sa femme, achetèrent, le 3 août 1607, la moitié par indivis de la terre et seigneurie de Mantelan, à messire Joachim de Menou, chevalier de l'ordre de Saint-Jean de Jérusalem. (*Ibid.*)

Messire Jean de Menou, chevalier, seigneur de Boussay, reçut, le 8 octobre 1615, des lettres de bénéfice d'inventaire, à l'effet de se porter héritier et d'accepter, sous ladite charge, la succession de défunte Hilaire de Gâtineau, dame de la Tour Saint-Bonnet, comme son plus proche parent, et habile à lui succéder de l'estoc de Gabrielle de Villiers de l'Isle-Adam. (*Ibid.*)

Jean de Menou reçut une lettre, datée de Paris le 13 juin 1618, de son cousin le maréchal de la Châtre, qui l'engageait à ne pas s'opposer au mariage de son fils René avec la demoiselle des Roches (Madeleine Fumée), dont il reconnaissait la qualité et les mérites, s'en étant enquis, et envers qui son fils paraissait être passionnément porté. « Il lui donnait cet avis comme parent qui l'avait toujours infiniment honoré et affectionné. » (*Archives de Boussay.*)

Jean de Menou, gentilhomme de la chambre du roi et chevalier de son ordre, est mort en 1633. Madeleine Fumée, sa femme, n'avait que dix-sept ans lorsqu'il la perdit; et c'est en sa mémoire qu'il fit ériger, en 1596, par un artiste italien, le monument qui décore la chapelle attenante à l'église de Boussay, et fondée, en 1470, par Jean de Menou, seigneur de Boussay et de Villegongis. (35)

## XIV<sup>e</sup> DEGRÉ.

RENÉ de Menou, deuxième du nom, épousa, le 18 juin 1618, Madeleine Fumée, dame des Roches-Saint-Quentin, sa cousine. Devenu veuf, il se remaria, le 16 avril 1644, avec Louise de Montfaucon.    LOUIS XIII.

Du premier lit il eut :

1° *Jacques*, enseigne des gardes du cardinal de Richelieu, tué au siége de Gravelines, où, s'étant rendu comme volontaire, il servait en qualité d'aide de camp du maréchal de la Meilleraye.

2° *Louis*, qui a continué la descendance directe.

3° *François*, auteur de la branche de la Roche-d'Alais.

4° *René*, reçu chevalier de Malte en 1650, mort en 1703, étant commandeur de la Guierche, en Bretagne.

5° *Edmond*, prieur claustral de Saint-Pierre de Preuilly, mort en 1699.

6° *Pierre*, chevalier, seigneur de Marai, lieutenant dans le régiment de la marine, mort sans alliance.

7° *Louis*, abbé commendataire de Saint-Mahé, au diocèse de Léon, mort en 1701.

8° *Isabeau*, morte sans alliance.

9° *Madeleine*, mariée : 1° à Louis de Bridiers, chevalier, seigneur de Nouzerines, dont une seule fille, qui fut religieuse à la Bourdillière; 2° à messire Claude de Cluys, chevalier, seigneur de Baptiste, qui eut deux fils et plusieurs filles, dont deux religieuses à la Bourdillière.    Bridiers. Cluys.

10° *Claude*, première prieure du couvent de Notre-Dame de la Bourdillière, fondé, en 1662, par son frère. Elle est morte en 1692.

11°, 12° et 13°, *Marie, Anne* et *Madeleine*, religieuses à la Bourdillière.

14°, 15°, 16°, 17°, 18° et 19°, morts en bas âge.

Du second lit sont issus :

20° *Claude*, abbé commendataire de Saint-Mahé, sur la démission de son frère, le 26 mars 1701. Il est mort en 1721.

21°, 22°, 23°, 24°, 25° et 26°, *Madeleine, Françoise, Louise, Françoise, Marie, Louise*, religieuses à la Bourdillière, et sept autres dont on n'a pas conservé les noms.

---

Haut et puissant seigneur René de Menou, seigneur de Genillé, Rigny et autres lieux, gentilhomme ordinaire de la chambre du roi, épousa, le 18 juin 1618, demoiselle Madeleine Fumée, fille de défunt messire Martin Fumée, en son vivant chevalier, conseiller du roi en son conseil d'État et privé, seigneur des Roches-Saint-Quentin, Blandé, la Roche-aux-Bélains et autres lieux, et de haute et puissante dame Madeleine de Crevant. Au contrat de mariage, dont l'original est à    Fumée. Crevant.

Boussay, sont annexées la dispense du 3ᵉ degré avec fulmination, et la procuration donnée, le 13 juin 1618, par Françoise de Crevant, veuve de haut et puissant seigneur messire Imbert de Rochefort, chevalier de l'ordre du roi, gentilhomme ordinaire de sa chambre, à l'effet de consentir audit mariage. (Dom Housseau, n° 5349.)

<small>Rochefort.</small>

Haut et puissant seigneur messire René de Menou, chevalier, seigneur de Genillé, la Roche-d'Alais, la Pénissière et du Plessis, acheta, le 5 février 1634, de messire Charles de Menou, écuyer, seigneur de Billy, la portion de la seigneurie de Boussay qui lui était échue par la mort de Jean de Menou, leur père. (*Archives de Boussay.*)

Messire René de Menou, chevalier, fils aîné et principal héritier de défunt messire Jean de Menou, chevalier, seigneur de Boussay, partagea les biens de la succession de son père, le 11 février 1634, avec Anne de Blois, veuve dudit Jean, au nom et comme tutrice de Philippe, Marie et Gabrielle de Menou, ses enfants mineurs. (Dom Housseau, n° 5354. — *Original à Boussay.*)

Messire René de Menou, chevalier, seigneur de Genillé, de Boussay et de la Roche-d'Alais, fit ses preuves de noblesse le 21 juin 1634. (Dom Housseau, n° 5355.)

<small>Alloneau.</small>

Messire René de Menou, chevalier, seigneur de Boussay et de Genillé, est nommé dans un procès-verbal d'apposition de scellés fait, le 16 mai 1637, par Émery Alloneau, lieutenant général à Loches, sur les meubles et effets délaissés par le décès de messire Guillaume Fumée, écuyer, seigneur de la Roche-aux-Bélains, au réquisitoire de messires Louis Fumée, abbé commendataire de Saint-Mahé en Bretagne; François Fumée, chevalier, seigneur des Roches-Saint-Quentin, et capitaine d'une compagnie des chevau-légers du roi; René de Montbel, chevalier, seigneur d'Izeure et capitaine d'une compagnie au régiment de la marine; de Marie Fumée, sa femme, et de messire René de Menou et dame Madeleine Fumée, sa femme, tous héritiers dudit seigneur de la Roche-aux-Bélains. (*Ibid.*, n° 5356.)

<small>Montbel.</small>

Messire René de Menou, chevalier, seigneur de Boussay et de Genillé, fils aîné et principal héritier de Jean de Menou, en son vivant seigneur desdits lieux, fit, le 8 mars 1638, une transaction avec la dame Anne de Blois, veuve dudit Jean, et avec messire Jean de Menou, chevalier, lieutenant d'une compagnie de chevau-légers; Charles de Menou, écuyer, seigneur de Billy; Philippe de Menou, écuyer, seigneur de Maurian; et Marie de Menou, tous enfants de ladite Anne de Blois et dudit défunt seigneur de Menou, agissant tant pour eux que pour Artus de Janvre, écuyer,

<small>Janvre.</small>

seigneur de Lussais, et Gabrielle de Menou, sa femme, pour raison du douaire de ladite dame Anne de Blois, leur mère. (*Original à Boussay.*)

Messire René de Menou, chevalier, seigneur de Boussay, Genillé et autres lieux, épousa en secondes noces, le 16 avril 1644, demoiselle Louise de Montfaucon, fille de défunt messire François de Montfaucon et de dame Françoise de Mondain ; et, le 3 janvier 1650, il donna au révérend père en Dieu messire Louis Fumée, abbé commendataire de Saint-Genoulx, en Berry, sa procuration, à l'effet de consentir au contrat de mariage de son fils, messire Louis de Menou, chevalier, seigneur de Genillé, capitaine au régiment de Normandie, avec demoiselle Catherine Perrot, fille de messire Claude Perrot et de défunte Anne du Breuil. (*Ibid.*)

Montfaucon.

Perrot.

Haut et puissant seigneur messire René de Menou est nommé, par le grand prieur d'Aquitaine, le 2 mai 1650, dans les lettres de présentation de son fils René, pour être reçu chevalier de Malte. Il fut élu par la noblesse de Touraine pour dresser les cahiers de cet ordre ; ce choix fut approuvé par Louis XIV, qui, le 10 avril 1651, lui écrivit à ce sujet. (Dom Housseau, n°s 5363 et 5239.)

Haut et puissant seigneur messire René de Menou, chevalier, seigneur de Boussay, agissant en qualité de fils aîné et principal héritier de défunt haut et puissant seigneur Jean de Menou, en son vivant seigneur du même lieu, prit part à une transaction en forme de partage faite entre Marie de Menou, veuve de messire Jean de Meaussé, seigneur de la Richerie, et Gabrielle de Menou, veuve de messire Artus de Janvre, chevalier, seigneur de Lussais d'une part, et de l'autre part messire Jean de Menou, chevalier, seigneur de Billy, et dame Anne de Château-Châlons, veuve de messire Charles de Menou, seigneur des Parcs, tutrice naturelle de ses enfants. Cette transaction était relative au partage des successions dudit seigneur de Boussay, de dame Anne de Blois, sa seconde femme, et de Philippe de Menou, chevalier, seigneur de Maurian, frère consanguin de messire René de Menou, et frère germain desdits Jean, Charles, Marie et Gabrielle. Acte passé, le 6 décembre 1655, devant Richard, notaire royal à Preuilly. (*Original à Boussay.*)

Meaussé.
Janvre.
Château-Châlons.

De Blois.

René de Menou, deuxième du nom, chevalier, seigneur de Boussay, de la Forge, de Genillé, de la Roche-d'Alais, du Plessis, de Marai, de Baratoire, de la Pénissière et de Rigny, baron de Courgain, gentilhomme ordinaire de la chambre du roi et maître des eaux et forêts du comté de Loches, est mort, en septembre 1661, après avoir fait, le 26 août précédent, un testament dont l'original est à Boussay, avec le procès-verbal d'institution d'un curateur pour ses enfants mineurs et l'inventaire des meubles de sa succession, en date du mois d'octobre 1661.

## XV<sup>e</sup> DEGRÉ.

Louis de Menou, premier du nom, épousa, en 1650, Catherine Perrot, dont il eut :

1° *René*, dont l'article suivra.
2° *Louis*, mort jeune.
3° *Roger*, lieutenant de cavalerie, tué à l'armée.
4° *Charles*, curé d'Argy, grand vicaire de Pamiers et doyen de Saint-Aignan.
5° *Catherine*, seconde prieure de la Bourdillière, de 1692 à 1738.
6°, 7° et 8° *Anne, Marie* et *Agathe*, religieuses au même monastère.

Touraine. Normandie.

Perrot.

Du Breuil.

Fumée.

Thianges. Montbel.

Perrot.

Louis de Menou fut enseigne de la compagnie *mestre de camp* du régiment de Touraine, devint capitaine au régiment de Normandie en 1645, et se trouva à plusieurs siéges et batailles. Son frère aîné ayant péri au siége de Gravelines, il quitta le service, et se maria avec demoiselle Catherine Perrot, fille de défunt messire Claude Perrot, chevalier, seigneur du Plessis et de Malmaison, conseiller du roi, grand maître des eaux et forêts de France au département d'Anjou, Touraine et Maine, et de dame Anne du Breuil, sa femme; en présence et du consentement de révérend père en Dieu messire Louis Fumée, abbé commendataire de Saint-Genoulx, en Berry, et de Saint-Mahé, en Bretagne, seigneur des Roches-Saint-Quentin, et de messire Philippe de Menou, chevalier, seigneur de Maurian, ses oncles, chargés des pouvoirs du seigneur de Boussay, pour consentir audit mariage; de François de Menou, son frère ; de messire Louis de Thianges; de messire René de Montbel, seigneur d'Izeure et de Fontarches, son oncle, et de Marie Fumée, sa femme, tante dudit Louis : la demoiselle Perrot fut assistée de Henri Perrot, qui, dans le contrat de mariage de René-Charles de Menou, est qualifié chevalier de l'ordre de Saint-Jean de Jérusalem, lieutenant général et vicaire du grand prieur de France, commandeur d'Oysemont et receveur général pour son ordre. Le contrat fut reçu, le 6 janvier 1650, par Chauffour, notaire à Loches. (*Original à Boussay.*)

Messire Louis de Menou, chevalier, seigneur de Boussay, Genillé et autres lieux, fit, le 19 octobre 1661, un partage avec messire François de Menou, chevalier, seigneur de la Roche-d'Alais, capitaine au régiment de Normandie; révérend père en Dieu messire Louis de Menou, abbé commendataire de Saint-Mahé; Claude de Cluys, chevalier, seigneur de Baptiste, père et tuteur des enfants de défunte dame Madeleine de Menou, sa femme, agissant tant pour eux que pour messire Pierre de Menou, chevalier, seigneur de Marai, leur frère, héritier comme eux de haut et puissant seigneur messire René de Menou, en son vivant chevalier, seigneur de Boussay, et de dame Madeleine Fumée, sa première femme; et maître Hubert Mousnier, curateur honoraire de Claude de Menou, et de demoiselles Madeleine, Françoise, Louise, Françoise, Marie et Louise, tous les sept enfants mineurs dudit seigneur de Boussay et de dame Louise de Montfaucon, sa deuxième femme. (*Ibid.*)

Louis de Menou ayant perdu sa femme, entra dans les ordres sacrés, et, après avoir obtenu, le 18 avril 1662, l'autorisation de monseigneur Victor Le Bouthillier, archevêque de Tours, il fonda, dans son château de la Bourdillière, un monastère de filles de l'ordre de Citeaux, en prieuré perpétuel, et le dota, par acte passé, devant Aucourt, notaire à Loches, le 30 octobre 1662; il présenta, pour première prieure, sa sœur aînée, religieuse de l'ordre de Saint-Bernard, qui fut instituée le 13 août de la même année, et gouverna ce monastère pendant trente ans : elle commença par recevoir six de ses sœurs et quatre de ses nièces, dont plusieurs sortirent, à cette occasion, de divers autres monastères. (*Archives de Boussay; Mercure de France* : juin 1692 et mai 1782.)

Messire Louis de Menou, seigneur de Boussay et de Genillé, ayant été sommé de présenter ses titres de noblesse, reçut de M. Voysin de la Noyraie, intendant de Tours, une ordonnance de maintenue, datée du 22 septembre 1667; il fit aveu à Montrichard pour sa terre de Genillé en 1668. (*Archives du royaume.*)

Louis de Menou, en fondant le prieuré de la Bourdillière, avait réservé aux seigneurs de Boussay, ses successeurs du nom et des armes de Menou, le droit de nommer la supérieure : ensuite, par acte reçu le 1$^{er}$ avril 1688, devant Mousmot et Sousse, notaires apostoliques à Paris, il remit ce droit au roi, qui nomma pour coadjutrice Catherine de Menou, fille du fondateur, confirma cet établissement et le mit sur le pied de fondation royale, sous le nom de Notre-Dame de la Bourdillière, par lettres patentes données à Versailles au mois d'avril 1688, signées : Louis, et sur le repli : Par le roi, Phélippeaux ; scellées en cire verte, en carrés verts et rouges : on y trouvera ce qui suit :

« Nostre cher et bien amé Louis de Menou, diacre, désirant suivre les vues de ses ancêtres, qui ont rendu de grands services et rempli les charges les plus considérables de nostre État, animé de leur exemple, est entré à nostre service dès l'âge de seize ans, et, après avoir servi dans nos vieux corps et s'être trouvé à plusieurs siéges, s'est retiré dans le lieu de sa naissance, où il avoit contracté mariage, lequel étant depuis dissous, étant d'ailleurs porté d'un saint zèle, il avoit conçu le dessein de fonder un monastère pour s'y retirer et se consacrer à Dieu avec toute sa famille : à ces causes, voulant favoriser le pieux et louable dessein de l'exposant, contribuer à la plus grande gloire de Dieu et participer aux prières et oraisons que les religieuses dudit couvent font nuit et jour, et les obliger de les augmenter pour nostre prospérité, la paix et grandeur de nostre État, nous, de nostre grâce spéciale, pleine puissance et autorité royale, avons agréé, confirmé et autorisé, et par les présentes, signées de nostre main, agréons, confirmons et autorisons ledit établissement, fondation et dotation dudit prieuré conventuel dans le château de la Bourdillière ; voulons et nous plaît que lesdites religieuses et celles qui leur succéderont audit couvent jouissent des mêmes droits, immunités et priviléges dont jouissent ou doivent jouir les monastères de fondation royale, et y vivent selon la règle, discipline et institut de leur ordre, sous la juridiction de l'ordinaire, sans qu'elles puissent être troublées ni inquiétées sous quelque prétexte que ce soit, etc. »

Louis de Menou est mort à soixante-quatorze ans, en juillet 1698, après avoir fait un testament qui prouve les soins qu'il donnait aux intérêts de sa maison (*Original à Boussay*) ; il avait assuré le succès de son œuvre favorite ; sous les trois prieures du nom de Menou, qui, pendant cent ans, gouvernèrent la Bourdillière, il y régna une régularité exemplaire qui attira dans cet asile beaucoup de personnes pieuses, parmi lesquelles on pourrait nommer Anne de Tascher, procuratrice ; Éléonore de la Roche-Menou, dépositaire ; Agathe de la Pagerie, conseillère, et autres dames de distinction. (36)

## XVIᵉ DEGRÉ.

LOUIS XIV.

**René** de Menou, quatrième du nom, épousa Dorothée Châteigner, et, en secondes noces, Claude-Marie Léaud, dont il eut :

1° *René*-Charles, dont l'article viendra ci-après.
2° *Louis*, abbé de Bonny-sur-Loire, et prieur de Saint-Christophe en Hallat et de Châteaugiron en Bretagne.
3° *Roger*, capitaine de cavalerie, tué au siége de Dénia en 1710.
4° *Edmond*, abbé commendataire de Saint-Pierre de Preuilly.
5°, 6°, 7° et 8° *Marie*, *Louise*, *Dorothée* et *Antonine*, sans alliances.
9°, 10°, 11° et 12° *Claude*, *Françoise*, *Madeleine* et *Isabelle*, religieuses à la Bourdillière.
13° *Catherine-Françoise*, coadjutrice de la Bourdillière en 1714, prieure de 1738 à 1762.

---

René de Menou, fils aîné de messire Louis de Menou, épousa demoiselle Dorothée Châteigner, fille de Louis Châteigner, chevalier, seigneur de Lussais et d'Andonville, maréchal des camps et armées du roi, gouverneur de Brescon, et de dame Théodore Trégouin, sa femme. Il eut pour témoins : son père ; ses oncles messires François de Menou, seigneur de la Roche-d'Alais et de Céphoux, chevalier de Saint-Louis ; René de Menou, chevalier de Malte, commandeur de la Guierche en Bretagne ; Louis de Menou, abbé commendataire de Saint-Mahé, et Pierre de Menou, chevalier, seigneur de Marai ; et messire François des Monstiers, comte de Mérinville, parent des deux parties. Les époux, qui avaient l'un et l'autre dix-huit ans, étaient parents du troisième au quatrième degré; le contrat, dont l'original est à Boussay, fut signé le 21 avril 1668 ; la cérémonie nuptiale eut lieu à Paris, en l'église de Saint-Sulpice, le 28 juillet de la même année, et ladite dame de Menou, après avoir légué une somme considérable aux pauvres et à l'église de Genillé, mourut dans le mois qui suivit son mariage. (*Archives de Boussay et de la ville de Paris.*)

Châteigner.
Trégouin.
Des Monstiers de Mérinville.

René de Menou, seigneur de Genillé, épousa, le 5 février 1670, demoiselle Claude-Marie Léaud, fille de Pierre Léaud, écuyer, ci-devant conseiller-secrétaire du roi, maison et couronne de France et de ses finances, et de dame Claude Morisse, sa femme. (*Original à Boussay.*)

Léaud.

Messire René de Menou, chevalier, seigneur de Boussay, la Forge, Chambon, Genillé, Baigneux et Rigny, ayant été sommé de produire ses titres de noblesse, les présenta devant messire Jacques-Étienne Turgot, qui, le 18 juillet 1704, rendit une ordonnance de maintenue tant en sa faveur que pour son oncle Pierre de Menou, seigneur de Marai. (*Archives du royaume.*)

Il est mort à Boussay en 1710.

## XVIIᵉ DEGRÉ.

RENÉ-Charles de Menou, cinquième du nom, épousa, en 1715, Louise Léaud de Lignières, dont il eut une fille morte en bas âge, et

Louise-Marie-Charlotte, née le 18 janvier 1717, et mariée, le 3 janvier 1746, à René-François de Menou, dont l'article suivra.

René-Charles de Menou, né le 8 août 1675, fut baptisé le 7 octobre suivant; il eut pour parrain René de Menou, commandeur de la Guierche, et pour marraine, la marquise de Crussol. (*Archives de la paroisse de Boussay.*)

A l'âge de quinze ans il fut cornette de la compagnie *mestre de camp* de Royal-Roussillon cavalerie, et commanda ensuite une compagnie du même régiment en plusieurs siéges et batailles, tant en Espagne qu'en Italie. Il ne quitta le service qu'à la paix de 1713.

Haut et puissant seigneur messire René-Charles de Menou, seigneur de Boussay, épousa à Paris, le 8 août 1715, demoiselle Louise Léaud de Lignières, fille unique de messire Jean-Marie Léaud de Lignières, seigneur de Basse, d'Andilly, de Boisrogue et de la Prévôté de Courtosé, et de dame Louise de Montaut, sa femme; du consentement de messire Edmond de Menou, bachelier en droit canon, agissant tant en son nom que comme ayant la procuration spéciale de messire Louis de Menou, aussi bachelier en droit canon, abbé de Bonny-sur-Loire, et prieur de Saint-Christophe en Hallat, son frère; il fut en outre assisté de son oncle, messire Charles de Menou, doyen de l'église de Saint-Aignan en Berry, châtelain des Roches-Saint-Quentin et seigneur des Roches-aux-Belains et de la Touche; de demoiselles Marie, Antonine et Dorothée de Menou, ses sœurs; de révérend père en Dieu messire Claude de Menou, abbé commendataire de Saint-Mahé, et chanoine de l'église collégiale de Loches; de dame Françoise de Clère, veuve de haut et puissant seigneur Armand-François, marquis de Menou, chevalier, seigneur de Menou, Menestreau, Charnisai, Aubeterre et Nérondes; de son fils, haut et puissant seigneur François-Charles, marquis de Menou, seigneur de Menou et de Nérondes, sous-lieutenant des gendarmes anglais, mestre de camp de cavalerie, chevalier de Saint-Louis; de messires Roger de Montbel, seigneur d'Izeure, Robert de Montbel, abbé de la Merci-Dieu, Henri Perrot et Philippe Séguier : ladite demoiselle de Lignières fut assistée de haut et puissant seigneur Louis-Nicolas, baron de Breteuil et de Preuilly, premier baron de Touraine, seigneur d'Azai, conseiller du roi, introducteur des ambassadeurs, de Gabrielle-Anne de Froulay, sa femme, et d'Alexandre de Breteuil, baron de Preuilly, son fils, cousins de ladite Louise; de Charles de Dreux, comte de Nancré, lieutenant général et gouverneur d'Arras, aussi son cousin, et de M° Jean Chabrol, avocat : le contrat fut passé à Boussay, devant Jean Saulpic et L. Robin, notaires, et la cérémonie nuptiale eut lieu à Paris. (*Original à Boussay.*)

Messire René-Charles, marquis de Menou, seigneur de Boussay, reçut, le 23 avril 1720, de Charles Mylon, conseiller du roi, procureur de Sa Majesté au bureau des finances de Touraine, quittance d'une somme pour laquelle il avait constitué une rente, le 26 août 1718. (*Bibl. roy., titres de Menou.*) Il fit aveu à Montrichard et à Amboise, en 1740, pour sa châtellenie des Roches-Saint-Quentin et pour les seigneuries de la Roche-aux-Belains, Genillé et Bois de Rigny. (*Archives du royaume*, reg. 27, f° 23.)

Haut et puissant seigneur René-Charles, marquis de Menou, chevalier seigneur de Boussay, Chambon, la Forge, Genillé, du Bois de Rigny, de la Roche-aux-Belains, de Boisrogue, du Bois-Préville et d'Andilly, châtelain des Roches-Saint-Quentin, et baron de Bauçay, est mort à Boussay le 13 décembre 1744, à l'âge de soixante-neuf ans.

## XVIIIᵉ DEGRÉ.

LOUIS XV.

René-François de Menou, sixième du nom, épousa, en 1746, Louise-Marie-Charlotte de Menou. De cette union sont issus :

    1° *René*-Louis-Charles, mestre de camp, chevalier de Saint-Louis, dont l'article viendra ci-après.

    2° *Jacques*-François, général en chef, gouverneur général du Piémont, etc., etc.

    3° Philippe-François-*Denis*, capitaine, chevalier des ordres de Saint-Louis et de Malte.

    4° Marie-*Joseph*, lieutenant-colonel, chevalier de Saint-Louis.

Du Jon.

    5° *Élisabeth*, née le 3 août 1748, mariée, le 2 décembre 1771, à Armand-Charles, baron du Jon, capitaine dans le régiment Royal-Roussillon cavalerie, dont elle eut plusieurs filles et un fils, Michel-Menou, baron du Jon, dont la carrière militaire fera le sujet d'une note. (37)

    6° Marie-Louise-*Antonine*, morte en bas âge.

Broglie.

    7° Agathe-*Émilie*, née le 16 septembre 1757, mariée, en 1778, au marquis de Broglie, dont elle n'a pas eu d'enfants. Elle est morte le 13 avril 1828.

---

Cremeur.
Saint-Phalle.
Flandre.

Douai.
Bouchain.
Landrecies.
Fribourg.

Bouzols.

Bavière.

    René-François de Menou, cinquième fils de haut et puissant seigneur Charles, comte de Menou, seigneur de Cuissy, et de Jacqueline de Cremeur, sa femme, né le 25 août 1695, fut baptisé en l'église de Saint-Aignan le Jaillard, au diocèse d'Orléans, le 11 août 1696 : il entra à quatorze ans dans le régiment de Saint-Phalle cavalerie, fut cornette le 23 novembre 1709, et fit les campagnes de Flandre en 1710 et 1711; le 8 septembre 1711, il eut, dans ce régiment, une compagnie qu'il commanda aux siéges de Douai et de Bouchain en 1712, et à ceux de Landrecies et de Fribourg en 1713; le 8 octobre 1728, il entra comme exempt dans la première compagnie française des gardes du corps du roi; il fut fait mestre de camp de cavalerie le 8 octobre 1732, et servit en cette qualité au siége de Philipsbourg en 1734, ainsi qu'à la bataille d'Ettinghen en 1743. (Pinard, *Chronologie hist. et milit.*, t. VIII.)

    René-François de Menou écrivit, en décembre 1743, au ministre de la guerre au sujet de son frère Claude-Charles, longtemps capitaine de grenadiers, puis commandant de bataillon au régiment de Bouzols, lequel était tellement attaché à sa troupe, que pendant quarante ans de service il n'avait jamais pris trois mois de congé, malgré des blessures reçues en plusieurs rencontres; les lieutenants généraux et inspecteurs avaient en toute occasion loué sa conduite, et déclaré que sa compagnie était la meilleure du régiment : la dernière campagne (celle de Bavière) ayant réduit cette compagnie à cinq hommes, il l'avait fait compléter par son frère, commandant à Nantes; le transport de ces recrues jusqu'à la frontière avait coûté 3,500 livres, dont il avait été forcé d'emprunter une partie. René de Menou représentait au ministre que son frère méritait une gratification pour le mettre à même d'acquitter une dette de cette nature, et finissait la lettre en ces termes : « Si je ne le savois dans le besoin, ni lui ni moi ne vous eussions importuné; ni lui ni moi n'avons un sol de patrimoine, étant des cadets, et notre légitime épuisée au service du roi depuis longtemps. » (38)

René-François de Menou fut promu, le 2 mai 1744, au rang de brigadier de cavalerie, et en exerça les fonctions en 1745, à la bataille de Fontenoy, ainsi qu'aux siéges de Tournai et de Dendermonde. (PINARD, *Chronol. hist. et milit.*, t. VIII.)

<small>Fontenoy. Tournai. Dendermonde.</small>

Haut et puissant seigneur messire René-François de Menou, brigadier des armées du roi, exempt des gardes du corps de Sa Majesté et chevalier de Saint-Louis, demeurant ordinairement au château de Motelle-sur-Eure, épousa, le 3 janvier 1746, demoiselle Louise-Marie-Charlotte de Menou, fille unique de René-Charles, marquis de Menou, en son vivant seigneur de Boussay, comte des Roches-Saint-Quentin, baron de Bauçay, et de haute et puissante dame Louise Léaud de Lignières, demeurant en son château de Boussay; ledit seigneur était assisté de ses frères, messires Louis-Joseph, comte de Menou de Cuissy, baron de Pontchâteau, brigadier des armées du roi, commandant du pays Nantais et chevalier de Saint-Louis; Claude-Charles de Menou, commandant de bataillon au régiment de Mailly et chevalier de Saint-Louis; et Jacques-David de Menou, abbé commendataire de Bon-Repos et vicaire général du diocèse de Nantes : ladite demoiselle fut autorisée par la marquise de Menou, sa mère, et par messire Edmond de Menou, son oncle, abbé commendataire de Saint-Pierre de Preuilly, agissant, tant en son nom que comme chargé des pouvoirs de haut et puissant seigneur messire Michel-Étienne Turgot, marquis de Sousmont, seigneur de Saint-Germain-sur-Eaulne et de Vatierville, conseiller d'État ordinaire, président honoraire en la cour du parlement, ancien premier président du grand conseil et ancien prévôt des marchands de la ville de Paris, oncle maternel à la mode de Bretagne de ladite demoiselle de Menou; elle fut assistée de sa tante Antonine de Menou; de messire Alexandre de Menou, seigneur de Céphoux et des Fourneaux, chevalier de Saint-Louis, ancien major au régiment de la Fère, son cousin; de l'illustrissime et révérendissime monseigneur Augustin-Roch de Menou, évêque de la Rochelle, conseiller

<small>Turgot.

L'évêque de la Rochelle</small>

du roi en tous ses conseils; de haut et puissant seigneur messire André de Menou, comte de Charnisai, seigneur de Saint-Michel-des-Landes, Vou et Aubeterre; de Marie-Angélique Brisson, sa femme, et de leurs filles Marie-Françoise et Charlotte-Françoise de Menou. Le contrat, dont l'original est à Boussay, fut signé le 2 janvier 1746, et, le lendemain, la bénédiction nuptiale fut donnée par l'abbé de Bon-Repos, dans la chapelle du château. (*Registres de la paroisse de Boussay.*)

René-François de Menou partit bientôt après son mariage pour se mettre en campagne, et servit en qualité de brigadier aux siéges de Mons et de Charleroi, en 1746, ainsi qu'à la bataille de Raucoux, en 1747; il fut élevé au rang de maréchal de camp en 1748. (PINARD, *Chronol. hist. et milit.*, t. VIII.)

René-François, marquis de Menou, seigneur de Boussay, Chambon, Chaumussay, la Forge, Boisrogue et Genillé, comte de Saint-Quentin et baron de Bauçay, maréchal des camps et armées du roi et chevalier de Saint-Louis, fit son testament en 1751, et mourut en son château de Boussay le 30 septembre 1765. La marquise de Menou est morte le 23 octobre 1767; elle avait fait, le 1$^{er}$ mai 1746, un testament, auquel elle ajouta un codicile le 6 août 1764 : elle ordonnait huit cents messes et des services pour le repos de son âme dans les paroisses de Boussay, de Chambon et de Genillé, et la distribution de 600 liv. aux pauvres de Boussay, de 200 liv. à ceux de Chambon, et de 300 liv. à ceux de Genillé : elle faisait un legs à la demoiselle Picard qui l'avait élevée et à d'autres personnes; enfin, pour reconnaître l'amitié et la tendresse dont son mari lui avait constamment donné des preuves, et afin qu'il pût mieux tenir son rang, elle lui léguait tout ce que la coutume de Touraine lui permettait de donner.

Jacques-François de Menou, second fils de René-François, entra comme volontaire dans les carabiniers de Monsieur à l'âge de quinze ans, et ne fut sous-lieutenant que deux ans plus tard; il s'éleva de grade en grade jusqu'à celui de colonel, qu'il obtint, avec la croix de Saint-Louis, après vingt-deux ans de service. Pour mieux s'instruire dans son état, qu'il aimait avec passion, il s'était fait employer en 1778 au camp de Vausseux, puis comme aide-major général en Aunis, en Poitou, en Saintonge et au camp de Saint-Jean d'Angely, de 1779 à 1783. Il fut colonel du 12$^e$ chasseurs, maréchal de camp, général de division à quarante-trois ans, puis général en chef. Il commanda, en cette dernière qualité, les provinces d'Alexandrie, de Rosette et de Bahirch, et, après la mort de Kléber, il fut général en chef de l'armée d'Orient : Napoléon le confirma dans ce commandement, approuva ses actes, et le nomma successivement administrateur général du Piémont, gouverneur général des départements situés au delà des Alpes, commandant du camp volant de Marengo, gouverneur général de la Toscane en 1808, et de Venise en 1809. Il fut grand officier de la Légion d'honneur et chevalier de l'ordre de la Couronne de Fer. Pendant la malheureuse campagne de 1793 il reçut cinq coups de feu et plusieurs coups de sabre et de baïonnette, et fut criblé de blessures au débarquement en Égypte.

Jacques-François de Menou, élu député de la noblesse de Touraine aux états généraux de 1789, en même temps que le duc d'Aiguillon, son ami, fut membre de plusieurs des comités les plus importants et président de l'Assemblée constituante. Son ardeur pour la réformation des abus l'entraîna vers des opinions politiques très-avancées ; néanmoins, il fut dénoncé par Chabot, comme l'un des satellites du tyran, et par Robespierre comme contre-révolutionnaire : étant du comité de la guerre à l'époque de la révolte de la garnison de Nancy, il proposa et obtint l'approbation de la conduite sévère que le marquis de Bouillé avait tenue pour maintenir la discipline de l'armée : lorsqu'il eut désarmé le faubourg Saint-Antoine, il refusa d'exécuter un arrêté qui lui enjoignait de brûler ce quartier ; et, le 4 octobre 1795, ayant reçu l'ordre d'employer la force contre la garde nationale, il empêcha l'effusion du sang en se précipitant devant les troupes, au risque de sa vie. On a vu qu'à la guerre il payait de sa personne et déployait une grande bravoure. Pendant toute son administration, il se montra généreux et désintéressé ; il aimait les lettres et les arts, et consacrait une partie de ses loisirs à des recherches archéologiques dont des historiens de Touraine ont fait leur profit.

Jacques-François de Menou est mort de la fièvre, le 13 août 1810, à la villa Corneso, près Mestre : il s'était marié avec une Égyptienne qui embrassa la religion catholique, et finit ses jours à Paris, laissant un fils unique, Paul de Menou, entré au service à l'âge de seize ans. Ce jeune officier donnait de grandes espérances, lorsqu'il est mort, en 1827, sans alliance. (39)

Philippe-François-Denis de Menou, troisième fils de René-François, fut reçu, en 1760, chevalier de Malte de minorité, ses preuves ayant été établies par d'Hozier, juge d'armes de France, dont le travail original est aux archives de la famille.

Il fut sous-lieutenant au régiment de Quercy, infanterie, le 6 novembre 1768; lieutenant, le 6 juillet 1772; lieutenant, à la formation du 12 juin 1776; attaché, avec rang de capitaine, au régiment de Forez, par commission du 3 juin 1779, et quitta le service le 7 septembre 1784. Il est mort, en 1827, à Boussay, où il s'était retiré auprès de son frère aîné.

Marie-Joseph de Menou-Boisrogue, quatrième fils de René-François, fut sous-lieutenant, le 18 juin 1772, dans le régiment de Quercy, devenu Rohan-Soubise; sous-aide-major, le 21 juillet 1775; lieutenant en second de la compagnie de chasseurs, à la formation du 12 juin 1776; premier lieutenant, le 15 juillet 1779; capitaine en second, le 6 août 1784, et lieutenant-colonel du régiment de Touraine, devenu 33ᵉ de ligne, le 25 juillet 1791. Il est mort, à Huningue, le 6 octobre 1792.

## XIXᵉ DEGRÉ.

RENÉ-Louis-Charles, marquis de Menou-Boussay, épousa, le 31 janvier 1769, Anne-Michelle-Isabelle de Verneuil. De ce mariage sont issus :

1° *René*-Louis-François, né le 11 juin 1776, et dont l'article sera rapporté ci-après.

2° *René*, non marié, tué à la guerre.

3° Anne-Félicité-*Denise*, née le 9 octobre 1779, mariée à Louis-Charles-Alphonse Savary, marquis de Lancosme, pair de France, dont elle a eu :

1° Le comte Adolphe de Lancosme, marié, le 16 septembre 1831, à Henriette-Cécile d'Andlau. Il est mort, le 8 mars 1837, laissant deux filles, Marie et Marthe de Lancosme.

2° Denise de Lancosme, mariée au comte de Mondragon, neveu du comte de Nantouillet, premier écuyer de S. A. R. M. le duc de Berry. Elle a quatre filles : 1° Louise, qui, le 17 septembre 1849, a épousé le comte Léopold de Beaumont, fils aîné du marquis de Beaumont-Villemanzy, pair de France; 2° **Denise**, mariée, le 10 février 1851, au vicomte Jacques de Beaumont, second fils dudit marquis; 3° et 4° **Henriette** et Antoinette de Mondragon.

René-Louis-Charles de Menou, né le 9 octobre 1746, fut baptisé le 8 décembre suivant; il eut pour parrain messire Louis-Joseph, comte de Menou, baron de Pontchâteau, commandant du pays Nantais, brigadier des armées du roi et chevalier de Saint-Louis; pour marraine, haute et puissante dame Louise Léaud de

Lignières, dame de Boisrogue et baronne de Bauçay, son aïeule : il fut reçu, à treize ans, page de la petite écurie du roi, après avoir fourni ses preuves à d'Hozier, juge d'armes de France, dont le travail est déposé aux archives de la famille ; il fut nommé lieutenant en second au régiment du Roi, infanterie, le 22 mai 1763, et sous-lieutenant le 1$^{er}$ octobre 1765.

René-Louis-Charles, marquis de Menou, seigneur de Boussay, Genillé, Chambon, Chaumussay, la Forge et Mérai, sous-lieutenant au régiment du Roi, infanterie, fils de défunt haut et puissant seigneur René-François, marquis de Menou, maréchal des camps et armées du roi, chevalier de Saint-Louis et seigneur desdits lieux, et de défunte haute et puissante dame Louise-Marie-Charlotte de Menou, sa femme, épousa demoiselle Anne-Michelle-Isabelle de Verneuil, fille du seigneur Eusèbe-Félix, marquis de Verneuil, comte de Loches, vicomte de Betz, baron du Raoullet, seigneur de Saint-Flovier et de Sainte-Jullite, grand échanson de France, et de défunte Anne-Adélaïde de Harville, sa femme. Le contrat ayant reçu l'agrément du roi, de monseigneur le Dauphin, et des autres princes et princesses de la famille royale, fut passé par Bronod, notaire, à Versailles pour les princes, le 22 janvier 1769, et pour les parents et amis, le 25 janvier, en l'hôtel du président Turgot, à Paris ; la cérémonie nuptiale eut lieu le 30 janvier, en l'église de Saint-Eustache. Les témoins du marquis de Menou furent haut et puissant seigneur François-Menou, comte de Menou, colonel du régiment de Quercy et chevalier de Saint-Louis, son cousin germain et tuteur ; haut et puissant seigneur Louis-Joseph, comte de Menou, baron de Pontchâteau, gouverneur du Gavre, lieutenant pour le roi et commandant à Nantes, son cousin germain ; et haut et puissant seigneur Conrad-Alexandre Bochart, marquis de Champigny, lieutenant au régiment des gardes françaises, son cousin ; la demoiselle de Verneuil fut assistée de son père ; de haut et puissant seigneur Charles-Gabriel-René d'Appelvoisin, marquis de la Roche-du-Maine, cornette des chevau-légers de la garde du roi, mestre de camp de cavalerie, son beau-frère ; de haut et puissant seigneur Louis-Anne d'Esme, marquis de la Chesnaye, grand écuyer tranchant et porte-cornette-blanche de France, chevalier de Saint-Louis ; et de plusieurs autres parents.

René-Louis-Charles de Menou fut sous-lieutenant au régiment Royal-Pologne, cavalerie, le 11 mai 1769, eut rang de capitaine à la suite le 22 février 1770, et fut capitaine commandant dans Royal-cavalerie, le 4 mai 1771 ; il devint guidon des gendarmes bourguignons le 29 juin 1771 ; enseigne des gendarmes de la

<small>Gendarmes de la Reine.</small> Reine le 29 mars 1773, et eut rang de mestre de camp le 7 mai 1775. Les charges d'enseigne des gendarmes furent supprimées en 1776; on était en pleine paix. René de Menou, colonel et chevalier de Saint-Louis, quitta le service, et, à l'exemple de ses aïeux, il se retira dans ses terres, où il vécut grandement, dépensant ses revenus à améliorer le sort des habitants du pays et à réparer et embellir son antique château, auquel il ajouta de solides et utiles constructions. Michelle de Verneuil, sa femme, partageait sa retraite, et faisait avec autant de grâce que de dignité les honneurs de leur maison : elle était chérie des pauvres et vénérée des nombreux amis que leur hospitalité attirait auprès d'eux. Ils célébrèrent ensemble, en 1819, le cinquantième anniversaire de leur mariage : le marquis de Menou mourut à Boussay, le 29 janvier 1822; et sa veuve lui survécut jusqu'au 21 novembre 1829.

René de Menou, second fils de René-Louis-Charles, né le 8 juillet 1777, fut reçu chevalier de Malte de minorité; il servit d'abord comme volontaire en qualité d'aide de camp de son oncle : on trouve au ministère de la guerre des notes attestant « qu'il avait servi avec bravoure et distinction ; les preuves multipliées de « courage qu'il avait données lui assuraient un avancement rapide ; sa modestie « le lui avait fait refuser. » Il servit ensuite dans l'artillerie, en Hollande, sous le <small>Saint-Martin.</small> général Saint-Martin; puis il entra, comme sous-lieutenant, dans le neuvième <small>Sébastiani.</small> chasseurs, à la demande du colonel Horace Sébastiani, frère du maréchal Sébastiani, et fit, en l'an VIII et en l'an IX, les campagnes d'Italie : en l'an X, il fut <small>Reille.</small> lieutenant; en l'an XII, le général Reille le prit pour son aide de camp; et le gé- <small>Lauriston.</small> néral Lauriston, commandant en chef, le nomma capitaine le 9 thermidor an XIII, « en récompense du zèle et de l'activité qu'il avait apportés dans toutes les parties « du service depuis l'organisation de l'expédition à Toulon, et notamment à cause <small>L'amiral du Manoir.</small> « de sa conduite à bord du *Formidable*, dont le contre-amiral du Manoir et le « général Reille avaient rendu le compte le plus avantageux et le plus honorable. »
Ayant rejoint la grande armée, René de Menou se trouva, le 10 octobre 1806, au <small>Saalfeld.</small> combat livré à Saalfeld, où il prit trois officiers et plusieurs soldats; il eut un cheval <small>Iéna.</small> tué sous lui à la bataille d'Iéna. Il fut nommé chef d'escadron, par décret daté de Varsovie le 15 janvier 1807, et rendu sur la proposition du général comte Reille, qui l'emmena en Espagne. René de Menou fut tué le 17 juillet 1808, entre Bellegarde et <small>Noailles.</small> Figuières; les témoins de son acte de décès furent le vicomte Alfred de Noailles, le

général Moline de Saint-Yon et le comte Reille, aujourd'hui maréchal de France. On trouvera dans les notes une lettre de lui constatant son opinion des services et du caractère de René de Menou. (40)

<small>Moline de Saint-Yon. Le maréchal Reille.</small>

## XXᵉ DEGRÉ.

René-Louis-Français, marquis de Menou épousa, en 1804, Thérèse-Gabrielle-Octavie, princesse de Broglie, dont il eut :

 1° René-*Maurice*, né le 29 septembre 1804, mort sans alliance en 1830.

 2° Louis-René-*Léonce*, qui a continué la descendance.

 3° René-Maurice-*Octave*, comte de Menou, né le 21 juillet 1818, marié, le 30 mars 1848, à Céline d'Amilly, nièce du baron de Barante, pair de France, et du général d'Houdetot, aide de camp du roi Louis-Philippe. <small>Barante. D'Houdetot.</small>

 4° François-*Félix*, mort en bas âge.

 5° Renée-*Octavie*, née le 9 août 1806, mariée, le 6 mai 1829, au marquis de Nieuil. Elle n'a pas d'enfants. <small>Nieuil.</small>

 6° *Félicie*, morte à l'âge de dix-huit ans.

---

René-Louis-François de Menou, fils de René-Louis-Charles, marquis de Menou-Boussay, et d'Anne-Isabelle-Michelle de Verneuil, sa femme, épousa, le 7 janvier 1804, demoiselle Thérèse-Gabrielle-Octavie de Broglie, fille mineure de défunt Charles-Louis-Victoire de Broglie, et de dame Sophie Rosen-Kleinroop, sa femme, mariée en secondes noces à Marc-René de Voyer d'Argenson. Il fut assisté de ses père et mère ; de Philippe-François-Denis de Menou, son oncle ; de René de Menou, son frère ; de Louis-Charles-Alphonse Savary de Lancosme, son beau-frère, et Anne-Félicité-Denise de Menou de Lancosme, sa sœur ; d'Adolphe de Lancosme, son neveu, et de Calixte de Montmorin, son cousin germain. Mademoiselle de Broglie fut assistée de sa mère ; de Théodore-Charles de Moges, son beau-frère, et de Charles-Achille-Victor-Léonce de Broglie, son frère, qui ont signé, ainsi que messieurs Antoine Lignaud de Lussac, Louis Baret de Rouvray, Charles de Rouvray et le général d'Harambure, amis des deux parties. Le contrat fut passé au château de Paulmy, devant Massonneau et Moreau, notaires au Grand-Précigny.

<small>Broglie. Rosen. D'Argenson. Lancosme. Montmorin. De Moges. Broglie. Rouvray. Harambure.</small>

René-Louis-François de Menou fut affligé, dès sa jeunesse, d'une faiblesse de vue qui était de nature à l'empêcher de suivre la carrière militaire, et qui dégénéra en cécité complète pendant les dernières années de sa vie. Cette infirmité ne l'empêcha pas de se rendre utile dans les affaires publiques du canton et du département, pour lesquelles il fut souvent consulté, à cause de sa droiture et de son désintéressement. Il s'occupait surtout du bien-être des habitants de sa commune. Il fit construire des salles pour le conseil, pour les archives et pour l'école; et ce fut pendant son administration que Boussay fut pourvu de l'assistance de plusieurs sœurs hospitalières et enseignantes, dont la dépense continue à être payée par sa famille. Il est mort le 9 octobre 1841. La princesse de Broglie, sa veuve, demeure à Boussay, avec son fils et sa belle-fille, au milieu de ses petits-enfants. C'est par ses soins, et avec l'autorisation de l'archevêque de Tours, qu'un autel de la sainte Vierge a été érigé dans la chapelle qui tient à l'église de Boussay. Cette chapelle, dont la voûte est depuis quatre cents ans la sépulture des seigneurs de Boussay, appartient au marquis de Menou, ayant été fondée et construite par ses ancêtres.

L'archevêque de Tours.

## XXI° DEGRÉ.

Louis-René-Léonce de Menou, seizième propriétaire de la terre de Boussay en ligne directe, a épousé, en 1840, demoiselle Aglaé-Blanche-Julie Hély de Saint-Saëns, dont il a :

1° *René*, né le 6 janvier 1844.
2° *Mathilde*, née le 31 janvier 1841.
3° *Alix*, née le 11 septembre 1842.
4° *Marie*, née le 3 décembre 1850.

Saint-Saëns.

Louis-René-Léonce, marquis de Menou, fils aîné de René-Louis-François, marquis de Menou, et de Thérèse-Gabrielle-Octavie, princesse de Broglie, épousa, le 7 avril 1840, demoiselle Aglaé-Blanche-Julie Hély de Saint-Saëns, fille de défunt Victor-Achille Hély de Saint-Saëns et de dame Adélaïde-Jeanne-Julie Haillet de

Couronne, mariée en secondes noces au chevalier de Moussac, ancien capitaine d'état-major et chevalier de la Légion d'honneur. Il fut assisté de son oncle, Achille Léonce-Victor-Charles, duc de Broglie, vice-président de la Chambre des Pairs, ancien président du conseil des ministres et grand officier de la Légion d'honneur, agissant au nom et comme mandataire de ses père et mère; du comte Octave de Menou, son frère; du comte de Nieuil, son beau-frère, et de la comtesse de Nieuil, sa sœur; du comte de l'Aigle, son oncle; du comte Théodore de Lameth, son grand-oncle; du marquis d'Argenson, son oncle; du marquis de Verteillac, du comte Henri de l'Aigle, d'Albert, prince de Broglie, du comte de Mondragon, du comte de Lancosme, du comte de Bourdeille, du marquis de Bizemont, du comte de la Bourdonnaye et du vicomte de Luppé, ses cousins; et du comte de Bourmont, du marquis de Lussac, du vicomte de la Poëze et de Monsieur Eugène de Rouvray, lieutenant-colonel d'état-major, ses amis. La demoiselle de Saint-Saëns fut assistée du baron Hély d'Oissel, du baron Rodier, et de Messieurs de Folleville et le Vaillant, ses cousins; et de Monsieur Brémontier, son allié. Le contrat fut passé, à Paris, devant Desprez et Boudin de Vesvres, notaires.

<small>De Couronne. Moussac. Le duc de Broglie. Nieuil. De l'Aigle. Lameth. D'Argenson. Verteillac. Le prince de Broglie. Mondragon. Lancosme. Bourdeille. Bizemont. La Bourdonnaye Luppé. Bourmont. Lussac. De la Poëze. De Rouvray. Hély d'Oissel. Rodier. De Folleville. Le Vaillant. Brémontier.</small>

Le marquis de Menou a fait exécuter, tant au dehors qu'au dedans de son château de Boussay, des travaux considérables dont on fera mention dans une note relative à cet antique manoir, qui, comme celui du Méez-de-Menou, appartient depuis plus de cinq cents ans à la maison de Menou. (41)

# BRANCHE

DES

# SEIGNEURS DES FRICHES, DE LA SALLE, ETC.

### Vᵉ DEGRÉ.

SAINT LOUIS.

JEAN de Menou, seigneur des Friches, de la Salle, etc., fils de Nicolas de Menou, maître des arbalêtriers de saint Louis (voir page 11), épousa Marguerite de Beursières, fille de Jean de Beursières, chevalier, dont les ancêtres étaient connus au pays Chartrain, en 1070.

De cette union sont issus :

    1° *Jean*, qui suit.
    2° *Suzanne*, mariée à Guy de Vaux, seigneur de la Ferté.

---

Jean de Menou fut à la croisade de 1270 : « On trouve son nom et celui de son frère Simon sur la liste des chevaliers qui avaient *bouche en cour* à la suite de saint Louis, lors de la croisade de Tunis ; ils portaient *de gueules à la bande d'or.* » (*Galeries de Versailles*, t. II, p. 153.)

Jean de Menou, chevalier, reçut pour lui et ses héritiers, en considération de ses services, la donation suivante : Tout le *tiers denier* que Richard de la Roche, chevalier, seigneur de Châteauneuf, avait sur les bois des Bassiers qui appartenaient à Marguerite, femme dudit Jean, fille de feu Jean de Beursières, chevalier, et à Élisote, sœur de ladite Marguerite, ainsi que tous les *tiers deniers* qu'il avait sur les bois des *Vasseurs* desdites Marguerite et Élisote : tout le *tiers denier* que ledit Richard recevait du seigneur de Villerail, savoir : sur deux cents arpents de bois situés aux Bassiers, aux Deffays, à la Herbuyère et à la Béliardière, en Dignerois, lesquels étaient de l'héritage d'Agnès, femme dudit Villerail et sœur de Gérard de

De la Roche.

Beursières.

Villerail

**PHILIPPE LE HARDI.**

*Longni.*

Longni, chevalier; et si, par arrangement avec ledit Villerail et sa femme, ou avec leurs héritiers, Jean de Menou, ou ses héritiers, devenaient propriétaires desdits bois à titre héréditaire, le seigneur de Châteauneuf voulait et octroyait que, dans ce cas, lesdits bois seraient tenus de lui et de ses héritiers *à une foi et à un hommage*, sans devoir ni rachat ni service, soit audit seigneur soit à ses héritiers, et qu'il en serait de même à l'égard des biens que ledit Jean ou ses hoirs

*Vezins.*

pourraient acquérir de Pierre de Vezins ou de ses héritiers : voulant que le seigneur Jean de Menou et ses héritiers jouissent des biens susdits (savoir : les bois, domaines, fiefs et arrière-fiefs mouvants de Marguerite et Élisote dans les châtellenies de Châteauneuf et de Senonches, et ce qui pourrait leur venir de Jean de Villerail, de sa femme et de Pierre de Vezins), avec toute la justice et seigneurie, grandes et petites, et tous les autres droits que le seigneur de Châteauneuf avait et pouvait avoir en toutes ces choses, en Thymerais et hors Thymerais, et la faculté de faire ou faire faire toutes forteresses, seigneuries, et toutes autres choses qu'ils voudraient sans que ledit de la Roche, seigneur de Châteauneuf, ou ses successeurs pussent en exiger aucun droit; ledit seigneur de Châteauneuf reconnaissant que le seigneur Jean de Menou et ses hoirs tiendraient les choses susdites de lui et de ses héritiers à *une seule foi et à un hommage* sans autres devoirs, aides ou redevances qu'un éperon doré à chaque mutation de seigneur. *Ce fut fet en l'an de grace mil deus cenz septante et sept, au mois d'avril*, et scellé du scel du seigneur de Châteauneuf, qui, dans l'acte, déclare se tenir pour bien payé par les services qu'il avait reçus de Jean de Menou. (*Original aux archives d'Eure-et-Loir*, à Chartres.) (42)

*De la Rivière.*

Jean de Menou, *de Manoto*, chevalier, fut témoin, le lundi après la fête de Saint-Barnabé, 1280, d'un hommage rendu à l'évêque de Chartres par Étienne de la Rivière, *de Riparia*. (*Preuves de cour.*)

*Groigniaux.*
*Damileschamps.*

Jean de Menou, chevalier, agissant au nom de Marguerite, sa femme, et de sa belle-sœur, Élisote de Beursières, fit un accord avec Guillaume de Groigniaux, écuyer, au sujet de la succession d'Éverard Damileschamps, chevalier, dont la moitié était réclamée par Jean de Menou : il fut convenu que cette moitié lui serait attribuée, à condition que ledit Groigniaux aurait pendant deux ans le produit de vingt muids de terres sises à Favières. Acte passé sous le scel de la vicomté de Verneuil, au mois de mars 1284, le mercredi avant Pâques; Renaut

*Luzarches.*

de Luzarches étant vicomte. (*Original aux archives d'Eure-et-Loir.*)

Jean de Menou, *de Mano*, est cité avec ses frères, Simon et Henri, dans un rôle de la Chambre des comptes de Paris, comme tenant du roi des fiefs dans la châtellenie de Senonches, en 1302. (DE CAMPS, vol. 83, *Bibl. roy.*)

PHILIPPE LE BEL.

Suzanne de Menou, fille de Jean, seigneur des Friches, épousa Guy de Vaux, seigneur de la Ferté. Jean, son frère aîné, hérita de la terre des Friches, mais, lors de l'extinction de sa postérité, cette seigneurie fut recueillie par Richard de Vaux, descendant de Suzanne, lequel n'ayant pas d'enfant de sa femme Anne de Caumont, céda cette seigneurie au roi Louis XI, qui la transmit au chapitre de Saint-Martin de Tours. (*Mém.* de MAROLLES.) On trouve ces actes dans les *archives d'Eure-et-Loir*, où sont aussi des aveux de 1459 et de 1483.

De Vaux.

Caumont.
Le chapitre de Saint-Martin de Tours.

## VI<sup>e</sup> DEGRÉ.

JEAN de Menou, chevalier, seigneur des Friches, de la Salle, etc., dont l'alliance est inconnue, fut père de :

PHILIPPE DE VALOIS.

Simon de Menou, écuyer, qui suit.

Jean de Menou, chevalier, fut l'un des exécuteurs testamentaires de dame Alix de Melun, veuve de Simon de Menou, décédée à Paris en 1328. (*Original à Boussay.*) Dans cet acte il a qualité de monseigneur. (*Preuves de cour.*)

Melun.

Monseigneur Jean de Menou, chevalier, se rendit pleige avec Nicolas de Menou, son cousin, et Simon de Melun, sire de la Salle, le lundi avant la fête Saint-Georges, 1331, en la cause d'Annor, sœur dudit Nicolas et femme de Guiot Mauvoisin, seigneur de Bois-Fretteval. (*Archives de Joursanvaulx, Bibl. de Blois.* — *Preuves de cour.*)

Mauvoisin

Monseigneur Jean de Menou suivit le roi à Bouvines, en 1340, et fut payé pour sa venue des Friches à Noyon, comme pour son retour de Bouvines aux Friches en Thymerais. (*Bibl. roy.*, *Supplément français*, vol. 2342, f° 167.)

Noble homme messire Jean de Menou, chevalier, seigneur des Friches, ayant fait miner en un arpent de terre *assis* près le moulin à vent de Digny, au fief de

Damileschamps, fut attaqué par le procureur de la cour du comte d'Alençon et du Perche, lequel prétendait que Jean de Menou n'avait dû le faire, n'étant pas haut justicier, et qu'en conséquence il devait être condamné à l'amende et le terrain mis en son premier état; le seigneur de Menou soutenait le contraire. Les choses en étaient demeurées là, quoiqu'il eût été commandé à Guillaume de la Galerie, vicomte et procureur de monseigneur le comte d'Alençon, d'en informer : ledit seigneur de Menou obtint, le mardi après la Saint-André, apôtre, 1345, de Pierre Ailgembource, bailli d'Alençon et du Perche, une sentence par laquelle il eut main-levée de l'opposition dudit procureur, attendu que Jean de Menou avait le droit de faire miner audit arpent de terre, étant haut justicier, en vertu de lettres de l'an 1277, par lesquelles Richard de la Roche, seigneur de Châteauneuf, avait donné à messire Jean de Menou, père du défendeur, toute justice et toute seigneurie, grandes et petites, en tous les domaines, fiefs et arrière-fiefs que ledit de Menou possédait du chef de Marguerite, sa femme, fille de feu monseigneur Jean de Beursières, chevalier, parmi lesquels se trouvait ledit arpent de terre. (*Preuves de cour.*) (43)

## VII<sup>e</sup> DEGRÉ.

SIMON de Menou, écuyer, seigneur des Friches, de la Salle, etc., épousa Isabelle de Morvilliers, d'une famille d'origine chevaleresque, connue depuis Isnard de Morvilliers vivant en 1070; il laissa de cette union :

*Guillemette*, mariée à Jean Balu, écuyer.

---

Simon de Menou, écuyer, est nommé dans un rôle de montres faites en 1357, par M. de Naillac, chevalier du roi, commissaire de monseigneur le duc de Normandie, dauphin, lieutenant du roi. Simon de Menou servait avec Simon de Coutes, chevalier, sous le vidame de Chartres. (*Chambre des comptes.* DE CAMPS, vol. 83, f° 139.)

Simon de Menou, écuyer, servait, en 1379, dans la compagnie de Guy le Baveux, chevalier, composée de deux chevaliers et de dix écuyers, au nombre desquels se trouvaient Jean de Beauvilliers, Eonnet et Roger de Chambray.

Cette compagnie fut passée en revue, le 18 octobre, à Pont-au-Baud, en Bretagne, pour servir contre les Anglais, avec Olivier de Clisson et sous le gouvernement de Louis II, duc de Bourbon, l'un des hommes remarquables de cette époque si féconde en grands capitaines. (DOM MORICE, *Histoire de Bretagne*, tome II des *Preuves*, Collect. 208.)

Simon de Menou était mort en 1391, laissant à Isabelle de Morvilliers, sa veuve, la jouissance, sa vie durant, de la moitié de la haute justice qu'il avait dans la paroisse de Digny; Isabelle et Jean de Voisins, à qui elle était mariée en secondes noces, vendirent cette part à Germain de Dreux, chevalier, par acte reçu, le 31 août 1391, devant Rullet Fouquert, tabellion de Senonches. (*Archives d'Eure-et-Loir.*)

Guillemette de Menou, fille de Simon, avait épousé Jean Balu, écuyer. Le P. Anselme (*Hist. des grands officiers*, t. VIII, p. 792) dit que Jean de Balu, écuyer, seigneur de Bandeville, eut une fille, Marguerite de Balu, dame de Bandeville et de Lantricourt, qui fut mariée à Guillaume de l'Isle-Marivaux, seigneur de Marivaux, de Mesnil-Terribus et autres lieux. Françoise de l'Isle, issue de cette union, épousa Philippe de Boulainvilliers, seigneur de Frouville.

Guillemette de Menou, dame des Friches, de la Salle, de Damileschamps, etc., avait la justice haute, moyenne et basse en toute sa terre de Digny, fiefs et arrière-fiefs, ainsi que ses prédécesseurs en avaient joui. A ce titre, Jean Balu, écuyer, son mari, obtint, le lundi 31 octobre 1401, de Pierre de Réméant, bailli de Châteauneuf, une injonction au sergent de la Motte lez Digny, de comparaître devant la cour, et de répondre à une plainte portée contre lui par ledit Balu, pour avoir enfreint les droits de ladite Guillemette de Menou; il y est ordonné, au nom du comte d'Alençon, seigneur de Châteauneuf, que ledit écuyer soit remis en possession de ses droits, et que ledit *empêchant* et tous autres soient contraints de s'abstenir de telles entreprises, troubles et nouvelletés, et de mettre au néant tout ce qui aurait été fait au préjudice dudit écuyer. (*Original aux archives d'Eure-et-Loir.*)

Par la mort de Guillemette de Menou, qui ne laissait pas de postérité, les terres des Friches, de la Salle et de Damileschamps, échurent à Richard de Vaux, héritier de ladite Guillemette de Menou, *de l'estoc* de Jean de Menou, troisième du nom, seigneur des Friches. Richard de Vaux n'avait pas d'enfant; et, voulant donner la terre des Friches aux chanoines de Saint-Martin de Tours, il fit un acte de vente, le 11 juin 1481, en faveur du roi Louis XI, qui, le 21 du même mois, en fit le transport au chapitre de Saint-Martin. Jean le Barbier, chanoine prébendaire en l'église de Saint-Martin, homme *vivant* et *mourant* pour ce chapitre, fit aveu des Friches, en 1483, à M. de Longny, à cause de sa terre de la Motte de Digny ; le rachat fut reçu pour ledit seigneur, et quittance fut donnée par son agent, Châteaubriand. (*Archives d'Eure-et-Loir.*)

<small>Longny.
Châteaubriand.</small>

Les chanoines de Saint-Martin de Tours firent plusieurs autres aveux, et possédaient encore les Friches en 1766. (*Ibid.*)

Ils avaient recueilli des titres et documents qui étaient relatifs aux seigneurs jadis en possession de cette terre, et qui remontaient jusqu'à Nicolas de Menou, maître des arbalétriers de France sous saint Louis, et seigneur des Friches.

<small>Marolles.</small>

Ces circonstances expliquent pourquoi l'abbé de Marolles a pu trouver, comme il le dit, des renseignements de cette date sur la maison de Menou, dans les archives du chapitre de Saint-Martin de Tours, qui malheureusement ont disparu. (44)

# BRANCHE

### DES

# SEIGNEURS DE MONTGOBERT.

### VII<sup>e</sup> DEGRÉ.

Jean de Menou, fils de Nicolas, troisième du nom, et de Marguerite de Clermont-Beauvoisis, dame de Montgobert (voyez page 19), épousa demoiselle Perrenelle de la Ferté, fille de Pierre de la Ferté, seigneur du Breuil. Il eut une seconde femme dont on ignore le nom.  JEAN LE BON.

Du premier lit sont issus :

    1° *Pierre* de Menou, chevalier, qui n'a pas laissé de postérité.
    2° *Jean* de Menou, chevalier, marié à Isabeau de Gaillonel.
    3° *Robert* de Menou, échanson du duc de Bourgogne.
    4° *Marie*, mariée à Robert d'Aucoich.

Jean de Menou est nommé dans un acte relatif à la succession mobilière de feu messire Nicolas de Menou, chevalier, contenant transaction entre monseigneur Jean de Menou, chevalier, fils aîné de Nicolas, et noble dame Marguerite de Clermont, femme du dit Nicolas, gardienne de Jean, son fils. Acte reçu à Chartres, le 11 avril 1361, par Guillaume Laverde, clerc, tabellion juré, devant Pierre de Lalande, chevalier, bailli du roi à Chartres. (*Original à Boussay.*)   Clermont.   Lalande.

Jean de Menou est nommé dans un aveu rendu pour l'église de Milly, le 10 février 1365, à très-noble et puissante dame Marguerite de Clermont, dame de Menou, comme gardienne du dit Jean, son fils. (*Archives de Boussay.*)

Jean de Menou céda à noble homme monseigneur Jean de Menou, son frère aîné, ses droits dans la succession de leur père et dans celle de leur frère Amauri de Menou, seigneur de Jupilles, des dîmes de Saint-Georges, près Issoudun, etc.; il reçut en échange le château et lieu de Menou, avec toutes les dépendances, tant en château, maisons et édifices qu'en terres, cens, rentes, fiefs, arrière-fiefs, étangs, garennes, péages, justice haute, moyenne et basse, et généralement tous les héritages et revenus que son dit frère possédait dans ce lieu, ainsi que les bois qu'il avait près de Senlis; le tout franc et quitte de toute redevance, sauf la rente viagère de vingt livres tournois de leur tante, Jeanne de Menou, religieuse à Bellomer, à prendre sur le péage de la Fontaine-Simon, et celle qui était due à l'abbaye de Saint-Vincent des Bois. Acte passé, sous le scel de la prévôté d'Orléans, devant Guillaume le Gallais, tabellion du roi à Issoudun, le mardi 30 novembre 1372, scellé sur double queue en cire verte. (*Original à Boussay*.)

Jean de Menou est nommé dans un acte du 26 décembre 1372, par lequel Agnès de Galardon, femme de noble homme messire Jean de Menou, chevalier, autorisée de son mari, renonça, en conséquence de l'échange ci-dessus rapporté, au douaire qu'elle pouvait avoir sur les lieu, château, rentes et revenus de Menou et sur tous les autres héritages qui avaient été cédés par le dit seigneur, son mari. Passé à Issoudun devant le susdit le Gallais, et scellé sur double queue d'un sceau en cire verte brisé. (*Original à Boussay*.)

Jean de Menou, écuyer, fut mis en possession du château de Menou, et rendit foi et hommage à la comtesse d'Alençon, d'après un ordre donné par cette princesse dans les termes qui suivent : « Nous, Marie d'Espagne, comtesse d'Alençon, du Perche et d'Étampes, faisons sçavoir que comme Jehan de Crevecœur, écuyer, comme procureur de messire Jehan de Menou, chevalier, soufisamment fondé quant à ce, si comme il nous est aparu, ayt renoncé en nos mains à la soufrance, foy et hommage en quoy il estoit tenu à nous, à cause du chastel de Meno et des appartenances d'ycelui chastel, lequel avec lesdites tenances ledict chevalier a baillé en échange à Johan de Meno, son frère escuier; nous le dict Jehan de Meno, escuier, avons receu en nostre foy et hommage du chastel de Meno dessus dict et des apartenances d'ycelui, nonobstant qu'il ne soit pas en âge, lequel nous tenons et recevons pour âgé, de grâce spéciale quant à ce, pourquoi nous mandons à nostre bailly du dit lieu de Meno et à tous nos autres à qu'il appartiendra que le dict escuier laisse et souffre de ce en avant jouyr et user paisiblement du dict chastel de Meno et de touttes les apartenances d'yceluy, sans donner aucun empeschement sur ce : sauf touttesfois nostre droict et rachapt restablir et autres choses. Donné à Paris, le cinquiesme de février mil troys cens soixante-douze. » Scellé de cire rouge. (*Archives de Boussay*.)

Jean de Menou est nommé dans une procuration du 24 février 1367, qui commence en ces termes : « A tous ceux qui verront et oyront ces présentes lettres, le vicomte de Châteauneuf, salut : Fut présente madame Marguerite de Clermont, dame de Manou, laquelle, tant en son nom comme pour cause de la garde de Jean de Manou, son fils, etc. » (*Archives de Boussay.*)

Clermont.

Jean, sire de Menou et de Montgobert, chevalier, présenta requête en qualité d'héritier de feue Marguerite de Clermont, sa mère, pour être payé de vingt-neuf quarterons et trois *molles de bûches* qu'il avait droit de prendre à la recette de Senlis, et la Chambre des comptes rendit une ordonnance en sa faveur, le 13 septembre 1378. (*Preuves de cour.*)

Jean, sire de Menou et de Montgobert, obtint, le 12 juillet 1379, une ordonnance des commissaires du roi sur le fait des domaines, à Paris ; la dite ordonnance scellée de quatre sceaux. (*Preuves de cour.*)

Jean, sire de Menou et de Montgobert, chevalier, donna quittance, le 7 février 1379, à maître Pierre Auber, receveur de Senlis, de la somme de 32 livres 6 sous parisis, pour le bois qu'il avait héréditairement droit de prendre en la forêt de Cuise, près Compiègne. Acte scellé d'un sceau en cire rouge représentant *une bande, chargée d'un écu en chef.* (*Preuves de cour.*)

Messire Jean de Menou commandait une compagnie de neuf écuyers, sous la retenue de messire Bureau de la Rivière, suivant un compte de Jean le Flamenc, trésorier des guerres du roi, du 1$^{er}$ avril 1380 au 1$^{er}$ juillet 1381. (*Preuves de cour.*)

La Rivière, Le Flamenc.

Messire Jean, sire de Menou, chevalier, fit montre à Amiens, le 1$^{er}$ août 1380, de sa compagnie composée de neuf écuyers ; il reçut le même jour le certificat des maréchaux de France, portant « qu'ils étaient destinés à servir le roi en ses guerres de Picardie, dans la compagnie de messire de la Rivière, premier chambellan, sous le gouvernement du duc de Bourgogne ; » et ordonnant au trésorier des guerres de lui payer ses gages. Le 8 août suivant, il donna à Jean le Flamenc, trésorier des guerres du roi, quittance de la somme de huit vingt cinq francs d'or reçus en prêt sur ses gages et ceux des dits écuyers de sa compagnie : quittance scellée sur simple queue de parchemin, d'un scel en cire rouge représentant *une bande, chargée en chef d'un écusson.* Supports : deux lions ; cimier : une tête de vieillard couronnée ; légende : JEH. SIRE DE MENOU ET DE MONTGOBERT. Noms des écuyers : Jehan de Melun, Morelet de Montmort, Colart de Tanques, Leborgne

La Rivière. Le duc de Bourgogne.

Melun, Montmort, De Tanques, Montluels.

| | |
|---|---|
| D'Esneval, Beauvais, Beaurepaire, Belefort. | de Montuels, Robinet d'Esneval, Martin de Beauvais, Rogier de Beaurepaire, Jeh. de Beaurepaire, Jehan de Belefort. (*Original en parchemin, Bibl. roy., titres scellés*, vol. 73.) |

Monseigneur Jean de Menou, chevalier, passa en revue à Corbeil, le 1er septembre 1380, avec deux écuyers de sa compagnie, dont il eut certificat des maréchaux de France, le 6 septembre. Il donna, à Chartres, quittance à Jean le Flamenc, trésorier des guerres du roi, de la somme de soixante francs d'or, reçue en prêt sur ses gages et ceux de ses deux écuyers. Acte sur parchemin, scellé d'un scel en cire rouge représentant *une bande, chargée en chef d'un écusson.* Supports : deux lions; cimier : une tête de vieillard couronnée; légende : JEH. SIRE DE MENOU ET DE MONTGOBERT. Noms des écuyers : Philippon d'Alenne et Philippon de Cigy. (*Original à la Bibl. roy., titres scellés*, vol. 73.) (45)

D'Alenne. De Cigy.

Messire Jean de Menou fut passé en revue à Saint-Germain en Laye, au mois de mai 1382, avec un chevalier et neuf écuyers de sa compagnie, servant sous le maréchal de Sancerre; suivant un compte de Jean le Flamenc, trésorier des guerres du roi, du 1er juillet 1381, au dit jour de l'an 1383. (*Preuves de cour.*)

Rosebegue. Le maréchal de Sancerre. Le Flamenc.

Monseigneur Jean de Menou, chevalier, et neuf écuyers de sa compagnie, reçus à Orléans, le 8 août 1382, servirent au pays de Normandie et au pays de Flandre, en la seconde chevauchée que le roi fit, en 1383, contre les Anglais et autres ennemis; suivant un compte de Guillaume d'Enfernet, trésorier des guerres, du 1er mars 1382 au dernier février 1383. (*Preuves de cour.*)

D'Enfernet.

Jean de Menou, chevalier, donna quittance, le 25 août 1383, à Guillaume d'Enfernet, trésorier des guerres du roi, de la somme de 55 livres tournois qu'il reçut en prêt sur ses gages et ceux de neuf écuyers de sa compagnie, étant au service du roi, en la chevauchée qu'il faisait alors au pays de Flandre contre les Anglais, dans la compagnie du comte de la Marche, et sous le gouvernement du duc de Berry (*Preuves de cour*). Cette quittance et une autre semblable de la même année, sont scellées en cire rouge d'un sceau représentant *une bande, chargée en chef d'un écusson.* Supports : deux lions; cimier : une tête de vieillard couronnée; légende : JEH. SIRE DE MENOU ET DE MONTGOBERT. (*Originaux en parchemin, à la Bibl. roy., titres scellés*, vol. 73.)

Jean de Bourbon. Comte de la Marche. Duc de Berry.

Jean de Menou, seigneur de Montgobert, plaidait, en 1384, contre Guillaume de Braquemont, dit Braquet, seigneur de Sedan, marié à la veuve de Jean de Clermont, seigneur de Paillart, au sujet de certaines rentes qui avaient été assignées sur

Braquemont.

les terres de Paillart et de Tartigny par Raoul de Clermont, aïeul dudit Jean de Menou. (P. Anselme, *Hist. des grands officiers de la couronne*, t. VI, p. 55.)

« Charles, par la grâce de Dieu, roy de France, etc., sçavoir faisons que nostre amé et féal chevalier Johan, sire de Mano et de Montgombert, nous a fait hommaige et est entré en nostre foy de la terre de Faye aux Loiges, rentes, revenus, possessions et autres choses appartenant à icelle, à cause de nostre chastel de Montergy, etc., etc. Donné en nostre ville de Compiègne, le 28ᵉ jour d'apvril, l'an de grâce 1387, et le septième de nostre règne ; scellé de nostre scel ordonné en l'absence du grant : par le roi, monseigneur le duc de Bourgogne présent, Changié. » (*Archives du royaume : anciens aveux, lettre P, n° 10.*)  Duc de Bourgogne.

Jean de Menou reçut un aveu, le 16 juin 1388 ; il y est qualifié de noble et puissant seigneur, monseigneur Jean, sire de Menou et de Montgobert, chevalier. (*Archives de Boussay.*)

Messire Jean de Menou, seigneur de Fay et de Montgobert, avait de feue demoiselle Perroiche, sa femme, fille de Pierre de la Ferté, seigneur du Breuil, plusieurs enfants, savoir : Pierre, Jean, Robert et Marie, en faveur desquels ledit Pierre de la Ferté se désista de la *foy et hommage* qu'il devait au roi, à cause de la terre de la Lovetière qu'il avait donnée à leurs père et mère par contrat de mariage. (*Archives du duché d'Orléans.*) (46)  La Ferté

Noble homme et puissant seigneur Jean, sire de Menou et de Montgobert, chevalier, fit aveu, le 16 juillet 1388, pour la terre de la Lovetière, appelée depuis le Petit-Menou. (*Preuves pour Remiremont.*)

La montre de monseigneur Jehan de Menou, chevalier, et huit écuyers de sa compagnie, fut reçue à Montereau *où faust Yonne*, le seizième jour d'août, l'an mil trois cent quatre-vingt et huit.

Premièrement : ledit messire Jehan de Menou, chevalier. Écuyers : Philippon d'Alenne, Philippon de Cigy, Lambert de Toci, Jehan de Noë, Jehan Heuden, Jehan de Conigham, Guillaume de Cuise, Jehan de Tuisy.  D'Alenne, Cigy, Tocy, Noë, Heuden, Cuningham, Cuise, Thuisy.

La revue de messire Jehan de Menou, chevalier bachelier, et neuf écuyers de sa compagnie, fut reçue à Bousselar, le huitième jour d'octobre de l'an mil trois cent quatre-vingt et huit. Premièrement : ledit messire de Menou, chevalier bachelier. Écuyers : les mêmes que ci-dessus, et Colart le Mesnager.  Le Mesnager

Ces deux pièces, sur parchemin, se trouvent à la Bibliothèque royale. (*Titres de Menou.*)

Jean, sire de Menou, de Montgobert et de Fay-aux-Loges, chevalier, avoua, le 18 novembre 1389, tenir en fief du roi, à cause de Montargis, le grand hôtel de Fay avec les fiefs et arrière-fiefs qui en relevaient. (*Archives du duché d'Orléans.*)

Messire Jean de Menou, chevalier, eut mandement du roi pour se faire payer la somme de six vingt et une livres six sols huit deniers parisis, à lui due comme héritier de la défunte dame de Vyermes, veuve de feu messire Philippe de Chambly, chevalier. Donné à Paris, le onzième jour de février mil trois cent quatre-vingt et treize. (*Original au trésor des chartes, T, carton 149, n° 51.*)

Jean, sire de Menou et de Montgobert, chevalier, rendit aveu, le 18 juin 1395, par Jean Loison, son procureur, au duc d'Orléans, comme homme de fief de la dame de Châtillon, à cause de son comté de Braine. (*Archives du royaume, cartulaire de la chambre des comptes de Blois, L, n° 176.*)

Jean, sire de Menou et de Montgobert, chevalier, rendit aveu, le 15 février 1395, à Pierre, comte d'Alençon et du Perche, pour tout ce qu'il tenait de lui à titre de foy et hommage, rachat et cheval de service, le dit rachat abonné à un éperon doré, savoir : son manoir et hébergement de Manou avec les maisons, cours, ménils et jardins qui en dépendaient, les bois, les champs et les pièces de terre situées près la ville de Manou et sur le chemin de la dite ville à Senonches ; la métairie d'Oresme, contenant un hébergement avec la cour et courtil ; des pièces de bois situées près la rivière d'Eure, la Ville-Dieu et la forêt de Senonches ; la masure de la Ville-Dieu ; le val de l'Espoir, la vieille garenne, la métairie de la Fresnaie, que le chapelain de Menou tenait à cause de la fondation de la chapelle, avec tous les bois et bruyères situés entre les usages de Manou et le plessis de la Regnardière, et autres pièces de terre ; un moulin à vent situé entre le Boulois-Belissant et le colombier de Manou ; un moulin à eau, situé entre la rivière d'Eure et le grand chemin Chartrain, où tous les habitants de la paroisse de Manou étaient tenus de venir moudre ; et toutes les censives et redevances qu'il avait droit de prendre chaque année sur un grand nombre des dits habitants qui sont nommés dans cet acte, lesquels héritages étaient tous situés en la dite paroisse de Manou, avec toute justice, haute, moyenne et basse, forfaitures, épaves et autres droits sur tous les fiefs et domaines ci-dessus : garenne à toutes bêtes ; la connaissance des mesures dont on usait dans les dits fiefs, tant en la Ville-Dieu qu'ailleurs, la connaissance et la visite, une fois l'an, des mesures dont se servaient tous les hommes et sujets de l'hôpital de la Regnardière, en la dite paroisse, et, au cas qu'elles ne se trouvassent pas justes, le pouvoir de mettre les dits habitants à l'amende par ses officiers; douze deniers de rente sur le prévôt de la Ville-Dieu ; le droit de chasse à toute bête dans la dite terre de Menou et dans toutes celles de la Regnardière appartenant aux seigneurs de l'Hôpital ; cinq *vassours* : 1° Simon de Manou, pour une pièce de bois contenant trente-deux arpents, appelée le bois de la Haye-Porchière, tenant d'un côté au chemin d'Affonville à Châtenay, de l'autre au bois des seigneurs du chapitre de Chartres, avec toute justice, haute, moyenne et basse, qu'il tenait de lui, le tout assis en la paroisse de Vérigny; 2° Jean de la Brosse, pour un hébergement et plusieurs pièces de bois situées en la dite paroisse, avec les mêmes droits qu'il tenait pareillement du dit seigneur de Menou ; 3° Denise de Manou, veuve de Jean de Villette, pour plusieurs pièces de terre dont ledit Simon de Menou avait la haute justice sous le dit seigneur de Montgobert ; 4° Jean Chevalier, à cause de sa femme, pour quelques héritages contigus au bois de Beauvoir, à la Haye-Porchière et aux terres de Guillaume Goussart ; 5° Madame Jeanne de Coutes, veuve de feu messire Guy le Baveux, à cause d'un hébergement avec 25 arpents de terre, situés en la dite paroisse de Vérigny, qu'elle tenait pareillement de lui en toute justice. Grosse en parchemin délivrée sous le scel du bailli de Châteauneuf, ainsi signée : Collation faite à l'original : Braconnier. (*Preuves de cour.*) (47)

Jean de Menou et de Montgobert rendit hommage au roi, en 1396, pour 500 livres de bois en la forêt de Cuise. (*Preuves de cour.*)

Jean, seigneur de Menou et de Montgobert, chevalier, ayant commandé au chapitre de Soissons de se défaire d'un four, situé à Ambleny et que Lambert de Collegis, l'un des chanoines, avait donné audit chapitre, concéda des lettres d'amortissement, en présence de son fils Jean, au mois de novembre 1399, pour la somme de 210 écus d'or à la couronne, du coin et forge du roi, de 18 sols parisis pièce. (*Cartulaire de l'église de Soissons. — Preuves de cour.*)

Jean, sire de Menou et de Montgobert, fit aveu, le 20 septembre 1403, qu'il tenait en foi et hommage de messire Regnault de Trye, dit Patrouillat, chevalier, sire de Monchy, le châtel et la terre du Colombier de Persanne avec tous les fiefs qui en relevaient, savoir : un fief assis à Sainte-Geneviève, tenu par Jean de Fumichon, écuyer, à cause d'Isabelle, sa femme ; un fief assis à Monchanaire, tenu par Pierre du Fresnoy, écuyer, un fief assis à Hault-Marguery, tenu par Charles Aumont, écuyer, et la terre de Parisi-Fontaine, tenue par noble homme Michel Aubert d'Aussonville, écuyer, comme mari de Jeanne, fille de feu messire Pierre de Fercourt. (*Archives du château de Monchy.*)

Jean, sire de Menou et de Montgobert, chevalier, fit aveu, en 1406, au comte d'Alençon pour sa terre de Menou et ses autres seigneuries du Perche. (*Archives de Boussay.*)

Messire Jean de Menou, chambellan du roi, est mentionné pour la somme de 100 livres dans un compte d'Antoine des Essarts, trésorier de l'épargne du roi, du 26 octobre 1409 au 1er mars 1412. (*Preuves de cour.*)

Messire Jean de Menou, chevalier, était en procès, le 31 octobre 1412, avec Guyart de Chambly, écuyer, se disant héritier de feu noble homme messire Charles de Chambly, chevalier, d'après un registre des audiences du Châtelet (*Ibid.*); le 10 novembre suivant, il révoqua la procuration qu'il avait donnée à Thibaut Berbue, procureur au Châtelet. (*Ibid.*)

En 1412, le comte d'Alençon donna commission à Robert de Marcouville, capitaine de Senonches, de prendre le châtel et forteresse de *Manou*; il y mit pour garnison onze gentilshommes et dix arbalétriers, archers ou valets de gentilshommes.

Noms des gentilshommes : Pierre et Jean du Tertre, Lorens de Mehert, Jean de la Rosière, Jean le Malle, Jean Doineau, Jean d'Aunay, Jean de la Sainte-Frette, Houlet Lestrigueil. (*Archives du royaume*, P 290, cote 607.)

Le 18 janvier 1412, noble homme monseigneur Jean, seigneur de Menou, donna à nobles hommes Perceval des Noyers et Robert de Noé, écuyers, sa procuration passée à Paris par Giles Havage et Jehan le Bouyeux, notaires, devant Pierre des Essarts, chevalier, seigneur de Willerval et de la Motte de Tilly, chambellan du roi; le 28 du même mois ils promirent que, le jour de la délivrance audit seigneur de Menou de sa forteresse et terre de Menou, avec les biens, *ustensiles* et *lettres* qui s'y trouvaient lorsque le comte d'Alençon en avait pris possession, ils donneraient quittance de la *recompensation* et *recognoissance* accordée par le comte d'Alençon audit seigneur de Menou. (*Ibid.*, P 290, cotes 609 et 611. (48)

Jean, seigneur de Menou et de Montgobert, chevalier, chambellan du roi, obtint, en 1412, des lettres patentes qui lui accordaient les droits du roi sur les terres et seigneuries de Bois-Châtelain près Noyon, relevant de l'évêque de cette ville, de Colonelles, de Terny, de Cerny et de Marquial, qui avaient été saisies sur Simon de Clermont, chevalier, depuis peu condamné à mort et exécuté à Laon comme rebelle. Les lettres patentes assignent à cette donation les motifs suivants : Ces terres étaient tenues à foi et hommage du seigneur de Menou, et lui seraient échues si ledit Clermont fût trépassé d'une mort naturelle, étant son plus proche héritier ; durant la guerre, le seigneur de Menou, ses enfants et ses alliés avaient grandement servi le roi en divers lieux et notamment en la ville de Soissons, dont l'un avait été capitaine, et au *voyage de Bourges*, où ils avaient employé grande *chevance* sans avoir été rémunérés ; le roi voulait reconnaître aussi les bons et agréables services que Jean de Menou et ses ancêtres avaient rendus au roi et à ses prédécesseurs, tant en leurs biens qu'en leurs personnes, sans avoir jamais tenu d'autre parti que le sien ; enfin Sa Majesté voulait s'acquitter envers ledit seigneur de Menou de la somme de mille quatre-vingt-trois livres tournois qu'il lui devait par cédules du trésor : ces lettres furent données à Paris et signées par le roi en son conseil, en présence des ducs de Berry et de Bourgogne et d'autres seigneurs. Signées : P. Lombart, et insérées dans le *vidimus* de Robert de la Heuse, dit le Borgne, chevalier, chambellan du roi, et commis à la garde de la prévôté de Paris, le 11 mai 1413, signé : Sery. Original en parchemin, scellé sur double queue du sceau de ladite prévôté (perdu). (*Preuves de cour.*)

<small>Clermont.</small>

<small>Duc de Berry. Duc de Bourgogne. De la Heuse.</small>

Jean, seigneur de Menou et de Montgobert, chevalier, chambellan du roi Charles VI, ayant représenté à ce prince que, sa charge le retenant près de sa personne, il ne pouvait suivre les causes et les procès qu'il avait par-devant divers juges sans qu'il lui arrivât de grands dommages, le roi lui accorda, le 7 avril 1412, avant Pâques, des lettres patentes par lesquelles, à cause de son office, « il prenait ledit seigneur de Menou avec tous ses biens, sa femme et sa famille, sous sa sauvegarde et protection spéciale, et lui permettait de porter toutes ses causes et instances aux requêtes du palais à Paris, pour y jouir de tous les droits, usages, libertés, franchises et saisines dont il était en possession, *et ses prédécesseurs d'ancienneté ;* y faire assigner ses parties, poursuivre ses créanciers, etc. Ces lettres, adressées aux gens tenant les requêtes du palais à Paris, et insérées dans l'ordre donné, par lesdits officiers commissaires en cette partie, au premier huissier du parlement ou sergent royal de les faire exécuter selon leur forme et teneur, étaient datées du 8 avril 1412. Signées : le Roitu, et scellées sur simple queue de parchemin d'un scel (perdu). » (*Preuves de cour.*)

Noble homme monseigneur Jean, seigneur de Menou, vendit à messire Jean de Clermont, seigneur de Paillart, pour la somme de six cent cinquante sous d'or,

<small>Clermont. De Paillart.</small>

toute la terre et seigneurie qu'il avait audit Paillart tenue en fief de l'abbaye de Corbie, le 25 mai 1413. (Dom Villevieille.)

« Messire Jean de Menou, chevalier, avait tenu un fief à Cirey, près Merlo, mou-
« vant par foi et hommage du Colombier de Persanne, tenu par foi et hommage de
« la seigneurie de Monchy. » (*Ibid.*)

Jean de Menou était, en 1414, au siége de Soissons auprès de son fils, capitaine (gouverneur) de cette ville. On ne saurait ici rendre un compte suffisamment détaillé des événements auxquels il prit part. Ce sera le sujet d'une note, où l'on verra que les historiens du temps représentent Jean de Menou comme un chevalier *non moins plein d'âge que de grandes richesses*, et d'un esprit conciliant, qui, avec le sire de Craon, essaya de faire un accommodement pour empêcher les suites désastreuses de ce siége mémorable : il fut dépouillé d'une grande partie de ses biens héréditaires au profit du duc d'Orléans, dont le parti venait de se rendre maître de la personne de Charles VI et gouvernait sous le nom de ce roi. (Barante, *Hist. des ducs de Bourgogne*, t. IV, p. 165 et 168.) (49)

Jean de Menou, chevalier, chambellan du roi, seigneur de Menou et de Milly au Perche, de Fay-aux-Loges et de la Lovetière en Orléanais, de Montgobert et autres terres près Soissons, de Terny, Cerny, Colonelle et autres terres près Laon, de Bois-Châtelain, près Noyon, de Persanne et autres terres dans le comté de Beaumont-sur-Oise, est mort en 1425, après avoir signalé sa valeur à la tête de compagnies pendant plus de trente ans. Sa première femme était morte avant 1388; on ne connaît pas l'époque du décès de la seconde. Feu messire Jean de Menou est nommé dans une sentence du Châtelet de Paris du 22 juin 1426, comme ayant été héritier de feu noble homme messire Charles de Chambly, avec noble homme Guy de Chambly, chevalier ; il y est dit qu'il avait eu pour sa part dans ladite succession la terre d'Aunoy, chargée d'une rente de 243 livres envers le couvent de Notre-Dame-du-Val-de-Pontoise, et qu'il avait vendu ladite terre à Nicolas de Manteville. (*Preuves de cour.*)

Pierre de Menou, fils aîné de Jean de Menou, seigneur de Montgobert, est nommé dans un acte de 1388, par lequel Pierre de la Ferté, seigneur du Breuil, fit abandon des foi et hommage de la terre de la Lovetière en faveur des enfants de sa fille, femme de Jean de Menou. (*Archives du duché d'Orléans.*)

Pierre de Menou, chevalier, était capitaine de la ville de Soissons en 1409.

Pierre de Menou, chevalier, avait une compagnie composée de huit écuyers et cinq archers, servant dans l'armée du duc de Bourgogne, qui fut avec le roi devant Bourges, suivant un compte de Jean de Pressy, trésorier des guerres du roi, du 1$^{er}$ mars 1411 au 1$^{er}$ février 1413. (*Preuves de cour.*) Il donna quittance, le 10 mai 1412, à Jean de Pressy, trésorier des guerres du roi, de la somme de neuf vingt sept livres tournois qu'il reçut en prêt sur ses gages et sur ceux de huit écuyers et cinq archers de sa compagnie, servant aux guerres dudit roi, au nombre de deux mille hommes d'armes et de mille hommes de trait, sous le gouvernement et la conduite du duc de Bourgogne. Cette quittance est scellée d'un sceau en cire rouge, représentant *une bande chargée en chef d'un écusson, et accompagnée à senestre d'une étoile;* supports : deux anges, dont l'un est brisé; légende : PIERRE. (*Original à la Bibl. roy., titres scellés*, vol. 73.) — Duc de Bourgogne.

Pierre de Menou est désigné dans les lettres accordées, au mois de janvier 1412, à Jean de Menou, chambellan du roi, dans lesquelles il est dit que les enfants dudit seigneur de Menou avaient rendu de grands services à ce prince. (Voyez p. 113.) (*Preuves de cour.*)

Pierre de Menou était capitaine de la ville de Soissons en 1414, et, pour l'avoir vaillamment défendue, il fut condamné comme rebelle, et ses biens confisqués au profit du duc d'Orléans, chef du parti contraire au duc de Bourgogne, qui avait confié la garde de la ville à Pierre de Menou. Avec lui fut condamné Enguerrand de Bournonville, *la fleur des capitaines de France lors régnants*. (*Chronique de Monstrelet*, chap. CXXVI.) — Duc d'Orléans. Bournonville.

Jean de Menou, second fils de Jean, seigneur de Montgobert, est nommé dans un acte fait, en 1388, par Pierre de la Ferté, seigneur du Breuil, en faveur des enfants de sa fille, femme dudit seigneur de Montgobert. — La Ferté.

Jean de Menou, écuyer, fut présent, au mois de novembre 1399, à un acte d'amortissement passé par son père en faveur du chapitre de Soissons. (*Preuves de cour.*)

Jean de Menou est désigné, dans les lettres patentes accordées par le roi Charles VI à son père en janvier 1412, comme ayant rendu de grands services à ce prince. (Voyez p. 113.) (*Preuves de cour.*)

Jean de Menou, chevalier, épousa Isabeau de Gaillonel, fille d'Adam de Gail- — Gaillonel.

Meudon.  lonel, chevalier, seigneur de Neuville-sur-Auneuil, et d'Isabeau de Meudon. De ce mariage vint une fille, Isabeau de Menou, qui, le 18 juin 1427, releva de l'évêché de Beauvais cette terre de Neuville. (*Registre des hommages à l'évêché de Beauvais*, f° 80.) (50)

La Ferté.  Robert de Menou, troisième fils de Jean, seigneur de Montgobert, est mentionné dans l'acte fait, en 1388, par Pierre de la Ferté, son aïeul. Il était, en 1402, échanson du duc de Bourgogne. (*Chambre des comptes de Bourgogne.*)

Aspremont.  On n'a pas trouvé d'autres renseignements positifs sur Robert de Menou ; mais on pense qu'il eut pour fille Catherine de Menou, mariée, en 1450, à Gobert, seigneur d'Aspremont et de Buzancy, prince d'Amblise. (SAINTE-MARTHE, *Histoire de la maison d'Aspremont.*) (51)

Aucoich.  Marie de Menou épousa Robert d'Aucoich ou d'Occoche, d'une famille alliée aux maisons de Boufflers et de Ligne. Elle vivait en 1451, avec son mari, en sa terre de Fay-aux-Loges, et donna alors son consentement à la transaction par laquelle Jean, son fils, était convenu de restituer à Jean de Menou, seigneur de Villegongis, les terres de Menou et autres du Perche, qui devaient revenir à la branche aînée, faute d'hoirs mâles, des nom et armes de Menou, dans celle de Montgobert. (52)

# BRANCHE

### DES

# SEIGNEURS DU MÉEZ, DE PELLEVOISIN, ETC.

### VIIIe DEGRÉ.

NICOLAS de Menou, troisième fils de Jean de Menou, seigneur de Boussay et du Méez, capi- — CHARLES VI.
taine de cinquante hommes d'armes et chambellan du roi (voir page 24), épousa demoiselle
Isabeau Grasleuil, dame de la Boutelaye, d'une ancienne et très-noble famille du Berry.

De cette union il eut :

    *Louis*, qui continua la postérité.

---

Nicolas, ou Colinet, de Menou reçut en partage les terres du Méez et de Loigni, par acte passé, sous le scel de la cour de Châtillon-sur-Indre, le 9 août 1401, devant F. Bouquet. (*Original à Boussay.*)

Nicolas de Menou était à Tours le 5 février 1402, et il assista au mariage de Pierre de Menou, son frère, avec Marguerite de Fougières. (*Preuves de cour.*)    Fougières

Nicolas de Menou, écuyer, reçut de son père, noble homme messire Jean de Menou l'aîné, chevalier, seigneur du Méez, le transport des fois et hommages appartenant au Méez et à la Roche de Loigni, terres qui lui avaient été précédemment données en partage. Acte passé, le 11 février 1411, devant Lagrée, notaire à Loches, en présence de Pierre de Menou, frère dudit Nicolas. (*Original au Méez.*)

Nicolas de Menou, écuyer, seigneur du Méez et de Loigni, épousa demoiselle Isabeau Grasleuil, dame de la Boutelaye, fille de Barthélemy Grasleuil, seigneur    Grasleuil.
de la Motte-Grasleuil. Nicolas de Menou donna une rente de trois minots de fro-

**Lancosme.**
**Charnay.**

ment à l'église collégiale de Loches, où était célébré son anniversaire le 3 septembre de chaque année : dans le cartulaire, Nicolas de Menou est qualifié *nobilissimus*. Il est mort en 1413 : sa veuve se remaria, en 1414, avec Jean Savary, seigneur de Longhomme (Lancosme), et plus tard avec Pierre de Charnay, chevalier, seigneur de Tressy, près Romorantin.

## IX<sup>e</sup> DEGRÉ.

Louis de Menou épousa, vers 1425, demoiselle Jeanne de Thais, dame de Couzières et de Nantillay, fille de Jacques de Thais, seigneur desdits lieux, et de Catherine Isoré, fille de Jean Isoré, seigneur de Pleumartin. — La famille de Thais, originaire de Touraine, a donné, au seizième siècle, un grand maître de l'artillerie, colonel général de l'infanterie française.

De cette union sont issus :

1° *Jean*, chevalier, seigneur de la Maisonfort, l'un des hommes d'armes de la garde du roi ; il n'eut pas de postérité.

2° *Antoine*, qui continua la branche du Méez-de-Menou, et dont l'article suivra celui de son frère Jean.

3° *Philippe*, l'un des gentilshommes de la garde du corps du roi. N'a pas laissé d'enfants.

4° *Hugues*, seigneur du Poirier, en 1503, mort sans laisser d'hoirs mâles.

5° *Louis*, prieur de Louhans.

6° *François*, seigneur de Couzières, chanoine de Chartres, vivant en 1509.

7° *Godemar*, religieux de Mizeray, prieur de Saint-Martin de Cloué et curé de Pellevoisin, en 1516 et 1519 ; en cette année il assista au mariage d'Étienne de Marolles avec Catherine Souvain.

8° *Jeanne*, mariée en 1451 à Antoine Gâtineau, écuyer, seigneur de la Chapelle-Hurtemale.

9° *Renée*, mariée à Jacques de Douhault, écuyer, seigneur du Bois-Douhault et de Tilloux.

Gray

10° *Madeleine*, mariée à Pierre Gray, écuyer, seigneur de Chambon, près Boussay, fils d'un gentilhomme écossais au service de nos rois. Elle était veuve en 1489, et avait plusieurs enfants.

11° *Antoinette*, mariée à noble homme Guy du Chesne.

12°, 13°, 14° Trois autres filles dont on n'a pas conservé les noms.

---

Grasleuil.

Louis de Menou reçut d'Isabeau de Grasleuil, sa mère, alors veuve de Pierre de Charnay, procuration pour transiger avec Pierre Harpin, écuyer, et demoiselle Philippe de Charnay, sa femme, fille et héritière dudit Pierre de Charnay, relativement au douaire qu'elle prétendait avoir, tant sur la terre de Tressy que sur les autres biens dudit défunt. Acte passé à Buzançois le 28 décembre 1439 ; la transaction fut terminée le 8 novembre 1441. (*Original au Méez.*)

Louis de Menou, seigneur du Méez-de Menou, hérita, en 1445, de son oncle Jean de Menou, seigneur de Remenonville et de Jupilles, conjointement avec sa tante Isabeau de Menou, dame de Sennevières, de Palluau et de Marteau, et son cousin Jean de Menou, seigneur de Boussay, de la Ferté et de Villegongis. (*Ibid*) Noble homme Louis de Menou, seigneur du Méez-de Menou, fut présent, et donna consentement, comme parent, à la transaction qui eut lieu entre Jean d'Aucoich et Jean de Menou, seigneur de Boussay, le 15 juillet 1451. (DOM VILLEVIEILLE.)

Palluau.

Aucoich.

Louis de Menou, seigneur du Méez-de Menou, était en 1451 seigneur du fief et de la justice du Plessis de Pellevoisin, acquisition faite de Jean de Trousseauville, chevalier, à qui Pierre de Pocquières, chevalier, seigneur de Belàbre, avait vendu cette terre par acte du 2 mai 1449. (*Archives du Méez.*)

Trousseauville.
Pocquières.

Noble homme Louis de Menou, écuyer, seigneur du Méez, de la Boutelaye et de Pellevoisin, ayant des affaires à traiter dans le comté de Sainte-Maure, à cause de Jeanne de Thais, sa femme, donna, en 1454, procuration à son fils, noble homme Louis de Menou, écuyer (*Archives du comté de Sainte-Maure*); et, le 10 janvier 1455, il reçut, comme seigneur de Pellevoisin, de Jean de Naye, l'aveu du fief de la Boursaudière, situé en la paroisse de Selles-sur-Nahon, *où souloit avoir hostel de présent en ruine et foussoyé tout à l'entour.* Ce fief était tenu de la seigneurie du Plessis à foi et hommage, et à un roussin de service du prix de soixante sols muance de seigneur. (*Original au Méez.*)

De Thais.

De Naye.

Louis de Menou, seigneur du Méez-de Menou, reçut de Jean Grageon l'aîné l'aveu d'une pièce de terre appelée les Bornais, joignant à l'hôtel dudit Grageon et mouvante à foi et hommage lige de la seigneurie du Méez, le 8 octobre 1456. (*Original au Méez.*)

Grageon.

Noble homme Louis de Menou, écuyer, seigneur du Méez-de Menou et de Pellevoisin, abandonna à noble homme Audonnet Maussabré, écuyer, seigneur de Corgueil, tout le droit de terrage qu'il avait en la paroisse de Preaulx, se partageant par moitié avec le dit Audonnet, et nommé terrage de Corgueil, et avec cela 16 deniers de cens ou franc-devoir qu'il avait chaque année sur les cens dudit seigneur de Corgueil, en la ville de Preaulx. Il reçut en échange diverses terres et prés situés au voisinage de l'étang du Méez. L'accord fut fait en présence de nobles hommes Bertrand de Preaulx, écuyer, seigneur de Preaulx, Guyot de Lodières, écuyer, seigneur de Poiriers, et Guillemet Maussabré, écuyer, seigneur du Bois-Saint-Père, le 11 avril 1461. (*Original au Méez.*)

Maussabré.

De Preaulx.
Lodières.

Louis de Menou, seigneur du Méez-de Menou et de Pellevoisin, transigea, en

**De la Chambre.** cette dernière qualité, le 7 octobre 1461, avec vénérable personne messire Jean de la Chambre, curé de Pellevoisin, qui lui céda des pièces de terre en dédommagement des augmentations que ledit seigneur de Pellevoisin avait faites aux dépendances de ladite cure. (*Original au Méez.*)

Louis de Menou, seigneur du Méez-de Menou, de Pellevoisin, de Loigni, de la Boutelaye, de Couzières et de Nantillay, est mort en 1462, à l'âge de soixante ans; l'anniversaire de Jeanne de Thais, sa femme, se célébrait en l'église collégiale de Loches, le 3 mai de chaque année.

---

**Graçay.**
**Menetou.**

Jean de Menou, fils aîné de Louis, seigneur du Méez, et de Jeanne de Thais, épousa, le 6 décembre 1455, Olive de Graçay, dame de la Maisonfort, fille de défunt Jacques de Graçay et de Jeanne Rouye de Menetou-sur-Naon, par contrat passé en la cour de Châtillon : devant laquelle comparurent, pour donner leur consentement, les père et mère de Jean de Menou, la mère de la future, avec son second mari,

**Tranchelion.** Jean de Tranchelion ; et comme témoins, Guillaume de Tranchelion, seigneur de Palluau, et Philippe de Tranchelion, seigneur de Remenonville, tous fils d'Isabeau de Menou, dame de Palluau et de Sennevières. Il fut convenu que si ledit Tranchelion survivait à sa femme, il aurait, sa vie durant, la jouissance de la terre de la Maisonfort ou de celle de Gournay, à son choix, et que, dans le cas où Jean de Menou viendrait à décéder avant son père Louis de Menou, celui-ci assignerait pour douaire, à ladite Olive de Graçay, quarante écus d'or de rente que lui et sa femme venaient d'acquérir desdits Tranchelion sur la terre de Gournay. (*Original au Méez.*)

**La Châtre.** Jean de Menou, écuyer, fut témoin du mariage de noble homme Claude de la Châtre, écuyer, avec demoiselle Catherine de Menou, fille de Jean, chevalier, seigneur de Menou, de Boussay, de Villegongis, de la Ferté-Menou et autres lieux, conseiller chambellan de Charles VII, le 23 novembre 1460. (*Original à Boussay.*)

Jean de Menou, au nom d'Olive de Graçay, sa femme, obtint du sénéchal de Berry délai pour faire hommage de l'hôtel de la Maisonfort, jusqu'à la Saint-Jean-Baptiste 1462. (*Archives du Cher; mouvance d'Issoudun.*)

**Goulard.** Jean de Menou était l'un des hommes d'armes du nombre des cent lances fournies pour la garde du corps du roi, sous la conduite de Hector de Goulard, en 1474. (*Bibl. roy., Supplément français*, vol. 2342.) (53)

Jean de Menou, seigneur de la Maisonfort, acheta un chézeau assis au village de Dion, le 14 décembre 1475 (*Archives du département du Cher*), et, le 18 février 1466, il fit acte d'arrentement d'un chézeau à Macé Janvyrain. (*Ibid.*) Dans un acte déposé aux Archives du comté de Sainte-Maure, il est qualifié seigneur du Méez-de Menou, de Couzières et de Nantillay. (DOM VILLE-VIEILLE.)

Noble et puissant seigneur Jean de Menou, chevalier, seigneur du Méez-de Menou, autorisa, en 1488, dame Olive de Graçay, sa femme, à faire un échange avec noble homme Jean de Maussabré, seigneur du Bois-Saint-Père. (*Archives du département du Cher.*) Il vendit à réméré, pour huit cents écus d'or à la couronne, le 21 novembre 1491, à Pierre le Breton, conseiller maître d'hôtel du roi et seigneur de Chanceaux et de Fougereuse, l'hôtel, le fief et la seigneurie de Loigni, avec les dépendances, fiefs, arrière-fiefs et justice haute, moyenne et basse, mouvant en fief du seigneur de Méré, à cause de sa seigneurie du Plessis, s'obligeant à faire ratifier ce contrat par dame Olive de Graçay, sa femme. Cette terre fut rachetée, le 25 décembre 1492, par Jean de Menou. (*Original au Méez.*) Il assista, le 11 mars 1492 (vieux style), avec Jean de Sorbiers, seigneur de la terre des Pruneaux (depuis marquisat de Chailloux), au mariage de Jeanne d'Argy et de Hector de la Brosse, seigneur de Saint-Christophe en Bardelle. (*Bibl. roy.*, GAIGNIÈRES, vol. 678, page 585.)

Noble et puissant seigneur Jean de Menou, seigneur du Méez-de Menou et de la Maisonfort, fit un bail à cens et rente, le 1ᵉʳ juillet 1493, à Jean Macé et Adenet Fauchon, de terres sises à Taroyne. (*Archives du Méez.*)

Jean de Menou, seigneur du Méez, et Olive de Graçay, sa femme, firent don du lieu de la Gaucherie à Jeanne Gray, nièce dudit Jean, en faveur de son mariage avec Jacques Coureau, écuyer, seigneur de Chevilly ; ils ratifièrent la donation le 10 février 1496. (LA THAUMASSIÈRE, *Hist. du Berry*, page 475.)

Jean de Menou est qualifié chevalier, seigneur du Méez-de Menou, dans une procédure qui eut lieu en 1509, faisant mention du partage qu'il avait fait de la succession de son père, Louis de Menou. Il est mort en 1496, ne laissant pas d'enfant de sa femme Olive de Graçay, qui, le 10 mai 1498, fit un testament contenant plusieurs dispositions en faveur de la famille de Menou : en 1499, elle laissa la terre de la Maisonfort à Gabriel de la Châtre, son parent, chambellan et capitaine des gardes du roi, et petit-fils de Jean de Menou, seigneur de Boussay, de la Ferté-Menou et de Villegongis, chambellan du roi et capitaine d'une compagnie de ses ordonnances. (*Archives du Méez et de Boussay.*)

Marolles. Philippe de Menou, écuyer, seigneur du Poirier, troisième fils de Louis, seigneur du Méez, épousa Françoise de Marolles, fille d'Étienne de Marolles, chevalier, seigneur de Marolles, gentilhomme ordinaire de la maison du roi, et de Catherine
Grasleuil. Grasleuil. Il était, en 1474, l'un des gentilshommes archers des cent lances four-
Goulard. nies pour la garde du roi, sous la conduite de Hector de Goulard, écuyer chambellan du roi. (*Bibl. roy.*, *Supplément français*, vol. 2343.) Il assista, en 1519,
Souvain. au mariage d'Étienne de Marolles, son beau-père, avec Catherine Souvain. (*Bibl. roy.*, recueil de GAIGNIÈRES, *titres de Touraine.*) Il n'a pas laissé de postérité mâle.

Noble homme Louis de Menou, écuyer, fils de noble homme Louis de Menou, écuyer, seigneur du Méez, de la Boutelaye et de Pellevoisin, fut chargé, le 18 janvier 1454, de la procuration de son père, pour régler des affaires qu'il avait à
Thais. cause de Jeanne de Thais, sa femme. (*Archives du comté de Sainte-Maure.* DOM VILLEVIEILLE.) (54)

François de Menou, chanoine de l'église de Chartres, comparut par G. Glatinat, son procureur, le 14 juillet 1509, devant Denis Audoulx, conseiller du roi et lieute-
Dupuy. nant général au siége d'Issoudun, pour messire Pierre Dupuy, chevalier, seigneur de Vatan, de Buxeuil et de Villeneuve, conseiller-chambellan du roi, bailli et gouverneur du Berry, dans une procédure, contre nobles hommes Perrichon et Jean Gastineau, seigneurs de la Chapelle-Hurtemalle, où se trouve rapportée la cession faite par eux, le 5 juillet 1492, d'une portion de la terre de Jupilles, à noble homme
Aiguyrande. Honoré d'Aiguyrande, seigneur du Cher et de Beauvoir. François de Menou agissait dans l'intérêt des enfants mineurs de son frère Antoine. (*Archives du Méez.*)

Jeanne de Menou, fille aînée de Louis, seigneur du Méez, épousa, en 1451,
Gastineau. Antoine Gastineau, seigneur de la Chapelle-Hurtemalle. Elle reçut cinquante livres de rente, à condition qu'elle renoncerait à toutes successions, tant paternelles que maternelles et collatérales; il lui fut assigné en payement la portion de la terre de Jupilles que son père avait reçue de la succession de Jean de Menou, seigneur de Remenonville, chambellan du roi, son oncle. Elle était veuve en 1469.

Noble personne Jeanne de Menou, dame de la Chapelle-Hurtemalle, fit une transaction, le 10 mars 1479, par l'entremise de Jean Gastineau, seigneur de Saint-Bonnet, avec demoiselle Jeanne de Pouez, dame de Mauzay, au sujet de certaines terres sises au territoire des Genevriers. (*Original aux archives de la famille.*) Par son testament du 15 mai 1495, elle chargea Perrichon Gastineau, son fils, de fonder une messe par semaine dans l'église de la Chapelle-Hurtemalle.

Poix.

## X$^e$ DEGRÉ.

ANTOINE de Menou, seigneur du Méez-de Menou, épousa demoiselle Catherine Guenand, dont il eut :

1° *Edmond*, qui commanda une compagnie sous François I$^{er}$ ; son article suivra.

2° *Jean* de Menou, seigneur de Couzières.

Antoine de Menou, seigneur du Méez-de Menou, épousa, le 23 juillet 1496, demoiselle Catherine Guenand, fille de noble et puissant Louis Guenand, écuyer, seigneur de Saint-Ciran du Jambot et de demoiselle Anne Chevalleau, de la maison du Plessis-Peau-de-Loup, du Poitou. Louis Guenand était d'une maison originaire du Bourbonnais, établie depuis longtemps en Touraine, et alliée aux d'Amboise, aux Grasleuil et aux la Trémoille. (*Histoire de la maison de Chasteigner.*) Ce mariage fut traité en présence de Charles VIII et de la reine Anne, qui, en reconnaissance des bons et agréables services à eux rendus par les futurs époux, donnèrent, savoir, le roi, deux mille livres tournois, et la reine dix-huit cents, auxquelles Louis Guenand ajouta deux cents livres ; et de plus le roi, en faveur de ce mariage, donna à Antoine de Menou l'office de maréchal ordinaire de sa maison, et ordonna que les lettres en fussent expédiées. (*Original au Méez, paraphé par* TUBEUF. *Arrêt de* 1669.) En 1498, on obtint les dispenses nécessaires à cause de parenté au quatrième degré : Isabeau Grasleuil, femme de Nicolas de Menou, aïeul d'Antoine de Menou, ayant eu pour sœur Jeanne Grasleuil, femme de Guy Guenand, bisaïeul de Catherine. A la Bibliothèque royale, on trouve les armes d'Antoine de Menou, seigneur du Méez-de Menou et autres lieux, écartelées, au

Guenand.
Chevalleau.

Amboise.
La Trémoille.

Grasleuil.

premier, de Guenand ; au deuxième, d'Amboise ; au troisième, de Craon ; au quatrième, de Courtenay, et, sur le tout, de Menou.

Noble demoiselle Catherine Guenand, veuve de noble homme Antoine de Menou, seigneur du Méez-de Menou, ayant le bail et gouvernement d'Edmond et de Jean de Menou, leurs enfants, fit un bail à rente de divers héritages sis dans le bourg du Méez, par acte reçu, le 23 avril 1510, devant Brethon, tabellion à Châtillon. (*Ibid.*)

---

JEAN de Menou, seigneur de Couzières, de Nantillay, de Baigneux et de la Folie, né en 1502, était fils d'Antoine, seigneur du Méez, et demeurait en la paroisse de Montbazon lorsqu'il épousa Claude Claire, qui, d'après l'abbé de Marolles, était veuve d'un seigneur d'Autry. — Autry appartenait alors à la maison d'Étampes. Jean de Menou, lors du partage de la succession d'Edmond, seigneur du Méez, en 1548, était curateur de ses nièces, filles de son frère aîné. (*Arrêt de* 1669.) Il eut quatre filles :

1° *Anne*, mariée à Jean de la Couste, chevalier, seigneur de Pontlong et de la Faye.

2° *Antoinette*, mariée à messire François de Rozel, chevalier, seigneur du Vau et d'Aulnai.

3° *Anne* de Menou, mariée à Quintin Bryant, écuyer, seigneur de la Juderie.

4° *Jeanne*, mariée à Jean Detan, écuyer, seigneur de Milly et de Monjardin.

---

Ces dames, autorisées de leurs maris, vendirent, le 3 février 1557, à messire Claude de l'Aubespine, chevalier, seigneur de Hauterive, secrétaire d'État et des finances du roi, la seigneurie de Couzières, près Montbazon, pour la somme de 18,480 livres. (DOM HOUSSEAU, n° 7056.)

## XIᵉ DEGRÉ.

**Edmond** de Menou épousa, le 15 avril 1518, demoiselle Catherine de Varennes fille de Pierre **François Iᵉʳ.** de Varennes et de Charlotte de la Châtre. Il en eut :

    1° *Jean*, qui commanda une troupe sous Claude de la Châtre, lieutenant général ; son article suivra.
    2° *Catherine*, mariée à Gabriel de Chargé, seigneur de Haute-Fleuraye.
    3°, 4°, 5° *Marguerite*, *Renée*, *Perrette*, non mariées.

---

    Edmond de Menou, aussi nommé Esmon, Hémon ou Aymon, né en 1497, est qualifié fils d'Antoine dans un bail du 23 avril 1510, reçu devant Brethon (*Original au Méez*), et dans une déclaration du 9 février 1514, signée Brethaut. (*Arrêt de* 1669.) Il reçut, le 23 janvier 1516, la déclaration des terres, rentes et dépendances de la cure de Pellevoisin, de la part de noble homme Godemar de Menou, prieur de Saint-Martin de Cloué et curé de Pellevoisin. (*Archives du Méez.*) Dans une autre déclaration à lui faite, le 30 juin 1517, pour des terres sises à Bordebure et sous l'étang du Coudray, il est qualifié noble homme Hémon de Menou, écuyer, seigneur du Méez-de Menou ; acte reçu devant Morant, notaire. (*Ibid.*)

    Noble homme Edmond de Menou, écuyer, seigneur du Méez-de Menou, de Pellevoisin et de la Boutelaye, épousa, le 15 avril 1518, demoiselle Catherine de Varennes, fille de Pierre de Varennes, seigneur d'Arthon, et de Charlotte de la   Varennes. Châtre, fille de Catherine de Menou et de Claude de la Châtre, capitaine des gardes   La Châtre. du roi ; de l'avis et en présence de messire Gabriel de la Châtre, seigneur de Nançay et de Bésigny, baron de la Maisonfort, chambellan et maître d'hôtel du roi, capitaine de ses gardes du corps et de la grosse tour de Bourges, son oncle, et de Méry de Varennes, seigneur d'Arthon, frère de ladite Catherine. (*Recueil de* Du Chesne, tome XXVII, f° 105.)

    Entre autres biens on lui donna une rente de 24 livres sur l'hôtel d'Arthon, que possédaient encore ses petits-fils, enfants de Jean de Menou, et une maison, dite la maison de la Fà, sise à Châteauroux, paroisse de Saint-Denis, que Jeanne de Menou apporta en mariage à Louis de Marolles, seigneur de la Rochère, qui la   Marolles. vendit. (*Ibid.*)

    Edmond de Menou, écuyer, seigneur du Méez, fit avec son frère Jean, seigneur de Couzières, un accord signé : Bonnet, le 29 juillet 1531 ; ils y sont qualifiés écuyers, fils d'Antoine. (*Arrêt de* 1669.)

Crevant.
Edmond de Menou, seigneur du Méez-de Menou et de Pellevoisin, reçut, le 25 décembre 1534, l'hommage lige de François de Crevant, chevalier, pour le lieu *ancien des Vaux*, y compris les bois et autres dépendances mouvant de la seigneurie de Pellevoisin. (*Archives du Méez.*)

Edmond de Menou, seigneur du Méez-de Menou, de la Boutelaye, du Plessis de Pellevoisin et de Puymeunier, consentit un bail à cens de la métairie de Naye, par acte passé en la châtellenie de Palluau, et signé : Lorelle, le 26 juin 1536. (*Ibid.*)

Il lui est donné les mêmes qualités dans un autre acte de la même année, où paraît également sa femme. (*Ibid.*)

Edmond de Menou commandait une compagnie sous François I<sup>er</sup>, et reçut de ce prince des ordres de service, par une lettre datée le 12 avril au camp du Mesnil. (*Original aux archives de la famille.*)

Noble homme Edmond de Menou, seigneur du Méez-de Menou, de Pellevoisin et de la Boutelaye, assista, le 7 mai 1538, au contrat de mariage de noble homme Jean de Menou, son fils. (*Archives du Méez.*)

Noble homme Edmond de Menou, seigneur du Méez-de Menou, du Plessis de Pellevoisin, de Loigny, de la Boutelaye et de Puymeunier, reçut de noble homme Louis Dubreuil, seigneur de la Mardelle, paroisse de Pellevoisin, aveu d'une maison et dépendances sises en ladite paroisse, et mouvant à foi et hommage simple de la seigneurie de Puymeunier, le 16 août 1540. (*Ibid.*)

Il est mort avant le 18 décembre 1545.

Catherine de Menou, fille d'Edmond, était mineure le 9 novembre 1552, date d'un bail à rente, consenti par elle et par sa sœur Marguerite, d'une *mouée* de terre au bois de Billeau. (*Ibid.*)

Quinault.
Ces deux sœurs vendirent ensuite tous leurs cens et rentes à Gilles Quinault, qui lors du mariage de sa fille en fit abandon à Jean de Menou, leur frère. Plus tard, Catherine lui vendit un fief nommé le fief de Selles, paroisse de Selles-sur-Nahon. (*Archives du Méez.*)

De Chargé.
Catherine de Menou, noble homme Gabriel de Chargé, son mari, et demoiselle Marguerite de Menou, sa sœur, reçurent la déclaration de certains héritages sou-

mis au droit de terrage envers leur fief de Court : par acte reçu, le 10 juillet 1555, devant Guillaume Barbier, bachelier ès lois, juge de la haute justice de Pellevoisin. (*Ibid.*)

## XIIe DEGRÉ.

JEAN de Menou épousa, le 7 mai 1538, demoiselle Françoise de Lanet, fille de feu noble homme Mathurin de Lanet, écuyer, seigneur de Champeaux et de Crignac, et se remaria, en 1570, avec demoiselle Catherine Quinault.

Il eut du premier lit :

    1° *Françoise*, dame de Champeaux, mariée, le 6 juillet 1569, à Jean de la Châtre, seigneur de Paray.

    2° *Anne*, mariée à Pierre Hillaire, seigneur de Salvert, en Poitou.

Du second lit :

    1° *Jacques* de Menou, gentilhomme ordinaire de la chambre du roi, qui suit.

    2° *Edmond*, qui forma le rameau de Poiriers et du Rabry, et dont l'article suivra.

    3° *Marie*, qui épousa, le 26 juin 1588, Antoine de Couaigne, seigneur de la Roche-Couaigne et de Marteau, gentilhomme ordinaire de la chambre du roi, et guidon d'une compagnie de cinquante hommes des ordonnances de S. M.

    4° *Marguerite*, mariée, le 17 novembre 1597, à Charles de Bridiers, seigneur de Nouzerines.

---

Jean de Menou, seigneur du Méez-de Menou, de Pellevoisin, etc., était âgé d'environ dix-huit ans lorsque, en présence et du consentement de son père, il épousa, le 7 mai 1538, demoiselle Françoise de Lanet, fille de défunt noble homme Mathurin de Lanet, seigneur de Champeaux et de Crignac, et de demoiselle Prière Rouye, dame de Lignières et de Bauldre; ladite dame, mariée en deuxièmes noces à Mathurin de Lezai, autorisée par justice à consentir audit mariage, sur le refus dudit Lezai. Ce contrat fut passé par Coursault et Maillard, notaires en la cour de Palluau, en présence de noble homme Antoine Sorel, écuyer, seigneur de la Court, et de vénérable personne messire Adam Monnereau. (*Original au Méez.*) (55)

De Lanet.

Rouye.

Sorel.
Monnereau

Jean de Menou, écuyer, seigneur du Méez-de Menou, de Pellevoisin, etc., rendit hommage au roi du fief de Pellevoisin, mouvant de la grosse tour de Châtillon, le 18 décembre 1545. (*Ibid.*)

Jean de Menou assista, le 29 janvier 1547, au mariage de son beau-frère Florent de Lanet avec Jeanne Bertrand du Lys; les témoins furent Charles de Barbançois et François de Poix, parents des deux parties.

Jean de Menou, seigneur du Méez-de Menou, partagea la succession de son père avec Jean de Menou, seigneur de Couzières, son oncle, qui agissait comme curateur de Catherine, Marguerite, Renée et Perrette de Menou; par ce partage, il délaissa à ses sœurs, pour le tiers qui leur revenait, la maison noble et la métairie de la Boutelaye avec ses dépendances, mouvant du comté de Buzançois; plus, la seigneurie et la métairie du Poirier, paroisse de Pellevoisin, donnée autrefois par les seigneurs du Méez à leurs puînés, à titre d'usufruit, et à condition de retour en cas d'extinction de leur postérité mâle, ce qui avait eu lieu; plus, le censif de Court, perçu sur le village de Vaux; celui de Selles-sur-Nahon et divers autres cens et rentes, à la charge de tenir le tout, à l'exception de la seigneurie de la Boutelaye, en parage de Jean de Menou, leur frère aîné, conformément à la coutume de Touraine. Le surplus de la succession, équivalant aux deux tiers, resta à Jean de Menou. Acte passé devant Jean Jouyn, notaire à Châtillon, le 15 juin 1548, en présence d'honorables hommes G. Quinault et Jean Bourgret, élu pour le roi à Châtillon. (*Ibid.*)

Jean de Menou, fils d'Edmond, transigea, le 29 octobre 1550, avec Méry de Varennes, seigneur de Chézal-Garnies. (*Ibid.*) Il a la même qualité dans une quittance donnée par lui le 24 août 1551. (*Arrêt de* 1669.)

Jean de Menou, seigneur du Méez-de Menou, par acte passé en la cour de Châtillon, le 27 juillet 1557, régla avec Gilles Quinault, les limites de la seigneurie de Pellevoisin qu'il lui avait précédemment vendue à réméré. (*Ibid.*) Il fit aveu aux seigneurs de Luché d'une partie des terrages du Poirier et de Faye, de la dîme de Puymeunier et de celle de Naye, le tout mouvant de la seigneurie et haute justice de Luché, le 28 août 1561. (*Ibid.*)

Jean de Menou, seigneur du Méez-de Menou, se remaria, en 1570, avant le 15 août, à demoiselle Catherine Quinault, fille de Gilles Quinault, seigneur de Pellevoisin et autres lieux, abbé commendataire de Saint-Genoulx, conseiller maître des requêtes ordinaire de la reine mère et de Monseigneur, fils de France, frère unique du roi, abbé de Beaugerais, prieur de Châtillon et de Toiselay; il était en même temps aumônier de Saint-Julien de Tours, chanoine des églises métropolitaines de Lyon, de Tours, de Paris, et de la Sainte-Chapelle de Bourges.

En considération de ce mariage, il rétrocéda à Jean de Menou, le 2 janvier 1571, les fiefs et seigneuries de Pellevoisin et de Puymeunier, qu'il avait achetés de lui à réméré, et lui donna, entre autres biens, tous les cens et rentes qu'il avait acquis des demoiselles Catherine et Marguerite de Menou, ses sœurs. (*Archives du Méez.*)

Jean de Menou, seigneur du Méez-de Menou, et Catherine Quinault, sa femme, achetèrent d'Antoine Roy, écuyer, et de Jeanne de Mareuil, sa femme, seigneurs de Rouadoux, en la paroisse de Pellevoisin, la moitié d'une maison et dépendances sises audit lieu, le 20 août 1570. (*Ibid.*) Roy.<br>Mareuil.

Jean de Menou est qualifié seigneur du Méez-de Menou, de Pellevoisin et de Puymeunier, dans un acte du 2 janvier 1571. (*Ibid.*)

Jean de Menou fut du nombre des gentilshommes qui levèrent de petites troupes pour seconder la Châtre, gouverneur du Berry, au siége de la ville de Sancerre, qui tenait pour le parti huguenot ; ce qu'ils firent si utilement qu'elle fut obligée de capituler le 19 août 1573, après avoir été réduite aux dernières extrémités. (*Preuves de cour. — Histoire de* D'AUBIGNÉ, t. II, liv. I<sup>er</sup>, ch. XII.) La Châtre.

Jean de Menou, seigneur du Méez-de Menou et de Pellevoisin, *anciennement appelé le Plessis*, et demoiselle Catherine Quinault, sa femme, achetèrent, le 24 mars 1575, de diverses personnes, les fief, cens et rentes de la Boursaudière, sis en la paroisse de Selles-sur-Nahon, et tenus en fief de leur seigneurie du Plessis, *actuellement appelée* de Pellevoisin. (*Archives du Méez.*)

Jean de Menou, fils aîné et principal héritier de défunt Edmond de Menou, fit hommage des fief, terre, seigneurie et justice haute, moyenne et basse du Plessis, en la paroisse de Pellevoisin, mouvant de la grosse tour de Châtillon, à François, fils de France, frère unique du roi, duc d'Alençon, d'Anjou, de Touraine et de Berry. Acte du 9 avril 1578, signé : Houdry. (*Original au Méez, paraphé par* TUBEUF.) Duc<br>d'Alençon.

Jean de Menou, seigneur du Méez-de Menou, Pellevoisin et autres lieux, reçut l'hommage lige d'Olivier Grageon, à cause de son hôtel et hébergement des Clavières, tenu en fief de la seigneurie du Méez-de Menou, le 2 novembre 1579. (*Ibid.*)

Jean de Menou, seigneur du Méez-de Menou, de la haute justice de Pellevoisin, des fiefs de Puymeunier, de Court, de la Boursaudière, de Selles-sur-Nahon et du Poirier, obtint de Henri III, roi de France et de Pologne, des lettres royaux qui l'autorisaient à faire procéder au renouvellement des papiers terriers desdites seigneuries (12 août 1578), autorisation dont il usa en 1580 et 1581. Ce papier terrier relate que « le chastel du Méez est fermé de murs, douves, cours et fos- « sés, percé en chastel de défense, avec le logis bas et une fuye à pigeons, étant « en l'enclôture dudit bas logis, vers le bourg du Méez, auquel bas logis il y a « portail élevé à mâchicoulis, pont-levis avec les grosses tours et galeries autour « dudit bas logis pour sa défense. » On trouvera dans une note (56) l'état des fiefs qui relevaient, en 1580, des seigneuries du Méez-de Menou et de Pellevoisin ; Jean de Menou en produisit le dénombrement à la chambre des comptes, qui, par acte du 30 mai 1580, signé : Barentin, l'accepta, le notifia au bailli de Touraine, et donna main-levée de toutes saisies qui auraient pu être faites avant cette date. (*Archives du Méez.*)

Jean de Menou, seigneur du Méez-de Menou et autres lieux, et Catherine Quinault, sa femme, achetèrent, en 1581, le fief et seigneurie de Rouadoux, et peu après la seigneurie de Poiriers, qui devint l'apanage de leur fils puîné, Edmond de Menou. (Il faut distinguer cette terre de celle du Poirier, qu'ils possédaient déjà.) (*Ibid.*)

Ils achetèrent de Georges Loubes, écuyer, seigneur du Coudray, les dîmes du grand Mauzay et des Charbonnières, le 1ᵉʳ février 1582. (*Ibid.*)

Jean de Menou, seigneur du Méez-de Menou, obtint jugement en sa faveur contre Jean de la Châtre, écuyer, seigneur de Paray, et Françoise de Menou, sa femme, demandeurs, le 19 décembre 1589 (*Archives du royaume, section judiciaire*) ; et, le 13 août 1590, il y eut encore jugement contre les mêmes parties, en appel au parlement de Tours, qui mit l'appellation au néant, signé : Forget et Villemerau. (*Ibid.*, n° 422.)

Jean de Menou reçut, le 29 janvier 1590, au nom de sa femme, les fiefs et seigneuries du Bois-Saint-Père, de l'hôtel d'Heugnes et du Rabry, que son beau-père avait acquis de Brice de Maussabré, seigneur desdits lieux, lesquels, avec le fief de Bordebure, acheté par lui de Claude Brachet, chevalier, seigneur de Palluau, formèrent dans les partages le lot de ladite Catherine Quinault. Elle avait précédemment reçu dix mille livres, à l'occasion de son mariage et depuis. (*Archives du Méez.*)

Jean de Menou rendit hommage, le 5 mars 1590, au seigneur de Buzançois, pour les fiefs et seigneuries du Bois-Saint-Père et de l'hôtel d'Heugnes, et en paya rachat le 19 juin 1592. (*Ibid.*)

Jean de Menou, seigneur du Méez-de Menou, paya quatre mille écus pour la dot constituée à sa fille Marie, dont le mari, Antoine de Couaigne, lui donna quittance par acte du 17 juillet 1598. (*Ibid.*)

Jean de Menou reconnut, par un acte du 8 juillet 1600, qu'il avait reçu les lods et ventes pour la terre de la Bougaudière, achetée par Pierre le Marchant, sieur de Bonvoulloir; il était mort le 7 juin 1601, date d'un emprunt fait par demoiselle Catherine Quinault, sa veuve; elle le remboursa le 7 novembre suivant. (*Ibid.*)

Jean de Menou avait fait, pour l'amélioration de son château du Méez et dépendances, une dépense évaluée à 2,000 livres, somme alors considérable, puisqu'elle représentait la valeur d'un domaine dans cette contrée. Catherine Quinault, sa veuve, est morte le 4 février 1606.

Françoise de Menou, dame de Champeaux, fille aînée de Jean, seigneur du Méez, épousa, par contrat du 6 juillet 1569, Jean de la Châtre, seigneur de Paray, qui fut assisté d'Antoine de la Châtre, seigneur de la Voulte et de la Cailletière, son oncle, de Louis Chollet, seigneur de la Bougaudière, et de Pierre Bonnet, procureur fiscal en la châtellenie de Palluau, ses parents et amis ; et Françoise de Menou fut assistée de son père, de Gilbert Seguin, seigneur de Saint-Lactencin, et de François de Maussabré, seigneur du Puy-de-Nays et de Villablain, son cousin. De ce mariage sont issus les seigneurs de Paray, du nom de la Châtre.

La Châtre.
Chollet.
Bonnet.
Seguin.
Maussabré

Anne de Menou, seconde fille de Jean, seigneur du Méez, mariée à Pierre Hillaire, seigneur de Salvert, en Poitou, eut un fils, Jacques Hillaire, seigneur de Salvert et curé de Pellevoisin, auquel Jacques et Edmond de Menou, ses oncles, abandonnèrent, le 4 février 1606, le lieu et la métairie de Rouadoux, pour le remplir de ses droits dans la succession de son aïeul. Il y vivait en 1621, et à sa mort il laissa Rouadoux à ses oncles Edmond et Jacques de Menou. (57)

Hillaire.

Marguerite de Menou, quatrième fille de Jean, seigneur du Méez, épousa, le 17 novembre 1597, Charles de Bridiers, seigneur de Nouzerines, en présence, du côté du futur, de Jean de Boisbertrand, seigneur dudit lieu, son oncle maternel; de Louis de la Celle, seigneur de Bouërie, son beau-frère; de Jean de la Celle, seigneur de Mondon et de la Barde ; de Louis de Bridiers, son frère; de Louis de Courtais, seigneur de Moreaux et de la Courcelle, et de Jean du Tillay, seigneur

Bridiers.
Boisbertrand.
La Celle.
Courtais
Du Tillay.

17.

de Rouzières; de Claude de Saint-Julien, seigneur de Puybarbeau, ses parents et amis : du côté de la future, de Jean de Menou, seigneur du Méez-de Menou et de Pellevoisin, et de demoiselle Catherine Quinault, ses père et mère; de Jacques et Edmond de Menou, ses frères; d'Antoine de Couaigne, seigneur de la Roche-Couaigne et de Marteau, et de sa femme, sœur de la future; de Jean de Puyvinault, seigneur de la Barre, lieutenant général à Châtillon; de Gilbert de Preaulx, chevalier, seigneur de Preaulx, lieutenant de M. de Souvray, gouverneur de Touraine; de Christophe Raynault, seigneur d'Aubigny, et de Claude de Piégu, seigneur des Jarosses, et d'autres parents et amis. (*Original au Méez.*) Marguerite de Menou fut dotée de 6,000 écus d'or. Son fils, Louis de Bridiers, épousa Madeleine, fille de René de Menou, seigneur de Boussay, et il n'en eut qu'une fille, qui fut religieuse à la Bourdillière.

---

EDMOND de Menou, chevalier, seigneur du Rabry et de Poiriers, second fils de Jean, seigneur du Méez, épousa en premières noces demoiselle Caristie de Mareuil, dame de Treuillaut et de la Ferté-Sainte-Fauste, et fille unique de Jean de Mareuil, seigneur desdits lieux, et de Jeanne de Sauzay : en secondes noces, Edmond de Menou épousa Madeleine de Marolles, fille de Claude, chevalier, seigneur de Marolles, gentilhomme ordinaire de la chambre du roi, lieutenant-colonel des gardes de Sa Majesté, etc.

Du premier lit, il eut :

*Jeanne*, dame de Treuillaut et de la Ferté-Sainte-Fauste, qui, le 15 avril 1630, épousa Louis de Marolles, fils de Claude, et chevalier, seigneur de Marolles, de la Rochère, de Noisay et du Breuil, dont elle eut plusieurs enfants.

De son second mariage, Edmond de Menou eut :

1° *Michel* de Menou, mort « en la fleur de sa jeunesse, » d'après les mémoires de Michel de Marolles, abbé de Villeloin, qui était son oncle et son parrain.

2° *Charlotte*, mariée : 1° le 3 septembre 1635, à Charles le Bloy, seigneur de la Pornerie, dont une fille morte en bas âge; 2° le 16 février 1640, à Eustache Grasleuil, seigneur de la Roche-Breteau, dont elle eut Eustache, Gabriel et Louis de Grasleuil; puis, en troisièmes noces, Charlotte de Menou épousa, le 15 septembre 1647, Antoine de Montbel, chevalier, seigneur de Champeron, fils de Robert de Montbel et d'Anne de l'Age de Puy-Laurent. Elle en eut René, Jean, Charles, Antoine et Marie de Montbel.

3° *Anne* de Menou, religieuse augustine.

4° *Polixène*, mariée à Jean Renaud, qui demeurait en Saintonge, et dont elle n'eut qu'une fille.

5° *Madeleine*, qui épousa Jean de Moraille, seigneur de la Robertie.

Edmond de Menou eut de ce second mariage plusieurs autres enfants qui sont morts en bas âge.

---

Edmond de Menou reçut, le 6 mai 1606, pour sa part dans les successions de ses père et mère, la maison seigneuriale de Poiriers, le fief et la métairie de l'hôtel d'Heugnes, et le bois de la Vache-Rouge, paroisse de Pellevoisin, avec les fiefs, cens et rentes de la Boursaudière, en la paroisse de Selles-sur-Nahon; et son frère aîné lui permit de faire mettre un banc dans l'église de Pellevoisin, de l'autre côté du sien, à un demi-pied au-dessous, et d'y avoir sa sépulture : concession personnelle qui, cent cinquante ans plus tard, donna lieu, de la part d'un de ses descendants, à des prétentions qui furent repoussées avec succès par le seigneur du Méez.

Edmond de Menou eut aussi le Rabry et Rouadoux. Sa succession et celle de sa femme furent partagées, le 22 mars 1652, entre Jeanne de Menou, veuve de Louis de Marolles, Antoine de Montbel, seigneur de Champeron, Charlotte de Menou, sa femme, et Madeleine de Menou : Rouadoux fut vendu, le Rabry passa aux Marolles, dont les descendants y ont demeuré jusqu'à nos jours; et les Montbel eurent Poiriers, qu'ils habitent depuis deux cents ans.

<small>Marolles. Montbel.</small>

---

## XIIIᵉ DEGRÉ.

JACQUES de Menou épousa, le 13 novembre 1602, demoiselle Louise de Rochefort, d'une famille, originaire de Bourgogne, qui a produit deux chanceliers de France, dont l'un était le trisaïeul de la femme de Jacques de Menou : étant veuf, il épousa, le 4 juin 1619, demoiselle Charlotte de Grenaisie, fille de Claude de Grenaisie, seigneur du Plessis de Chelles, en Dunois.

Du premier lit sont issus :

1º *Louis* de Menou, qui suivra.

2º *Marie*, qui, en 1627, épousa Charles de Graffart, chevalier, seigneur d'Ormoy.

3º *Claude*, religieuse professe au couvent de Notre-Dame.

4º *Louise*, mariée, en 1628, à Henri Caffardel, seigneur de Germenonville.

De son second mariage, Jacques de Menou eut :

5º *Jacques*, mort jeune sans alliance, inhumé en l'église des Augustins de Châtillon, dans une chapelle fondée par sa mère.

---

Messire Jacques de Menou, chevalier, seigneur du Méez-de Menou et de Pellevoisin, fils de défunt Jean de Menou, seigneur desdits lieux, épousa, le 13 novembre 1602, demoiselle Louise de Rochefort, fille de haut et puissant seigneur,

<small>Rochefort.</small>

Claude de Rochefort, chevalier de l'ordre du roi, seigneur de Sigy et de Luçay en partie, et de défunte dame Claude de la Rivière, de la maison de Chamlémy. Il fut assisté de dame Catherine Quinault, sa mère; de demoiselle Silvaine de la Châtre, sa nièce; d'Antoine de Couaigne, seigneur de Marteau, son beau-frère, à cause de Marie de Menou, sa femme; de Gilbert de Preaulx, chevalier, seigneur de Preaulx, gentilhomme ordinaire de la chambre du roi, et d'Archambault de Crevant, chevalier, seigneur de la Jarrie, ses parents; et de noble homme Claude Dorsanne, conseiller du roi, lieutenant général civil et criminel au siége royal d'Issoudun, son conseil. La demoiselle de Rochefort fut assistée de son père; de François de Rochefort, baron de Luçay, son frère; de Claude de Rochefort, sa sœur puinée; de messire Anne de Rochefort, chevalier, seigneur de Mareuil et de la Croisette, son cousin *remué de germain*; de messire Jean Hurault, conseiller du roi, maître des requêtes de l'hôtel de Sa Majesté, son voisin et allié; de Pierre Bonneval, maître d'hôtel du seigneur de Sigy, et de Pierre de Gorlier, sieur d'Arembert.

Le contrat fut passé devant Louis Lardier, notaire juré en la cour de Luçay-le-Mal, et ratifié, le 13 janvier 1605, par dame Silvaine le Becque, femme de François de Rochefort. (*Original au Méez, paraphé par* TUBEUF.)

Messire Jacques de Menou, chevalier, seigneur du Méez-de Menou et de Pellevoisin, stipulant tant pour lui que pour dame Louise de Rochefort, sa femme, et leurs hoirs, acheta des portions de terres situées aux Aubuées, paroisse de Pellevoisin, par acte reçu, le 30 décembre 1603, devant Antoine Daguyn, notaire en la cour de Châtillon. (*Ibid.*) Il fit d'autres acquisitions aux Bornais, le 21 décembre 1606, par acte reçu devant Daguyn, notaire, qui lui donne les mêmes qualités. (*Ibid.*)

Jacques de Menou fut condamné, le 26 juillet 1605, par jugement de la cour de Châtillon, à rendre hommage à Bonaventure d'Arcemalle, seigneur de Marambert et de Luché, pour plusieurs de ses possessions, entre autres l'hébergement de Puymeunier, tenu de la seigneurie et haute justice de Luché, à foi et hommage simple, au devoir d'un roussin de service du prix de soixante sous à *muance* de seigneur; les deux tiers de la dîme de Naye, mouvant également de Luché, à foi et hommage simple, au devoir d'une paire d'éperons blancs valant dix sous; enfin, les dîmes du grand Mauzay et des Charbonnières, à hommage lige. (*Ibid.*)

Messire Jacques de Menou, chevalier, seigneur du Méez-de Menou et de Pellevoisin, fils aîné et principal héritier de Jean de Menou et de feu Catherine Quinault, fit le partage de leurs successions avec Edmond de Menou, son frère puîné, et ses autres cohéritiers, par acte reçu devant Daguyn, notaire, le 6 mai 1606, en présence de Jean de Puyvinault, seigneur de la Barre, lieutenant général au siége de Châtillon; d'Antoine de Couaigne, chevalier, seigneur de Marteau, son beau-frère; de Charles de Bridiers, seigneur de Nouzerines, son beau-frère; et de Claude Bonnet, bailli de la châtellenie de Palluau. (*Ibid.*)

 Messire Jacques de Menou, chevalier, seigneur du Méez-de Menou, de Pellevoisin et autres lieux, obtint des lettres patentes signées : Mesgrigny, le 18 juillet 1606, et enregistrées en la chambre des comptes le 28 août suivant; le 15 janvier 1607, il rendit foi et hommage au roi pour sa seigneurie du Plessis de Pellevoisin, mouvante de Sa Majesté, à cause de la grosse tour de Châtillon, à foi et hommage lige, sans autre devoir; et, le 25 du même mois, il rendit aveu de son hôtel fort du Méez et de sadite seigneurie à messire Anne Guenand, chevalier, seigneur de Saint-Ciran du Jambot et de la Touche; il reçut, le 31 du même mois, l'aveu de Claude Grageon pour l'hébergement des Clavières, relevant du Méez à foi et hommage lige, et celui de François de Musset pour le fief de la Mardelle-aux-Chiens, tenu du Plessis de Pellevoisin, à foi et hommage lige, au devoir d'un roussin de trente sous à *muance* de seigneur; le 23 février et le 25 avril 1607, il fit plusieurs échanges par des actes dans lesquels on lui attribue ces mêmes qualités. (*Ibid.*)

 Jacques de Menou, chevalier, seigneur du Méez, est qualifié gentilhomme ordinaire de la chambre du roi, « suivant la sentence du maître des requêtes du palais, à Paris, » dans un acte authentique du 21 mai 1615, contenant déclaration de terres sises à la Bougaudière, au Tremblais et autres lieux. (*Original au Méez.*)

 Un autre acte du 16 août 1618 commence ainsi : « Le treizième jour d'août, l'an mil six cens dix-huit, en la cour royale de Chastillon sur Indre, après midy, par-devant Antoine Daguyn, notaire royal, ont été presans, personnellement establis et deument soubmis, messire Jacques de Menou, chevalier, seigneur du Méez-de Menou et de Pellevoisin, gentilhomme ordinaire de la chambre du roy, et demeurant au-dict lieu du Méez-de Menou, paroisse de Pellevoisin, d'une part; et maistre Jehan Théret, conseiller, et esleu pour le roy en l'élection de Chastillon, etc. » (*Original au Méez.*)

 Jacques de Menou, chevalier, seigneur du Méez-de Menou, de Pellevoisin et autres lieux, se remaria à Blois, le 4 juin 1619, avec demoiselle Charlotte de Grenaisie, fille de Claude, seigneur du Plessis, de Chelles en Dunois, et de Jeanne d'Amilly.

**L'archevêque de Bourges.**

Le 29 juin 1624, il obtint de messire Roland Hébert, archevêque de Bourges, l'autorisation de faire célébrer la messe dans une chapelle qu'il avait fait construire en son château du Méez. (*Archives du Méez.*)

Jacques de Menou, chevalier, seigneur du Méez-de Menou, Pellevoisin et autres lieux, gentilhomme ordinaire de la chambre du roi, est mort en 1630. Louise de Rochefort, sa première femme, est morte en 1616. Charlotte de Grenaisie, sa veuve, accorda, le 7 septembre 1637, à Louis de Menou, son beau-fils, à sa femme et à leurs descendants, le droit de sépulture en la chapelle fondée par elle en l'église des Pères Augustins de Châtillon où elle voulut être enterrée, et dans laquelle son fils avait été inhumé.

### XIVᵉ DEGRÉ.

Louis de Menou épousa, le 23 novembre 1636, demoiselle Claude de Baraudin, d'une famille originaire du Piémont.

De ce mariage sont issus :

1° *François* de Menou, qui suivra.

2° *Edmond*, chevalier, seigneur de la Noue, tué à la guerre. Il avait épousé Françoise de Poix de Marécreux.

3° *Louis*, chevalier, seigneur d'Entraignes, mousquetaire de la garde, se maria deux fois, et laissa quatre filles.

4° *Claude*, seigneur du Plessis, non marié, tué à la guerre.

5° Un fils mort jeune, sans alliance.

6° *Charlotte*, mariée, le 21 novembre 1656, à Edme de Preaulx, chevalier, seigneur de la Voulte et d'Antigny.

7° *Angélique*, mariée : 1° à Louis de Menou de Billy, major d'infanterie ; 2° à Louis de Patoufleau, seigneur de Laverdin.

8°, 9°, 10°, 11°, 12°, 13° *Jacquette, Anne, Marie, Louise, Marie* et *Madeleine*, non mariées.

---

**Rochefort.**

**Chollet.**

Louis de Menou, chevalier, seigneur de Pellevoisin, fit avec ses sœurs un partage provisionnel de la succession de leur mère, Louise de Rochefort, par acte reçu, le 26 décembre 1628, devant Daguyn, notaire, en présence d'Edmond de Menou, chevalier, seigneur de Poiriers, leur oncle, et d'Archambaud Chollet, seigneur de la Joubardière, leur cousin germain. (*Archives du Méez.*)

Louis de Menou, chevalier, seigneur du Méez-de Menou et de Pellevoisin, transigea, le 19 février 1631, avec dame Charlotte de Grenaisie, sa belle-mère, dont le douaire fut assigné sur les métairies de Faye et des Vieilles-Jarosses, et sur la rente de Chassenay; et, le 17 décembre de la même année, il reçut de Pierre Servant aveu d'une maison et dépendances sises au bourg de Pellevoisin, et relevant de la seigneurie du Plessis à foi et hommage simple, et à un roussin de service; le 25 mars 1635, il arrenta à Jean Girault un lopin de buisson où il y avait anciennement un chastel, maison noble, appelée la Garenne de la Cornillière, autrement le Plessis, sise en la paroisse de Pellevoisin; et, le 15 juillet 1635, il fit aveu au roi de la seigneurie du Plessis de Pellevoisin. (*Archives de Méez.*)

Messire Louis de Menou, chevalier, seigneur du Méez-de Menou, de Pellevoisin et autres lieux, épousa, le 23 novembre 1636, demoiselle Claude de Baraudin, fille d'Honorat de Baraudin, seigneur du Verger, de Mauvières et de la Jallaye, et de demoiselle Marie de Cerisiers, sa femme. Il fut assisté de Charles de Graffart, seigneur d'Ormoy et de Géez, son beau-frère, et de Marie de Menou, sa femme; de messire Edmond de Menou, son oncle, chevalier, seigneur du Bois-Rabry et de Poiriers; de Jacques de Couaigne, chevalier, seigneur de Marteau; de Charles de Couaigne, seigneur de la Roche, ses cousins germains; de Louis de Bridiers, chevalier, seigneur de Nouzerines; de François de Bridiers, seigneur des Combles; de René de Sorbiers, seigneur de Manson; de Louis de Marolles, chevalier, seigneur de Marolles, et de Jeanne de Menou, sa femme, ses cousins germains; de Claude de Rochefort, son cousin germain, chevalier, seigneur de Luçay-le-Mal; et de dame Charlotte de Grenaisie, sa belle-mère. La demoiselle de Baraudin fut assistée de Louis de Baraudin, seigneur de Mauvières, son frère; de Charles d'Ancellon, chevalier, seigneur de Fontbaudry, son beau-frère; de ses sœurs, de ses oncles et d'autres parents. Le contrat fut passé à Loches, devant Chevrault, notaire et garde-note héréditaire de la ville. (*Original au Méez.*)

Louis de Menou, chevalier, seigneur du Méez-de Menou, fournit le dénombrement de sa seigneurie du Méez à messire François de Romains, chevalier, seigneur de Saint-Ciran-du-Jambot et de la Touche, le 23 décembre 1638. (*Archives du Méez.*)

Messire Louis de Menou, chevalier, seigneur du Méez-de Menou et de Pellevoisin, partagea les successions de messire Jacques de Menou, chevalier, seigneur du Méez, et de dame Louise de Rochefort, ses père et mère, avec ses cohéritiers

Charles de Graffart, chevalier, seigneur d'Ormoy, dame Marie de Menou, sa femme ; Henri Caffardel, seigneur de Germenonville, et Louise de Menou, sa femme : par acte passé, le 5 juin 1640, au château du Méez, devant Grangy, notaire, en présence de messire Edmond de Menou, chevalier, seigneur du Rabry et de Poiriers ; de messire François de Rochefort, seigneur et baron de Luçay-le-Mal, leurs oncles ; et de Jacques de Couaigne, chevalier, seigneur de Marteau, leur cousin germain. La succession de Louise de Rochefort comprenait les terres de Géez et de Crox, et une somme de 10,500 livres due par François de Rochefort : la terre de Géez fut abandonnée à Marie de Menou ; Louise eut le Bois-Saint-Père, et leur frère eut le surplus des deux successions. (*Ibid.*)

Louis de Menou fit construire une nouvelle chapelle pour servir en place de celle que son père avait fait bâtir, et que l'on trouvait peu commode. Celle-ci fut plus spacieuse et détachée du château. Charlotte de Grenaisie, sa belle-mère, donna pour cette chapelle huit boisselées de terres sises au Rabier, paroisse de Villegouin ; permission fut donnée, le 3 décembre 1640, de célébrer le saint sacrifice dans cette chapelle, et elle fut bénie, le 19 février 1642, par le sieur Pournin, prieur du chapitre de Châtillon. (*Ibid.*)

Louis de Menou, chevalier, seigneur du Méez de-Menou et de Pellevoisin, reçut, le 9 novembre 1646, l'aveu de Denis Chesneau et de ses cohéritiers, pour le fief de la Mardelle-aux-Chiens ; et, le 20 avril 1661, il fit hommage du Méez à Claude de Rochefort, seigneur de Luçay-le-Mal et de Saint-Ciran-du-Jambot ; il reçut, le 23 novembre 1666, l'aveu de Pierre de Vassé, marquis de Saint-Georges, seigneur de la Jarrie, pour les lieux anciens des Vaux, Bois de la Jarrie, etc. (*Ibid.*) Le 25 juillet 1669, il eut un jugement de maintenue dans la noblesse, rendu en sa faveur, à Bourges, par Charles Tubeuf, commissaire du roi. (*Original aux archives de la famille.*) Il fit hommage au roi, le 30 juin 1671, pour sa terre de Pellevoisin, mouvante de la grosse tour de Châtillon. Acte signé : Caudart et Houël, Delvez, Brouin, trésoriers généraux, etc. Tours... (*Archives du Méez.*)

Louis de Menou, chevalier, seigneur du Méez-de Menou, est qualifié seigneur de Selles-sur-Nahon dans des actes de 1673 et 1675. Il est mort avant le 12 juin 1677, date d'une transaction entre dame Claude de Baraudin, sa veuve, et ses enfants, au sujet des deniers dotaux qu'elle avait apportés à la communauté.

Edmond de Menou, chevalier, seigneur de la Nouë, second fils de Louis, sei-

CHÂTEAU DU RÊE

Vue prise du côté du Jardin.

gneur du Méez, après un premier mariage dont il n'eut point d'enfant, épousa demoiselle Françoise de Poix, sœur de Louis, seigneur de Marécreux. Il demeurait à Pellevoisin, et acheta, le 5 juillet 1684, la maison du Plessis, de Claude Janvier, qui l'avait acquise de François de Bongars, seigneur de Forges et de Monchéry. Par son testament, du 8 août 1690, Edmond de Menou élut sa sépulture en l'église de Pellevoisin, et fonda, en celle des pères Augustins de Châtillon, quatre messes par an, tant à son intention qu'à celle de sa première femme. Il laissa l'usufruit de ses biens à Françoise de Poix, qui mourut le 16 décembre 1693.

Louis de Menou, chevalier, seigneur d'Entraigues et de Court-de-Vaux, troisième fils de Louis, seigneur du Méez, est né le 10 mai 1644; il était mousquetaire de la garde du roi lorsque, le 3 septembre 1690, il épousa, par contrat reçu devant Grangy, notaire à Pellevoisin, demoiselle Marie de Maussabré, fille d'Honoré de Maussabré, chevalier, seigneur de Villablain, capitaine au régiment de Lesdiguières, et de Marie Thaumas de la Thaumassière. Il produisit ses preuves de noblesse devant Carré de Mongeron, intendant du Berry, qui, le 25 août 1707, rendit un arrêt de maintenue en sa faveur. Louis de Menou fut inhumé dans le chœur de l'église de Pellevoisin le 11 mars 1713, et laissa quatre filles : Anne, Marie, Marguerite, non mariées; et Catherine-Françoise, née à Pellevoisin le 6 juillet 1696. Elle épousa, par contrat du 3 mars 1737, reçu devant Audouin de la Reculée, notaire à Palluau, Jacques-Martin du Bois, capitaine réformé au régiment de Champagne, ingénieur en chef de Brouage. Il fut assisté d'Antoine de la Rivière, seigneur de Chambon, chevalier de Saint-Louis, brigadier des armées du roi, et lieutenant pour Sa Majesté au gouvernement de la Rochelle; d'Edmond de Marolles, chevalier, lieutenant de grenadiers au régiment de Menou; et de Jean-Baptiste du Mont, aide-major au même régiment, ses amis. La future fut assistée des demoiselles Anne, Marie et Marguerite, ses sœurs; de messire Edmond de Menou, seigneur du Méez-de Menou et de Pellevoisin, chevalier de Saint-Louis, commandant du bataillon des milices du Berry, et de dame Marie de Bouvoust, sa femme; de messire Charles de Menou, seigneur de Villemort, chevalier de Saint-Louis, capitaine au régiment de Rosnivinen, et de dame Catherine-Nicole Guesbin de Rassay, sa femme; de dame Anne de Menou, femme du seigneur de la Rivière de Chambon, ses cousins et cousines; d'Honoré de Maussabré, seigneur de Villablain, son cousin germain, et de dame Marie-Anne de Préville, sa femme; de de-

Patoufleau.

moiselle Anne-Marie de Menou du Méez, sa cousine issue de germain, et de Louis de Patoufleau, chevalier, seigneur de Laverdin et du Bois-Renault. Le mariage fut célébré le lendemain au Méez, dans la chapelle du château. Martin du Bois devint chevalier de Saint-Louis, et ingénieur en chef de la ville et du port de la Rochelle, où il mourut en avril 1757, sans laisser de postérité. La veuve se retira à Loches. Le 5 mars 1766, elle vendit, avec sa sœur Marguerite qui vivait avec elle, le fief de Court-de-Vaux à Edmond de Menou du Méez, qui fut son héritier, conjointement avec Honoré de Maussabré de Villablain, lorsqu'elle décéda le 18 mars 1785.

Château-Châlons.

Angélique de Menou, seconde fille de Louis, seigneur du Méez, n'eut point d'enfant de Louis de Menou, fils aîné de Charles de Menou-Billy et d'Anne de Château-Châlons; de son second mariage elle laissa Louis Patoufleau, seigneur de Laverdin, et François, chanoine de la sainte chapelle du palais de Bourges, décédé en cette ville le 15 janvier 1763, après avoir institué son héritière universelle sa filleule, Charlotte-Françoise de Menou, fille d'Edmond, seigneur du Méez.

## XV$^e$ DEGRÉ.

De Murat.

FRANÇOIS de Menou épousa, le 8 novembre 1679, Jeanne d'Assy, dame de Rochefolle, de Villemort et de Saint-Denis du Iouhet, fille unique et héritière de François d'Assy, chevalier, fils de Hugues d'Assy, chevalier de l'ordre du roi François I$^{er}$, seigneur de Rochefolle, de Villemort, de Vierzat et de Cormansay, et de Jeanne de Murat.

Il en eut :

1° *Edmond*, colonel, commandant des milices du Berry. Son article suivra.

2° *Jean-Louis*, tué à la bataille de Malplaquet, étant capitaine dans le régiment de Perrin Il avait servi en Italie, et s'était trouvé avec sa compagnie à la bataille de Cassano et au siége de Turin.

3° *Charles*, seigneur de Villemort, chevalier de Saint-Louis.

4° *François*, seigneur de Rochefolle, lieutenant-colonel dans le régiment des gardes du roi de Pologne et chevalier de Saint-Louis.

5° *Anne*, mariée, le 26 octobre 1716, à Antoine de la Rivière, chevalier, seigneur dudit lieu, qui devint brigadier des armées du roi, chevalier de Saint-Louis et lieutenant du roi à la Rochelle. Elle est morte, en 1751, sans enfants.

6° *Marguerite*, mariée, le 4 novembre 1717, à Jean de Preaux, chevalier, seigneur de Lezeaux.

François de Menou, chevalier, seigneur de Pellevoisin, acheta, le 23 mars 1672, de René-Constantin, seigneur de Préchinville, le lieu nommé Rollon, en la paroisse de Pellevoisin. (*Archives de Méez.*)

Très-honoré seigneur François de Menou, seigneur du Méez, Pellevoisin et autres lieux, reçut, le 26 avril 1676, de Louis Théret, curé de Notre-Dame d'Estrées, et de Jean Rabier, avocat à Châtillon, l'aveu de l'hôtel des Clavières : il transigea, le 12 juin 1677, ainsi que ses frères et sœurs, avec dame Claude de Baraudin, leur mère, veuve de Louis de Menou, au sujet des deniers qu'elle avait apportés en dot à la communauté. (*Ibid.*)

Il rendit hommage au roi, à cause de la grosse tour de Châtillon, pour sa seigneurie du Plessis de Pellevoisin, par acte du 10 juillet 1677. (*Ibid.*)

Messire François de Menou, chevalier, seigneur du Méez, de Pellevoisin, du Plessis et autres terres, fils aîné et principal héritier de défunt messire Louis de Menou, chevalier, seigneur desdites terres, et de dame Claude de Baraudin, veuve dudit Louis, fut accordé, le 8 novembre 1679, avec demoiselle Jeanne d'Assy, dame de Rochefolle, fille unique et héritière de défunt messire François d'Assy, chevalier, seigneur dudit lieu et de Villemort, et de dame Madeleine Landault, sa femme : il était assisté dans cette circonstance de messire Edmond de Menou, chevalier, seigneur de la Nouë, son frère; de Louis de Baraudin, comparaissant pour dame Claude de Baraudin, sa cousine germaine, mère dudit François; et de Jean Robin, seigneur de Lambre, lieutenant criminel de robe courte à Châtillon, son ami. Jacques le Groing, seigneur de Trignac, de la Gagnerie et du Puybardin, stipula pour la demoiselle Jeanne d'Assy sa belle-fille; et la dame Marie-Madeleine Landault, mère de la future, fut représentée par messire François de Bressoles de Varennes, chevalier, seigneur d'Arthon et de la Rivière, cousin paternel et maternel de la future, et par Silvain d'Assy, chevalier, seigneur de Vierzat, oncle de la future; plusieurs de ses autres parents approuvèrent les clauses de ce contrat, qui fut fait de l'avis de maître André Bonnin, seigneur de Grangeroux, conseiller du roi et lieutenant général au bailliage de Châteauroux, ami commun des parties, et fut reçu, le 8 novembre 1679, à Châteauroux devant Sébastien Violette, notaire. Par un autre acte reçu, le 26 du même mois, devant Philippe Boucheron, notaire à Issoudun, ce contrat fut ratifié par demoiselle Jeanne d'Assy, par Marie-Madeleine Landault, sa mère, et par le seigneur de Trignac, à qui la dame Landault était remariée. Cette ratification eut lieu en présence de haut et puissant seigneur Charles de Gaucourt, chevalier, seigneur de Bouësses, de Gournay et de Breuillat, et de haute et puissante dame Gilberte d'Assy, sa femme, tante de la future; de messire Silvain d'Assy, son oncle; de Charles, Guillaume et Silvain de Gaucourt, chevaliers, seigneurs de Cluys, ses cousins germains; de Louis de Couaigne, chevalier, seigneur de Marteau; de Charles de Couaigne, chevalier, seigneur de Luché; et de Gilbert Bertrand, chevalier, seigneur du Lys-Saint-Georges, ses cousins; de Joseph de Cluys, chevalier, seigneur de la Motte-au-Grouain; de François de Magnac, seigneur de Céris; de Jean-Louis Tiercelin de Rancé, comte de la Chapelle et du Châtelier, ses parents. (*Original au Méez.*)

Messire François de Menou, chevalier, seigneur du Méez-de Menou, de Pellevoisin et du Plessis, fit, le 25 août 1679, une déclaration portant qu'il s'était plusieurs fois présenté à maître Fiacre Pineau, greffier au bailliage et siége présidial de Châtillon, pour lui demander un certificat attestant qu'il n'y avait aucun receveur du domaine dans ladite ville de Châtillon, attendu que ce domaine appartenait à un seigneur engagiste, et avait été donné à ce titre au duc de Vendôme, qui l'avait transporté à Georges Isoré, marquis d'Hervault, lequel l'avait laissé à feu René Isoré, marquis de Pleumartin, son fils aîné; et qu'ainsi il ne pouvait faire d'autre déclaration que celle qu'il avait faite devant les trésoriers généraux de France, ni donner d'autre aveu et dénombrement que ceux qu'il avait donnés. Cette déclaration, certifiée par maître Nicolas Brissault, avocat au parlement, et maître Michel Berton, procureur audit siége, fut passée, en présence d'Antoine Blanchet et de Jacques Chambelais, habitant de Châtillon, devant Mirepied, notaire royal en ladite ville. (*Ibid.*)

Messire François de Menou, chevalier, seigneur du Méez-de Menou, de Pellevoisin, etc., fils aîné et principal héritier de défunt messire Louis de Menou, chevalier, seigneur desdits lieux, et de dame Claude de Baraudin, fit, le 26 février 1690, un partage définitif avec Edmond et Louis de Menou, ses frères, demoiselles Anne, Jacquette, Marie et Angélique de Menou, ses sœurs, et Gabriel de Grasleuil, chevalier, seigneur de la Roche-Breteau, fondé de procuration de Claude de Menou, seigneur du Plessis, son frère, absent au service du roi; il abandonna auxdits puînés, pour le tiers qui leur revenait selon la coutume de Touraine, les métairies de Faye, des Vieilles-Jarosses et le fief de Court-de-Vaux, se réservant les fiefs du Méez, d'Entraigues, du Plessis, de Pellevoisin, de la Boursaudière, de Puymeunier et de Selles-sur-Nahon; il avait en outre la seigneurie du Bois-

Saint-Père qu'il avait achetée, en 1674, de Henri Caffardel, son cousin, et le Rollon, acheté par lui en 1672. Cet acte de partage fut reçu devant Moreau, notaire à Argy, en présence d'Honorat de Baraudin, chevalier, seigneur du Bornau. (*Ibid.*)

Messire François de Menou, chevalier, seigneur du Méez-de Menou, de Pellevoisin, etc., étant, à cause de Jeanne d'Assy, sa femme, propriétaire de Rochefolle, fit hommage de cette terre au duché de Châteauroux par acte signé : Jallard, le 20 mai 1695; et, le 25 février 1696, il rendit hommage au seigneur de Saint-Ciran-du-Jambot, pour sa maison forte appelée le Méez-de Menou. Les archevêques de Bourges ayant de temps immémorial permis la célébration du saint office de la messe dans la chapelle du château du Méez, François de Menou obtint de l'archevêque, depuis cardinal de Gesvres, la continuation de ce privilége, à la suite d'un procès-verbal dressé, le 27 novembre 1697, par M. Étienne Caheu, bachelier en théologie, archiprêtre de Levroux et curé de Buzançais, constatant que la chapelle du Méez était pourvue de tous les ornements, vases et accessoires nécessaires. (*Ibid.*)

François de Menou et Jeanne d'Assy, sa femme, firent, le 19 mars 1699, au profit de la chapelle de Notre-Dame de la Pitié du Méez, située dans la petite cour du château, une fondation de dix livres de rente annuelle et perpétuelle, hypothéquée sur la terre du Méez, à condition qu'il serait célébré dix messes chaque année dans cette chapelle ; M. Hélye, curé de la paroisse de Pellevoisin, accepta. (*Archives du Méez.*)

Messire François de Menou, chevalier, seigneur du Méez-de Menou, de Pellevoisin et du Bois-Saint-Père, reçut, le 4 janvier 1702, une déclaration d'héritages, charges et rentes féodales envers lesdits fiefs et seigneuries, de la part de Henri Albert, sieur de Sommare, intendant et fondé de pouvoirs de très-haut et puissant Paul de Beauvilliers, duc de Saint-Aignan, comte de Buzançais, pair de France, chevalier des ordres du roi, premier gentilhomme de la chambre de Sa Majesté, etc., lesquels devoirs et rentes ledit Sommare promit, audit nom, de continuer tant que le seigneur de Saint-Aignan serait détenteur de ces héritages. Acte reçu en la ville de Buzançais par Huart, notaire. (*Ibid.*)

Haut et puissant François de Menou, chevalier, seigneur du Méez-de Menou, de Pellevoisin, d'Entraigues, du Bois-Saint-Père, de la Boursaudière, de Puymeunier et de Selles-sur-Nahon, et, à cause de sa femme, de Rochefolle, de Villemort et de Saint-Denis-du Jouhet, est mort en sa soixante-cinquième année, le 13 juin 1703, et fut inhumé le surlendemain dans le chœur de l'église de Pellevoisin. Jeanne d'Assy, sa veuve, fut enterrée auprès de lui le 24 septembre 1707. Elle avait été chargée de la tutelle de ses enfants par acte du 24 août 1704, et avait fait, le 5 juin 1705, un codicille à son testament, que son fils mit à exécution lors des partages du 24 octobre 1716.

Charles de Menou, chevalier, seigneur de Villemort, troisième fils de François, seigneur du Méez, est né en 1685. Il commença par être cavalier volontaire dans la compagnie de Corgy, et passa sous-lieutenant de brigadier dans le régiment de Barville, infanterie, le 21 janvier 1705 : étant « bien noté et désigné comme étant propre au service des grenadiers, » il fut fait lieutenant dans le même régiment, devenu Ribérac, en 1708, et commandait une compagnie le 30 avril 1709 ; le 22 octobre 1709, il passa dans le régiment de Perrin, et prit la compagnie *du Mée*, commandée, depuis le 28 octobre 1705, par son frère Jean-Louis, qui était connu au service sous le nom de *du Mée*, et qui venait d'être tué à la bataille de Malplaquet ; le 4 octobre 1737, Villemort fut promu capitaine de grenadiers dans ce régiment, devenu Rosnivinen, et qui ensuite prit le nom de Montboissier. Il fut fait chevalier de Saint-Louis, et se retira en avril 1743. Dans un rapport officiel de M. de Rosnivinen, il est dit que « Villemort avoit toujours servi avec tout le zèle et toute la valeur possibles ; qu'il avoit fait toute la *racourse* de Moravie pendant les dernières campagnes, et y avoit essuyé plus de fatigues et de périls que dans toutes les autres guerres. » Le maréchal de Belle-Isle, dans un travail sur l'armée de Bohême, recommanda Villemort au roi, comme ayant toujours servi avec distinction, et comme méritant une grosse gratification, indépendamment de sa retraite.

Charles de Menou avait épousé, le 7 octobre 1715, Catherine-Nicole Guesbin de Rassay, dame de la Bougaudière. La cérémonie se fit dans l'église Notre-Dame de Villegouin, en présence de ses frères, de Charles de Coygne, son cousin ; de Bernardin Gigault de Bellefonds, exempt des gardes du corps du roi, son ami, et d'autres parents et amis. Il est mort en 1752, en sa résidence, paroisse de Villegouin, et ne laissa pas d'enfant.

François de Menou, seigneur de Rochefolle, quatrième fils de François, seigneur du Méez, était, en 1702, lieutenant de la compagnie *Menou* du régiment de Barville, et en fut nommé capitaine le 19 mai 1704 ; il fut présent à la revue passée à Bruges le 10 octobre 1705, et fut noté « bon à rester capitaine ; a de quoi entretenir sa compagnie. » Ce régiment, devenu Ribérac, ayant été réformé à la paix, le chevalier de Rochefolle fut attaché comme capitaine à la suite du régiment du Perche ; le 26 août 1723, il devint lieutenant de la compagnie colonelle ; le 13 avril 1740, il fut pourvu d'une compagnie, et il se trouvait premier capitaine factionnaire lorsqu'en 1744 ce régiment devint gardes lorraines : François de Menou était chevalier de Saint-Louis et commandant de bataillon des gardes du roi de Pologne lorsqu'il est mort en 1747, sans avoir été marié.

Anne de Menou, fille aînée de François, seigneur du Méez, épousa, le 26 octobre 1716, Antoine de la Rivière, chevalier, lieutenant-colonel du régiment du Perche, infanterie, en présence du père et du frère aîné dudit la Rivière ; de Gabriel de Nieuil, seigneur de Bonneau, capitaine d'infanterie, son neveu ; et de Louis-François Savary, marquis de Lancosme, ami commun des parties. Les témoins d'Anne de Menou furent le seigneur du Méez, son frère ; les dames du Méez et de Villemort, ses belles-sœurs ; la demoiselle Marguerite de Menou, sa sœur ; Anne de Menou d'Entraigues, sa cousine germaine ; François du Pont, seigneur de Villours ; Jean de Coygne, seigneur de Manson ; Charles de Coygne, seigneur du Marteau ; Louis de Patoufleau de Laverdin, chevalier, seigneur du Bois-Renauld ; et Charles Fournier, chevalier, seigneur de Boismarmin, capitaine dans le régiment de Navarre, infanterie, ses cousins.

Antoine de la Rivière devint chevalier de Saint-Louis, brigadier des armées du roi, et lieutenant de roi à la Rochelle, où il mourut le 10 décembre 1738. Sa veuve mourut en 1751 ; elle n'eut pas d'enfant.

Marguerite de Menou, seconde fille de François, seigneur du Méez, née le 9 octobre 1691, fut reçue à Saint-Cyr le 13 juin 1702, après avoir produit ses preuves de noblesse devant le juge d'armes d'Hozier, dont le travail est aux *Archives de la famille*. Elle épousa, le 4 novembre 1717, Edme de Preaulx, seigneur de Lézeaux, dont elle eut Edme-Henri de Preaulx, marié 1° à Marie-Geneviève de Maussabré-Gastesourie ; 2° à demoiselle N. de Gaucourt, sa cousine.

## XVIᵉ DEGRÉ.

**LOUIS XV.** — Edmond de Menou épousa, le 28 avril 1716, demoiselle Marie de Bonvoust, dont il eut :

Ettinghen.
Noailles.

1º *François*, né en décembre 1720, page de la petite écurie du roi en 1734; tué à la bataille d'Ettinghen, étant lieutenant dans le régiment de Noailles, infanterie.

2º *Edmond*, chevalier de Saint-Louis, capitaine des grenadiers de France, qui a continué la postérité.

Berland.
Charitte.

3º *Marie-Anne*, née en 1719, mariée à François-René de Berland, seigneur de la Louère, dont elle n'eut qu'une fille, qui épousa le comte Charles de Charitte, chef d'escadre, chevalier de l'ordre royal et militaire de Saint-Louis et de Cincinnatus.

---

Carabiniers.
Aubeterre.

Barville.

Abadie.
Ribérac.

Edmond de Menou, né en 1680, entra, en 1693, dans les carabiniers du roi, fut cornette de la compagnie Janolle, brigade d'Aubeterre, le 4 mars 1696, et lieutenant dans la compagie d'Albon en 1697. Lors de la création du régiment de Barville, infanterie, en 1702, il leva une compagnie dont il eut le commandement; le 18 avril 1703, il fut fait major de ce régiment, et lieutenant-colonel le 24 décembre 1704; en octobre 1705, il était au camp de Bruges, et noté par l'inspecteur d'Abadie : « Jeune officier qui donne des espérances d'être propre à tout. » En octobre 1710, il était lieutenant-colonel de Ribérac; et ce régiment ayant été réformé par suite de la paix, il fut, en 1714, entretenu dans la garnison d'Arras, où commandait le comte Charles de Menou, son cousin.

D'Assy.
Bonvoust.
Courtin.

De la Grandière.
Lancosme.
Barbançois.
Verneuil.
De May

Haut et puissant seigneur messire Edme de Menou, seigneur du Méez, de Pellevoisin, de Rochefolle, de Villemort, de Saint-Denis du Jouhet, etc., colonel d'infanterie, fils de haut et puissant seigneur messire François de Menou, chevalier, seigneur desdits lieux, et de défunte dame Jeanne d'Assy, sa femme, épousa, le 11 mai 1716, à Paris, demoiselle Marie de Bonvoust, fille de défunt Jean Marin de Bonvoust, chevalier, seigneur de la Touche, et de dame Marie Courtin, sa femme; il fut assisté de haut et puissant seigneur François-Charles, marquis de Menou, sous-lieutenant de la compagnie des gendarmes anglais, et de Marie-Anne-Thérèse de la Grandière, sa femme; de messire Robert de Menou, de Narbonne; de François Savary, marquis de Lancosme; de François de Barbançois, seigneur de Sarzay; et de dame Catherine de Verneuil, sa femme; de Gaspard de May, seigneur de Termont, chevalier de Saint-Louis; et de Gaspard de May, seigneur de Salles, ses cousins; de très-haute et très-puissante dame Marie-Françoise de Bournonville, veuve du maréchal de Noailles; de très-haute et très-puissante dame Louise Colbert, duchesse de Saint-Aignan et de Beauvilliers; de dame Marie-Anne de la Tremblaye, veuve de M. de Champeron; de messire Jean Albert, seigneur de la Marvallière, conseiller du roi, auditeur ordinaire en la chambre des comptes, et de Louis de Patoufleau de Laverdin; ladite demoiselle de Bonvoust, procédant sous l'autorité de Jean-François de Guyèvre, sieur de Fontenailles, son curateur aux causes, fut assistée de haute et puissante dame Marguerite de Bonvoust, sa tante paternelle et sa tutrice honoraire, veuve de haut et puissant seigneur, messire Gabriel de Bricqueville, marquis de la Luzerne, maréchal des camps et armées du roi, et lieutenant général en basse Normandie; de Claude Feydeau seigneur de Marville, et de dame Bonne Courtin, sa femme; de Henri, marquis de la Luzerne, colonel d'un régiment d'infanterie; de l'abbé de la Luzerne, de Gabriel et Martin de la Luzerne, chevaliers de Malte, ses cousins; de Jean-Baptiste-Michel Charron, marquis de Ménars, colonel; de messire Jean-Baptiste de Johanne, comte de Saumery, lieutenant général au gouvernement d'Orléans, et dame Marie-Madeleine de Lissaud, sa femme, ses cousins; de haut et puissant seigneur Louis de Clermont, comte de Chiverni, et de dame Marie de Somery, sa femme; de haut et puissant seigneur messire François-Louis de Rousselet, marquis de Châteaurenaud, vice-amiral et maréchal de France; et de Denis-Jean Amelot, marquis de Chailloux, maître des requêtes: le contrat avait été passé, le 28 avril 1716, devant le Masle, qui en eut la minute. (*Original au Méez.*)

Edmond de Menou, fils aîné et principal héritier de François, seigneur du Méez, et de Jeanne d'Assy, sa femme, fit le partage de leurs successions, à l'amiable, avec son frère Villemort, la dame de la Rivière et Marguerite de Menou, ses sœurs, et son frère François de Rochefolle, agissant sous l'autorité de son curateur Jean de Coygne, seigneur de Manson. L'acte fut signé le 24 octobre 1716, en présence de Charles de Coygne, du marquis de Lancosme, de Louis de Patoufleau, et de messieurs Dupont de Villours, de Boismarmin, de Nieuil, et Clément du Plessis-Beauregard. (*Ibid.*)

Il fut nommé colonel d'un régiment de milices de son nom, *Menou*, qui fut mis sur pied le 1$^{er}$ mars 1719, et composé de sept compagnies de la généralité de Bourges et de trois compagnies de la généralité d'Orléans. (*Extrait des contrôles des milices.*)

Messire Edmond de Menou, chevalier, seigneur du Méez, de Pellevoisin et autres lieux, commandant le régiment de la milice du pays, vendit, le 28 janvier 1720, sa terre de Villemort à Charles de la Porte de Montval, seigneur de Sarzay, conseiller du roi, et grand maître des eaux et forêts de Blois et du Berry. (*Archives du Méez.*) Il fit aveu au roi de sa seigneurie du Plessis, le 5 avril 1720; le 14 du même mois, il acheta la métairie de Rouadoux, de Claude Lardier, notaire à Graçay (*Ibid.*); et, le 24 avril, il acheta le fief de la Messinière de François de Puyvinault. (*Ibid.*) Il reçut, le 5 juillet 1720, aveu de l'hôtel et hébergement des Clavières, mouvant de la seigneurie du Méez, et acheta les Clavières le 17 juillet 1721 (*ibid.*); il donna, le 13 octobre 1724, procuration à François-Henri de Montbel, chevalier de Champeron, colonel de cavalerie, exempt des gardes du corps du roi, qui comparut pour lui à Loches le 20 du même mois. (*Ibid.*)

Messire Edmond de Menou, chevalier, seigneur du Méez, de Pellevoisin, du Bois-Saint-Père et autres lieux, colonel d'infanterie, chevalier de Saint-Louis, commandant la milice du Berry, fit un bail à cens et rente de la Thuilerie sise à la Verrerie, par acte passé devant Grangy, notaire, le 28 janvier 1730, en présence du chevalier Charles de Constantin, de Louis de Preuille et d'Honoré de Maussabré. (*Ibid.*) On lui donne les mêmes qualités dans les actes suivants : 1° acte de vente de terres situées près la Touche à la Noire, etc., par Nicolas Ausay de Grosbart, recteur de la paroisse de Villegouin, et chanoine de Saint-Nicolas de Montluçon, reçu devant Grangy le 19 novembre 1733; 2° échange pour certaines terres sises à la Saulnais et à la Mercerie, par acte reçu devant Marchand, notaire, le 18 novembre 1733; 3° acte du même jour et devant le même notaire, contenant échange pour des terres sises au Guay-Claudière et au Pré-de-Doidières. (*Ibid.*)

Edmond de Menou fut nommé commandant d'un bataillon des milices du Berry, portant officiellement son nom, *Menou du Méez*. Lors du licenciement à Bourges, le 2 décembre 1727, il fut noté par M. de Salelles, sous-inspecteur : « Excellent officier pour mener une troupe; son bataillon est des mieux composés. » A l'assemblée de 1737, il exerçait le même commandement. (*Extrait des contrôles des milices.*) Le 10 avril 1739, il reçut de dame Catherine de Rassay aveu pour son fief de la Bougaudière, relevant de la seigneurie du Méez. Il fit un échange avec Charles de Villemort, son frère, et ladite dame de Rassay, sa femme, pour des prés situés à la rivière de Mongenault, et près des pâtureaux du Bois-l'Abbé, par acte sous signature privée du 10 juillet 1741. (*Archives du Méez.*)

Messire Edmond de Menou, seigneur du Méez-de Menou, de Pellevoisin, de Rochefolle, de Villemort, de Saint-Denis-du-Jouhet, de Tencé, seigneur de la Touche et de Villeruche par sa femme, chevalier de Saint-Louis, colonel, commandant d'un régiment de milices portant le nom de Menou, est mort le 18 septembre 1741, et fut inhumé, le lendemain, dans le chœur de l'église de Pellevoisin, lieu réservé pour la sépulture des seigneurs du Méez. Marie de Bonvoust, sa veuve, eut la garde noble de ses enfants. Le 6 mars 1742, elle fut chargée par son fils aîné de la gestion de ses biens; il partait pour l'armée, où il fut tué. Après sa mort, elle fit, le 27 janvier 1746, un arrangement au sujet de son douaire et de l'emploi qui avait été fait de ses biens propres, avec son second fils Edmond : pour lui donner de nouvelles marques de son amitié, et contribuer à lui procurer un établissement avantageux, elle abandonna par avancement d'hoirie une maison qu'elle avait à Blois, avec les terres et domaines qu'elle avait en ce pays, se réservant l'usufruit, et renonça au tiers de son douaire, ainsi qu'à tous ses autres droits et prétentions dans les successions de son mari et de son fils aîné. Elle fit, le 6 août 1750, un testament qui contenait des legs pour les églises Saint-Honoré et Saint-Étienne de Buzançois, pour les pauvres honteux, pour l'hôtel-Dieu, pour la confrérie de la Charité, pour faire apprendre un métier à sa quatrième domestique, etc. Elle est morte le 10 août 1750. (*Archives du Méez.*)

Marie-Anne de Menou, fille de haut et puissant seigneur messire Edmond de Menou, seigneur du Méez, de Pellevoisin et autres lieux, colonel d'infanterie, commandant les milices du Berry, chevalier de l'ordre royal et militaire de Saint-Louis, et de dame Marie de Bonvoust, sa femme, épousa, le 13 février 1741, messire René de Berland, chevalier seigneur de la Louère et de Molé, paroisse de Marcé sous la Haye, diocèse de Tours, fils de feu messire René de Berland, chevalier, seigneur desdits lieux, et de feue dame Nicole de la Bonnière. La bénédiction nuptiale fut donnée dans la chapelle du château du Méez par François-Joseph de Berland, frère du marié, et curé de Faye au diocèse de Blois, en présence des père et mère de la mariée; de ses frères François et Edmond de Menou; de messire Charles de Menou-Villemort, son oncle; de dame Anne de Menou, sa tante, veuve de messire Antoine de la Rivière, brigadier des armées du roi; de Pierre de Berland, frère du marié; de messire Claude Henri Odart, chevalier, seigneur de Priseaux; et d'autres témoins qui ont signé ainsi : Benard de Préville; Preuille de Maussabré; de Maussabré; François de la Motte; du Verdier de la Chapelle; Savary de la Chapelle; Preuille. De ce mariage il n'est issu qu'une fille, qui épousa le comte Charles de Charitte, chef d'escadre, chevalier de Saint-Louis et de Cincinnatus; sa fille unique, mariée au comte Jacques de Chastenet de Puységur, l'a rendu père de René, Léopold, Armand et Philippe de Puységur, et des dames de la Ferté, de Martel et de Billy. (*Archives du Méez.*)

## XVIIᵉ DEGRÉ.

Edmond de Menou épousa, le 31 janvier 1750, demoiselle Louise-Anne de Menou, fille de Louis-Joseph, comte de Menou, maréchal de camp et commandant en haute Bretagne.

De cette union sont issus :

1° Louis-*Edmond*, vicomte de Menou, maréchal de camp et chevalier de Saint-Louis, qui a continué la branche du Méez.

2° *Charles*-Louis, comte de Menou, colonel et chevalier de Saint-Louis : il n'a laissé qu'un fils.

3° *Jacques*-Anne, chevalier de Pellevoisin, major au service de Sardaigne et chevalier de Saint-Louis. Né le 5 septembre 1754, mort au Méez le 26 avril 1835.

4° Louis-Antoine de Menou-d'Entraigues, né le 26 février 1767, entra dans la marine en 1782, et servit sous le comte de Soulanges; dès sa seconde campagne, il fut promu aux fonctions d'enseigne par le marquis de Bouillé, gouverneur général des Antilles, et recommandé au ministre par son commandant comme ayant déployé des qualités rares à son âge. Il fit six autres campagnes dans les mers des Indes et ailleurs; il devint lieutenant de vaisseau, et périt à l'entrée de la baie de Chesapeake le 1ᵉʳ novembre 1793. (*Archives de la famille.*)

5° Louis-*François*, né le 24 janvier 1769, mort à Saint-Domingue le 4 juin 1802, étant chef de brigade attaché à l'état-major de l'armée expéditionnaire. Il fut administré par le père Cibot, préfet apostolique, qui assista à ses derniers moments et présida à la cérémonie de ses funérailles. (*Archives de la famille.*)

6° Charlotte-Françoise, née le 6 août 1757, mariée en la chapelle du Méez, le 13 juillet 1790, à Charles de Bardin, seigneur de Mauvières et du Pousioux, capitaine au régiment de Brie et chevalier de Saint-Louis; il est mort après son retour de l'émigration, le 6 juin 1802; depuis lors, sa veuve s'occupa d'œuvres pieuses et charitables, et fit sa résidence en la ville du Blanc, où elle est morte à l'âge de quatre-vingt-quatre ans, le 25 septembre 1841.

---

Edmond de Menou, né le 16 février 1724, fut lieutenant en second dans le régiment de la Tour-d'Auvergne en mai 1739, et enseigne en octobre 1740. Étant mineur lors du décès de son père, il obtint, le 24 décembre 1741, des lettres de bénéfice d'âge, qui furent entérinées, le 5 mars 1742, au siége présidial de Châtillon, par les soins de son curateur aux causes, le sieur Franquelin; il était alors lieutenant dans le régiment de Rosny; en avril 1743, il fut nommé aide-major au régiment de Montboissier; à la formation du régiment de Boufflers-Wallon, il y entra, comme sergent-major, avec rang de capitaine, par brevet du 1ᵉʳ juillet 1744, signé : Louis, et plus bas : par le roi, M. de Voyer d'Argenson; il était aide-major aux grenadiers de France en 1746 et 1748. (*Archives du Méez.*)

Rosny.
Montboissier.
Boufflers-Wallon.
D'Argenson.

Haut et puissant seigneur messire Edmond de Menou, chevalier, seigneur du Méez, de Pellevoisin, etc., capitaine au régiment des grenadiers de France, fils de défunt haut et puissant seigneur messire Edmond de Menou, seigneur desdits lieux, colonel d'infanterie, et de dame Anne de Bonvoust, sa femme, épousa demoiselle Louise-Anne de Menou, fille de haut et puissant seigneur messire Louis-Joseph, comte de Menou, baron de Pontchâteau, maréchal des camps et armées du roi, commandant en haute Bretagne et lieutenant pour le roi au château de Nantes, et de défunte dame Marie-Louise de Charitte, sa femme; par contrat reçu, en la résidence dudit seigneur comte de Menou au château de Nantes, le 31 janvier 1750, devant Lelou et de Frondat, notaires, en présence de messire Jacques-David de Menou, abbé de Bonrepos, vicaire général du diocèse de Nantes, et d'autres témoins qui ont signé : Bellabre, Galbaud de la Barrière, de Sesmaisons, de la Fontaine Solare de Sesmaisons. (*Original au Méez.*)

Grenadiers de France.
Bouvoust.
Charitte.
Bellabre.
Sesmaisons.

Edmond de Menou était aide-major aux grenadiers de France le 10 septembre 1751, et fut pourvu d'une compagnie le 1ᵉʳ juillet 1752; il fut reçu chevalier de Saint-Louis à Loches en 1753, et quitta le service en 1755. Après la mort de son beau-père, il se rendit à Nantes avec sa femme pour assister au partage de la succession qui fut fait, le 9 août 1754, à l'amiable, sous la direction du marquis de Menou-Boussay et de l'abbé de Bonrepos, oncles des parties. (*Archives du Méez.*) Le 6 mars 1766, il acheta la métairie du Plessis, dite la Folie, des demoiselles Marie et Marguerite de Menou et de la dame du Bois, leur sœur. (*Ibid.*) Le 2 juin 1766, il reçut, à cause de sa seigneurie du Bois-Saint-Père, l'aveu de François de Maussabré, seigneur de Villablain, fils aîné de feu Honoré de Maussabré; et, le 6 décembre 1767, il fit une transaction relative à la succession de dame Anne de la Rivière, sa tante, avec messire Gabriel de Nieuil, seigneur de Chambon, chevalier de Saint-Louis, ci-devant capitaine au régiment du Perche, qui était aux droits des enfants de défunt messire Antoine de la Rivière, seigneur de la Feraudière (*ibid.*); par acte reçu, le 24 mars 1751, devant Audouin de la Reculée, notaire à Palluau, il avait transigé, au sujet de certains droits seigneuriaux, avec Henri de Montbel,

Maussabré.
Nieuil.

seigneur de Champeron, Poiriers, etc., maréchal des camps et armées du roi, premier aide-major des gardes du corps de Sa Majesté, chevalier, commandeur de l'ordre de Saint-Louis. (*Archives du Méez.*) Il reçut de M. de Montbel une lettre, du 8 mars 1766, annonçant que, d'après l'avis de son conseil, il renonçait à la prétention d'avoir part à des droits honorifiques dans l'église de Pellevoisin (*ibid.*); il résista avec succès, en 1770, à la tentative faite par M. de Montbel, pour obtenir, par l'entremise de l'archevêque de Bourges, que son château de Poiriers fût détaché de la paroisse de Pellevoisin et annexé à celle de Villegouin. (*Archives du Méez.*)

Messire Edmond, marquis de Menou, ancien capitaine des grenadiers de France, chevalier de l'ordre royal et militaire de Saint-Louis, seigneur du Méez, de Pellevoisin, de la Boursaudière, de Selles-sur-Nahon, de Puymeunier, du Bois-Saint-Père, d'Entraigues, de la Messinière, de Cour-de-Vaux et autres lieux, fit une transaction sur procès avec haut et puissant seigneur messire Jules-Gilbert de Montbel, comte de Montbel, seigneur du Coudray, etc., maréchal des camps et armées du roi, premier maître d'hôtel de madame la comtesse d'Artois ; acte reçu devant Gaultier, notaire, en présence de messire François de Maussabré, seigneur de Villablain, prieur d'Heugnes, et de Louis Gayant Dormenon, abbé de Puyferrand, chapelain de madame la comtesse d'Artois. (*Ibid.*)

Il y a, dans les archives du Méez, des lettres de l'archevêque de Bourges qui prouvent la haute considération dont jouissait le marquis de Menou, tant pour son caractère personnel que pour la position et l'ancienneté de sa maison. A l'époque des plus grands excès révolutionnaires, des gens, étrangers au pays, vinrent en bande au Méez, et, après avoir pillé le château, ils conduisirent à Issoudun Edmond de Menou et sa femme, qui y furent mis en prison comme étant suspects. Madame de Menou succomba le 29 juin 1794. Grâce au noble dévouement de René de Brossard, homme de cœur, intelligent et adroit, qui avait voulu les suivre, et à l'intervention de personnes qui connaissaient le caractère loyal et vertueux du marquis de Menou, on obtint sa mise en liberté par un arrêté du 27 fructidor an II, expressément motivé « sur le vœu unanime et bien « exprimé de tout le peuple assemblé, sans aucune réclamation contre. » Il revint au Méez, où il est mort le 27 février 1797.

Charles-Louis de Menou, second fils d'Edmond, seigneur du Méez, né le 29 décembre 1751, entra, le 24 octobre 1767, simple dragon dans le régiment Dauphin-dragons, dans lequel son cousin, le comte de Menou-Motelle, avait acquis une brillante réputation pendant la guerre de Sept-Ans. Le 20 avril 1768, il fut fait sous-lieutenant à la demande du colonel, le comte de Lostanges. Sur la présentation du duc de Chevreuse, colonel général des dragons, il eut, le 19 juin 1771, la charge de cornette blanche, ou cornette de la compagnie générale du régiment Colonel-général-dragons : en 1773, le marquis de Monteynard lui avait promis le commandement de la compagnie de Royal-Piémont, que son frère aîné devait quitter pour être guidon des gendarmes ; mais ce ministre ayant été remplacé par le duc d'Aiguillon, la compagnie fut donnée à un autre. Le 6 mai 1774, le duc de Coigny, colonel-général des dragons, demanda pour Charles de Menou le commandement d'une compagnie de son régiment : le 13 mai 1774, il fut attaché au corps des dragons avec son rang de capitaine ; au rapport du duc d'Aiguillon, c'était le vœu de sa famille : enfin il passa en la même qualité dans le régiment de Royal-cavalerie, le 3 juin 1779. (58)

Charles-Louis, comte de Menou, capitaine au régiment Royal-cavalerie, épousa, le 2 janvier 1782, demoiselle Claude-Rose-Marie-Louise Taillevis de Perrigny, fille de haut et puissant seigneur Charles-Léon de Taillevis, chevalier, seigneur de Perrigny, Villarcelet, Mézières, la Chevesserie, Jupeaux, la Jousselinière, la Noue-Saint-Venant, etc., chevalier de l'ordre royal et militaire de Saint-Louis, lieutenant-colonel d'infanterie, lieutenant de roi, commandant honoraire de Léogane, et de haute et puissante dame Anne-Marie-Madeleine de La Tuste, sa femme ; présents haut et puissant seigneur Edmond, marquis de Menou, chevalier, seigneur du Méez, de Pellevoisin, d'Entraigues, etc., chevalier de l'ordre royal et militaire de Saint-Louis, ancien major d'infanterie, père du futur ; haut et puissant seigneur Bernard, marquis de Menou, seigneur de Marcouville, de Silly, etc., chevalier de l'ordre royal et militaire de Saint-Louis, ancien officier aux gardes françaises, oncle maternel ; haut et puissant seigneur Louis-Edmond, vicomte de Menou, mestre de camp de cavalerie, lieutenant de gendarmerie, son frère aîné, et demoiselle Charlotte-Françoise de Menou, sa sœur : et, de la part de la demoiselle future, messire Didier Taillevis de Jupeaux, chevalier de l'ordre royal et militaire de Saint-Louis, ancien lieutenant des vaisseaux du roi, son oncle paternel ; messire Claude-Georges Courtin, chevalier, seigneur de Clénord et autres lieux, oncle paternel, à cause de dame Antoinette-Madeleine-Gabrielle de Taillevis, sa femme ; haut et puissant seigneur Gaston-Louis-Guillaume de Montigny de Boulainvilliers, vicomte de Dreux, seigneur de Drouilly, Montigny, etc., capitaine de dragons, oncle paternel, à cause de dame Marie-Geneviève de Taillevis, sa femme; messire

La Blotinière. Élisabeth de Tremault, chevalier, seigneur de la Blotinière, ancien mousquetaire du roi, oncle paternel, à cause de dame Marie-Élisabeth de Taillevis, sa femme; dame Marie-Geneviève de Thissard, veuve de Hercule-Charlemagne de Taillevis, chevalier, seigneur de Jupeaux, son grand-père, officier au régiment de Navarre; le chevalier René-Didier-Léon de Taillevis, officier au régiment du Roi, dragons, Georges-Florimond de Taillevis, clerc tonsuré, Charles-Théodore de Taillevis, enseigne des vaisseaux du roi, Charles-Didier-Marie-Fortuné de Taillevis et demoiselle Henriette de Taillevis, frères et sœur de ladite demoiselle

Gallois. future; demoiselle Charlotte-Marie de Gallois, femme de messire René-Louis-

Du Trochet. Frédéric du Trochet, chevalier, seigneur de Néon-Issoudun, capitaine au régiment du Roi, infanterie, cousine paternelle; demoiselle Madeleine-Jeanne

Courtin. Courtin, cousine paternelle du futur et de la future; demoiselle Marie-Hélène Thissart, dame du Coudray et de Villeromain, veuve de messire Claude-Charles

Réviers de Mauny de Réviers de Mauny, seigneur des bois du Pré, chevalier de Saint-Louis, capitaine de cavalerie. Ce contrat fut passé, le 2 janvier 1782, devant Bufferau et Girodon, notaires, au château de Perrigny, où la cérémonie nuptiale eut lieu le lendemain, en présence des personnes susnommées. Les articles avaient été signés au même lieu, le 21 décembre 1781, par haut et puissant seigneur messire

Saumery. Louis-Georges de Johanne de la Carre, marquis de Saumery, seigneur de Piffons, gouverneur et grand bailli de Blois, maréchal de camp, chevalier de Saint-Louis, gouverneur de Chambord, et par haute et puissante dame Henriette-Françoise de Menou, sa femme, oncle et tante du comte Charles; par Jacques-Anne de Menou, chevalier de Pellevoisin, son frère.

En avril 1784, le comte et la comtesse Charles de Menou furent admis aux honneurs de la cour.

Le comte Charles de Menou fut nommé capitaine en second dans Royal-cavalerie

Tracy. le 15 mai 1784, sur la demande du comte de Tracy, qui commandait ce régiment

D'Ecquevilly. en l'absence du comte d'Ecquevilly, et, le 5 août 1787, il fut pourvu d'une compa-

Royal-Pologne. gnie. A la formation, en 1788, du régiment Royal-Pologne, sous les ordres du mar-

La Roche-Jaquelein. quis de Larochejaquelein, il fut nommé major, grade que déjà, d'après une lettre

D'Harcourt. Brienne. du comte d'Harcourt, M. de Brienne, ministre de la guerre, avait eu la pensée de lui donner dans le régiment Commissaire-général. Le 21 février 1790, il reçut la croix de Saint-Louis sur présentation de l'état de ses services apostillé par le comte de Jumilhac, lieutenant général inspecteur. Il était, depuis le 15 septembre 1789, lieutenant-colonel de Royal-Pologne, et commandait ce corps par intérim depuis près de trois ans, lorsque, le 5 février 1792, sous le ministère du comte Louis de Narbonne, il en fut nommé colonel pour répondre au vœu du régiment. Le comte Charles de Menou périt à Lyon, le 10 septembre 1792 ; sa veuve se décida alors à quitter la France, et se retira aux États-Unis, où elle emmena son fils unique, qui depuis a été connu en Amérique comme en France sous le nom du comte Jules de Menou.

## XVIIIe DEGRÉ.

LOUIS-EDMOND de Menou épousa, le 26 mai 1783, demoiselle Pillat de la Coupe, dont il n'eut pas d'enfant, et se maria en secondes noces, le 16 mai 1786, à demoiselle Louise-Catherine-Alexandre Duval-Monville, dont il eut :

Louis-*Edmond-Félicité*, qui suit.

Louis-Edmond de Menou, né au château du Méez le 15 décembre 1750, entra sous-lieutenant au régiment de Quercy, le 22 juin 1767 ; fut lieutenant dans le même régiment le 24 septembre 1770 ; eut rang de capitaine au régiment Royal-Piémont-cavalerie le 4 mai 1771 ; fut capitaine dans le même régiment le 5 mai 1772, guidon des gendarmes bourguignons le 29 mars 1773, sous-lieutenant dans le même corps le 1er avril 1776, second lieutenant des gendarmes de Monsieur, avec rang de mestre de camp, le 3 juin 1778 ; et premier lieutenant des gendarmes bourguignons le 11 novembre 1782.

Haut et puissant seigneur messire Louis-Edmond, vicomte de Menou, lieutenant de gendarmerie et mestre de camp, épousa, le 26 mai 1783, demoiselle Jeanne-Sophie Pillat, âgée de près de vingt-deux ans, fille de défunt messire Jean Pillat, chevalier de l'ordre royal et militaire de Saint-Louis et ancien capitaine d'infanterie, et de Jeanne-Charlotte du Rocher, sa femme. Ont assisté audit mariage, de la part de l'époux, haut et puissant seigneur François-Menou, comte de Menou, seigneur de Motelle-Saint-Georges, etc., chevalier de l'ordre royal et militaire de Saint-Louis et des ordres militaires et hospitaliers de Saint-Lazare et de Notre-Dame du Mont-Carmel, maréchal des camps et armées du roi, haut et puissant sei-

Taillevis.
gneur Charles-Léon de Taillevis, chevalier, seigneur de Perrigny, de Jupeaux, etc., chevalier de l'ordre royal et militaire de Saint-Louis, lieutenant-colonel d'infanterie, lieutenant de roi, commandant honoraire de Léogane, ami; et de la part de l'épouse, messire François Pillat de la Coupe, ancien conseiller au conseil supérieur du Cap, oncle paternel et tuteur *ad hoc*; messire Louis-Charles, comte de Sampigny, chevalier de l'ordre royal et militaire de Saint-Louis; Étienne, comte de Malderée, lieutenant-colonel d'infanterie, chevalier de l'ordre royal et militaire de Saint-Louis. La vicomtesse de Menou est morte à Gien-sur-Loire, le 25 février 1784; elle n'avait pas eu d'enfant. Le vicomte de Menou fut fait premier lieutenant des gendarmes anglais le 16 avril 1785, et passa avec le même grade aux écossais, le 10 juillet de la même année. (*Archives du Méez.*)

Sampigny.
Malderée.

Haut et puissant seigneur messire Louis-Edmond, vicomte de Menou, mestre de camp de cavalerie, lieutenant en premier des gendarmes écossais, veuf de dame Jeanne-Sophie Pillat, épousa, le 16 mai 1786, Louise-Catherine-Alexandre Duval-Monville, âgée de vingt-trois ans, fille de messire Thomas-Pierre Duval-Monville, ancien commandant du Marin, Martinique, chevalier de l'ordre royal et militaire de Saint-Louis, présent, et de dame Jeanne-Félicité Faure, sa femme. Présents et témoins, du côté de l'époux, Philippe-François Denis de Menou, chevalier non profès de l'ordre de Saint-Jean de Jérusalem, cousin; Armand-Gabriel-Charles, baron du Jon, capitaine au régiment Royal-Roussillon-cavalerie, cousin; du côté de la dame épouse, très-haut et très-puissant seigneur Vital-Auguste de Grégoire de Saint-Sauveur, comte de Nozières, lieutenant général des armées du roi, chevalier de l'ordre royal et militaire de Saint-Louis, et ci-devant commandant général des Iles-du-Vent de l'Amérique; messire Charles-François, comte du Myrat, chevalier, seigneur de Bethou, de Malmaison et autres lieux, colonel à la suite des troupes légères, et chevalier de l'ordre royal et militaire de Saint-Louis. (*Ibid.*)

Monville.

Du Jon.

Nozières.

Du Myrat.

Par lettres du 20 avril 1788 et du 31 mai 1789, le roi le désigna pour faire lui-même l'inspection du régiment qu'il commandait : le 10 décembre 1789, il fut élevé au grade de maréchal de camp, et fut nommé par le roi pour commander en troisième les divisions de cavalerie de Lorraine. Il aimait beaucoup le service, que pourtant il abandonna. Il s'occupa pendant la révolution à remettre en état sa résidence du Méez et à remonter ses équipages. La chasse, surtout celle à courre, redevint sa récréation favorite; il y avait acquis par ses succès une certaine réputation, et son nom se retrouve plus d'une fois dans *les Gentilhommes-Chasseurs*, ouvrage récent, qui rend compte des chasses des officiers de gendarmerie à Lunéville. A la Restauration, le vicomte de Menou fut nommé maréchal de camp, inspecteur des gardes nationales du département de l'Indre. Il est mort à soixante-dix-huit ans, le 30 août 1829. Sa veuve réside encore aujourd'hui au Méez avec son frère, son fils et sa belle-fille, son petit-fils et sa femme, ses petites-filles, leurs maris et ses arrière-petits-enfants, qui lui rendent les soins et les consolations qu'elle donna à son beau-père et à sa belle-mère dans les prisons de la Terreur.

## XIX<sup>e</sup> DEGRÉ.

Louis-Edmond-Félicité, comte de Menou, quatorzième propriétaire en ligne directe de la terre et du château du Méez-de Menou, épousa, le 17 août 1806, demoiselle Hippolyte de la Cotardière. De ce mariage sont issus :

1° *Edmond*-Louis-Philippe, né le 30 janvier 1813, qui a continué la postérité.

2° Louise-Catherine-*Alix*, née le 24 août 1809, mariée, le 2 juin 1834, à Jacques-Ernest-Emmanuel de Sainte-Ville.

3° Euphrasie-Philippine-*Claire*, née le 14 novembre 1817, mariée, le 27 septembre 1841, à Louis-Félix de Maurivet, dont elle a : 1° Louise-*Catherine*, née le 7 juillet 1842, et Charlotte-*Jacqueline*, née le 8 juin 1845.

---

Louis-Edmond-Félicité de Menou, fils de haut et puissant seigneur messire Louis-Edmond, vicomte de Menou, mestre de camp de cavalerie, premier lieutenant des gendarmes écossais, chevalier de Saint-Louis, et de dame Louise-Catherine-Alexandre Duval-Monville, sa femme, est né le 19 septembre 1787, et a épousé demoiselle Catherine-Sophie-Hippolyte de la Cotardière, fille de Philippe de la Cotardière et de dame Élisabeth-Euphrasie-Catherine-Olive Arthuys. Le contrat fut passé, le 17 août 1806, devant maître Dupuy, notaire à Écueillé (Indre), en présence des pères et mères des futurs, et de plusieurs de leurs parents et amis qui ont signé : Jacques-Anne de Menou; Charlotte-Françoise de Menou de Bardin; Louis-Camille Duval-Monville; Philippe-Amable de la Cotardière; d'Auvergne; Henri de Vissel; Louis Arthuys; Menou de Lancosme ; Lancosme de Sesmaisons; Dorsanne; Goyon de Chollé; de Preaulx de Boisvilliers ; Marolles; Alphonse de Lan-

La Cotardière.
Arthuys.

Bardin.

D'Auvergne.
Lancosme.
Sesmaisons.
Preaulx.
Marolles.

cosme; Louis de Montbel; Boislinard; Vassan de Montbel; Boislinard-Crémille; Baillou, veuve d'Auvergne; Marie de la Châtre.

La comtesse Edmond de Menou est morte au château du Méez, le 21 février 1852.

## XXᵉ DEGRÉ.

EDMOND-LOUIS-PHILIPPE, septième du nom, vicomte de Menou, a épousé, le 15 avril 1845, demoiselle Zénobie-Philippine-Juliette de Menou, qui l'a rendu père de :

1º *Edmond*-Marie-Amédée-Alexandre, né le 21 septembre 1847.

2º Anne-Marie-*Juliette*-Félicité de Menou, née le 23 décembre 1850.

Edmond-Louis-Philippe de Menou, fils de Louis-Edmond-Félicité, comte de Menou-du Méez, et de dame Catherine-Sophie-Hippolyte de la Cotardière, épousa demoiselle Zénobie-Philippine-Juliette de Menou, fille d'Amédée-Louis-Henri, vicomte de Menou, chevalier de la Légion d'honneur et de l'ordre militaire de Hesse-d'Armstadt, et de dame Marie-Angélique-Juliette de Vezins, sa femme. Le contrat fut passé à Nantes en l'hôtel du vicomte de Menou, devant Mᵉ Desrochelle, notaire, le 14 avril 1845, et la cérémonie religieuse eut lieu le lendemain, en présence de leurs parents et amis, qui ont signé : le marquis de Menou; le marquis de Becdelièvre; vicomtesse de Becdelièvre, née de Vezins; Louis de Monville; Vezins; Menou de Sainte-Ville; vicomte de Becdelièvre; Ludovic de Menou; de Hector, baronne de Vezins; de Menou de Maurivet; comtesse de Terves de Vezins; vicomtesse de Becdelièvre; E. de Becdelièvre, née Baschers; de Bourmont; vicomtesse de Landemont; de Citoys de Surineau; Jos. de Terves; Ernest de Sainte-Ville; de Maurivet; vicomte de Landemont; le comte Rogatien de Sesmaisons; Th. de Surineau; Paul de Menou; Juliette de Menou; Victorine de Chasseloir, comtesse de Sesmaisons; vicomtesse de la Tour du Pin-Chambly; de la Tour du Pin, baronne Cornulier-Lucinière; de Coutances de Royers; J. du Palis, baronne de Saint-Gervais; C. de la Haye, née de Royers; de Commequiers, née de Broc de la Chevasnerie; de la Chevasnerie, née de Becdelièvre; de Couëtus, vicomtesse du Couëdic; vicomte du Couëdic; de Saint-Gervais.

# BRANCHE
### DES
# SEIGNEURS DE CHARNISAY.

## XIIe DEGRÉ.

FRANÇOIS de Menou, quatrième fils de René, seigneur de Boussay (voyez page 50), épousa, le 24 novembre 1575, demoiselle Éarine du Raynier, dame du Chiron, fille de Charles du Raynier, seigneur de Chezelles, qui descendait des Mathefelon, Maillé, Clisson, etc.
De ce mariage sont issus :

HENRI II.
Mathefelon.
Maillé.
Clisson.

    1° *René*, écuyer du roi et conseiller du roi en ses conseils d'État et privé.

    2° *Urbain*, chevalier, seigneur d'Aubeterre, mort sans postérité.

    3° *François*, seigneur du Chiron, gentilhomme ordinaire de la chambre du roi, maître d'hôtel de Sa Majesté, commandant du Brouage et de l'Île d'Oléron. Sa postérité continua la branche après l'extinction de celle de son frère aîné.

    4°, 5°, 6°, 7° et 8° Cinq fils morts au berceau.

    9° *Melaine*, chevalier de Charnisay, chambellan du duc d'Orléans ; mort sans alliance.

    10° *Louis*, chevalier de Ratilly, qui forma le rameau de ce nom, et dont la descendance s'est éteinte dans la maison de Saint-Phalle, après avoir eu des alliances avec les Clugny, Chansy, etc.

    François de Menou est nommé dans les lettres patentes du roi Henri II, données, le 17 avril 1555, à dame Claude du Fau, sa mère, veuve de René de Menou, premier échanson de la reine, dont les services militaires sont honorablement mentionnés dans lesdites lettres. (*Archives de Boussay*.)

    François de Menou, encore mineur, est nommé dans un contrat de partage passé, en la cour de Preuilly, le 8 juillet 1555, entre dame Claude du Fau, comme ayant la garde noble dudit François et d'Aulbin de Menou, ses enfants mineurs, et noble seigneur Jean de Menou, chevalier, fils aîné dudit feu messire René de Menou. (Voyez pag. 61. — *Arrêt de* 1668.)

Chaulnes.

Noble François de Menou, demeurant en Touraine, fit un accord avec Guy de Chaulnes, par acte passé, le 24 avril 1559, devant un notaire de la baronnie d'Angle. (*Original à la Bibl. roy., titres de Menou.*)

Noble personne François de Menou, René, son frère, et noble et puissant seigneur messire Jean de Menou, chevalier, leur frère aîné, firent, le 9 novembre 1563, une transaction avec dame Claude du Fau, leur mère, en forme de partage des successions du seigneur René, leur père, de feu messire Jacques de Menou, chevalier, et de noble Aulbin de Menou, leurs frères. (Voyez pag. 63. — *Original à Boussay.*)

François de Menou, demeurant à Charnisay, transigea, le 7 décembre 1564, avec Jean de Menou, son frère, et eut, par indivis avec René, son autre frère, les terres de Charnisay, Beauvolliers, Billy, la Mercerie, Boisguenant, Villecoppière et Guinchamp. (Voyez p. 63. — *Original à Boussay.*)

Messire François de Menou, chevalier, seigneur de Charnisay, Beauvolliers et autres lieux, obtint un jugement rendu, le 23 juin 1574, par le lieutenant général de Touraine, et signé : Bouru, faisant foi du service qu'il rendait alors dans les armées de Sa Majesté. (*Arrêt de* 1668.)

De Prie.

Crevant.

Isoré.

François de Menou, seigneur de Charnisay, et son frère aîné Jean, seigneur de Boussay, chevalier de l'ordre du roi, eurent des affaires à régler entre eux au sujet de la succession mobilière de dame Claude du Fau, leur mère : « Désirant vivre en paix et amitié fraternelle, » ils transigèrent, de l'avis de haut et puissant seigneur Edme de Prie, chevalier de l'ordre du roi, seigneur de Prie, baron de Toucy et de Montpoupon, lieutenant général pour le roi aux pays de Touraine, Blaisois et Loudunois, et de messire Louis de Crevant, chevalier, seigneur de Cingé, de Jumilhac et d'Azay, leurs parents. Acte reçu à Loose, le 7 février 1575, par Meneau, notaire en la cour royale de Loches, en présence d'Antoine Isoré, prieur de Loose et de Villiers, et de Jacques Isoré, chevalier de l'ordre de Saint-Jean de Jérusalem et commandeur de Ballan, parents de François de Menou. (*Original à Boussay.*)

Gaignon.

Isoré.

François de Menou, seigneur de Charnisay, se rendit à Boussay le 29 mars 1575, et assista au mariage de Marie de Menou, sa nièce, fille de son frère aîné le seigneur de Boussay, avec François de Gaignon, gentilhomme ordinaire de la chambre du roi et seigneur de Sainte-Bohère de Sougny et du Gué-de-la-Ville. Il y eut, entre autres témoins, messire Jean Isoré, prieur de Notre-Dame de Loches, et noble homme Jean Baret, docteur ès lois, lieutenant général à Loches pour le bailli de Touraine. (*Ibid.*)

Messire François de Menou, chevalier, seigneur de Charnisay, Aubeterre, Billy et autres lieux, fils de messire René de Menou, chevalier, seigneur de Boussay, et de dame Claude du Fau, sa femme, épousa, par contrat passé le 24 novembre 1575, devant M$^{es}$ Levasseur et Morin, notaires en la cour de l'Isle-Bouchard, demoiselle Éarine du Raynier, dame du Chiron, fille de Charles du Raynier, seigneur de Chezelles, et de dame Antoinette Duval, sa femme. Elle eut en dot la terre du Chiron. (*Arrêt de* 1668.)

Messire François de Menou, chevalier, seigneur de Charnisay et de Billy, et son frère aîné messire Jean de Menou, chevalier de l'ordre du Roi et seigneur de Boussay, firent un bail à rente à Honoré Guillon et Pierre Regnault, par acte passé, en la cour de Mirebeau, le 3 janvier 1577. (*Ibid.*)

Haut et puissant seigneur, messire François de Menou, chevalier, seigneur de Charnisay et de Billy, gentilhomme ordinaire de la chambre du roi, assista et donna son consentement, le 13 décembre 1578, au mariage de sa sœur, demoiselle Avoye de Menou, dame de Cerisaye, avec messire Anne de Château-Châlons, chevalier, seigneur des Effes, capitaine lieutenant de cinquante hommes d'armes des ordonnances du roi, compagnie Villequier. Elle était veuve de messire Gaucher de Meslay, chevalier, seigneur de Valentin, de Bonneau et de Cerisaye, paroisse d'Azai-le-Boigne, au Maine. (*Original à Boussay.*)

Le 30 août 1579, François de Menou transigea, au sujet de la terre de Billy, avec son frère Jean de Menou, chevalier, seigneur de Boussay. (*Ibid.*)

Messire François de Menou est nommé, le 1$^{er}$ février 1584, dans le testament de dame Avoye de Menou, sa sœur, femme en deuxièmes noces de messire Anne de Château-Châlons, seigneur des Effes. (*Original à Boussay.*)

Messire François de Menou, chevalier de l'ordre du Roi, seigneur de Charnisay, demandeur, obtint du bailli de Touraine une sentence, du 21 mars 1590, contre Christophe du Genest, écuyer, défendeur ; et, sur appel dudit Genest, le parlement de Tours, par jugement du 18 janvier 1592, condamna du Genest aux frais et coûts, à payer la somme de seize cens écus, et à délaisser les fruits et revenus de la terre de Boisgilles pendant deux ans. (*Archives du royaume*, sect. Jud. reg., n° 423.)

Messire François de Menou, chevalier, seigneur de Charnisay, était curateur

La Châtre.

de Claude, René, Philippe et Joachim de Menou, écuyers, et de demoiselles Louise et Françoise de Menou, quant au partage, qui se fit, le 22 mars 1593, entre eux et leur frère aîné, haut et puissant seigneur, messire Jean de Menou, au sujet des successions de Jean de Menou, seigneur de Boussay, leur père, et de dame Michelle de la Châtre, leur mère. (Voyez pag. 75. — *Original à Boussay.*)

Noble seigneur François de Menou, seigneur de Charnisay et de Billy, gentilhomme de la chambre du roi, assista, le 19 novembre 1596, au contrat de mariage de Claude de Menou, son neveu, auteur de la branche de Champlivault. (*Archives de Boussay.*)

François de Menou est qualifié de gentilhomme ordinaire de la chambre du roi dans un acte de 1600, déposé à la Bibliothèque royale. (*Titres de Menou.*)

François de Menou, chevalier, seigneur de Charnisay, reçut du sieur de Fontenay un acquit pour la somme de *six vins treize livres*, le 16 février 1602. (*Original en parchemin, Ibid.*)

Haut et puissant seigneur François de Menou, seigneur de Charnisay, d'Aubeterre, de Billy et du Chiron, chevalier de l'ordre du Roi et gentilhomme de la chambre de Sa Majesté, est mort en 1604; la dame Éarine du Raynier, sa veuve, vivait en 1619 : elle était morte le 29 janvier 1622. (*Arrêt de 1668*).

## XIII<sup>e</sup> DEGRÉ.

RENÉ de Menou, fils aîné de François, premier du nom, seigneur de Charnisay, épousa demoiselle Nicolle de Jousserand, fille de René de Jousserand, chevalier, seigneur de Londigny en Angoumois, et de Renée Robin de la Tremblaye, dame d'Aulnay, et sœur de Robert Robin, qui, en 1590, était lieutenant d'une compagnie de cinquante hommes des ordonnances du roi, chevalier de l'ordre de Sa Majesté, et capitaine de Mortagne. (D'HOZIER, *Armorial*, reg. 1<sup>er</sup>.)

De cette union sont issus :

1° *René*, tué, en 1625, au siége de Bréda.

2° *Jean*, mort jeune sans alliance.

3° *Charles*, chevalier, seigneur d'Aulnay-Charnisay, lieutenant général et gouverneur pour le roi en Acadie et pays adjacents; son article suivra.

4° *Renée*, religieuse carmélite, en grande réputation dans son ordre. Elle fut supérieure à Lyon, à Aix, à Vérue : elle revint ensuite au couvent de Paris, où elle est morte en 1660.

5° *Marie*, morte sans alliance, et inhumée à Saint-Sulpice le 8 septembre 1622.

Messire René de Menou fut nommé, le 15 mai 1610, tuteur aux personnes et biens de François, Melaine et Louis de Menou, ses frères, enfants mineurs de défunt messire François de Menou, chevalier, seigneur de Charnisay, et de dame Éarine du Raynier. (*Arrêt de* 1668.)

Dame Nicolle de Jousserand, femme de messire René de Menou, chevalier, seigneur de Charnisay, fils aîné et principal héritier de défunt messire François de Menou et de dame Éarine du Raynier, mit opposition, le 29 mars 1611, sur la portion que ladite dame du Raynier avait dans les terres de Clermont, de la Barre, etc. (*Bibl. royale, titres de Menou.*)

René de Menou sut mériter la confiance de Richelieu et de Louis XIII, dont il était conseiller d'État. Ce fut lui que Charles de Gonzague, duc de Nevers, envoya auprès d'eux pour les engager à soutenir ses intérêts et ses prétentions en Italie. La négociation eut un plein succès. Le roi se mit à la tête de son armée pour appuyer Gonzague, qui fut reconnu duc de Mantoue et marquis de Montferrat, malgré l'opposition de l'Empereur, du duc de Savoie, de l'Espagne, et de presque toute l'Italie. (*Lettre du duc de Nevers; Bibl. de l'Institut, fonds Godefroy.*)

Messire René de Menou, chevalier, seigneur de Charnisay, assista, le 27 février 1641, à une assemblée des associés de la compagnie particulière de la Nouvelle-France, et se porta fort pour son fils Charles de Menou-d'Aulnay, qui était alors en Amérique. Le 8 mars 1642, il accepta la procuration de son fils; dans cet acte, René de Menou est qualifié conseiller du roi en ses conseils d'État et privé. (*Bibliothèque royale, titres de Menou.*)

René de Menou fut nommé tuteur des enfants mineurs de Charles de Menou d'Aulnay, son fils, et, en attendant la majorité de l'aîné de ceux-ci, le roi lui confia le gouvernement de l'Acadie; à cette occasion, il adressa, le 2 mars 1651, une communication aux gouverneur et magistrats du Massachusetts. (*Archives de Massachusetts, à Boston.*)

Messire René de Menou, chevalier, seigneur de Charnisay, conseiller du roi en ses conseils d'État et privé, est mort à Paris, le 10 mai 1651, à cinq heures de relevée, en sa maison, rue de Grenelle Saint-Honoré. (*Archives de la ville de Paris.*)

Ces documents sont les seuls actes qui aient été retrouvés relativement à René de Menou. On sait, d'autre part, qu'il était né le 18 novembre 1578; qu'il suivit la carrière militaire, se fit connaître du cardinal de Richelieu, et mérita l'estime de ce grand ministre. Après s'être retiré du service, il fut gouverneur du duc de

Mayenne, et il composa, pour l'instruction de ce prince, un *Traité de la guerre* qui, par erreur, a été attribué au maréchal de Biron, et qui forme le volume n° 9769 de la collection Béthune, à la Bibliothèque royale (59).

René de Menou, étant écuyer du roi, publia *la Pratique du cavalier*, suivi d'un Traité *des moyens d'empêcher les duels et de bannir les vices qui les causent;* ouvrage dont il y eut douze éditions, de 1612 à 1650, et qui est encore recherché. M. de Pluvinel, premier écuyer des rois Henri III, Henri IV et Louis XIII, avait préparé des notes sur sa méthode d'instruction; il les mit entre les mains de René de Menou, qui, après la mort de cet écuyer célèbre, rédigea et publia en 1625, sous les auspices du roi, l'*Instruction du roi en l'art de monter à cheval.* Cet ouvrage, dont il y a eu plusieurs éditions, a été traduit en langue étrangère.

On a connaissance de trois portraits de René de Menou : deux par Crispin de Pas, célèbre graveur, et l'autre de Chauveau, peintre fort estimé par le Brun.

Renée de Menou, fille de René, seigneur de Charnisay, entra en 1616 aux Carmélites de Tours, et, dès son noviciat, « parut très-avantagée de la grâce et de la nature. » Le célèbre abbé de Bérulle, depuis cardinal, ayant remarqué en cette jeune novice les « annonces d'une intelligence et d'un caractère supérieurs, la fit appeler à Paris, afin de pouvoir mieux cultiver ces heureuses dispositions. » Placée successivement comme prieure à la tête de cinq monastères, elle les conduisit avec tant de charité, de prudence et de douceur, que sa mémoire s'y est conservée en bénédiction ; elle fut chargée d'une information ordonnée par le pape pour la béatification d'une des sœurs, et son travail fut reçu à Rome avec de grandes louanges. Sa mort, qui fut des plus édifiantes, eut lieu à Paris, au couvent de la rue Saint-Jacques, en 1660.

Ces détails sont consignés dans les archives du couvent principal à Paris, dont un extrait a été donné par madame la comtesse de Soyecourt, cette vertueuse dame qui, après avoir donné l'exemple d'un grand courage pendant la révolution, est morte dans le couvent des Carmélites de la rue de Vaugirard, qu'elle avait fondé. (*Archives de la famille.*)

## XIVᵉ DEGRÉ.

CHARLES de Menou, chevalier, seigneur d'Aulnay, lieutenant général et gouverneur de l'Acadie et pays confins, en la Nouvelle-France, épousa Jeanne Motin, dont il eut :    LOUIS XIII.

    1°, 2°, 3° *Joseph, Charles* et *René*, tués à la guerre.

    4° *Paul*, tué au siége de Luxembourg en 1684, major au régiment du maréchal de la Ferté, son parent.

    5° *Marie*, née en 1646, et reçue, en 1676, chanoinesse du chapitre noble de Poussay. — Ses quartiers sont à la Bibliothèque royale de Paris, et sont accompagnés d'un certificat des maréchaux de la Ferté et de Grançey, des ducs du Lude et de Roquelaure, donné par eux comme cousins de Marie de Menou.    La Ferte. Grançey. Du Lude. Roquelaure.

    6°, 7°, 8° *Jeanne, Renée, Anne*, religieuses de la Bourdillière.

    Tous ces enfants de Charles de Menou sont nés au Port-Royal, siége de son gouvernement. On trouve qu'un Jean Motin était, en 1474, l'un des gentilshommes de l'hôtel du roi et archer de la garde (*Bibliothèque royale, Supplément français*, vol. 2343).

---

Charles de Menou partit, le 4 juillet 1632, pour l'Amérique, en qualité de lieutenant du commandeur de Razilly, chargé de prendre possession des pays que restituait le roi d'Angleterre, par suite du traité de Saint-Germain. Razilly était l'un des officiers les plus distingués de la marine française : après avoir servi avec éclat devant la Rochelle, il avait commandé une expédition contre le Maroc, où il avait brisé les fers d'un grand nombre de chrétiens; en 1632, il avait reçu le titre de gouverneur de la colonie qu'il entreprenait de fonder. Le roi lui avait remis une commission en blanc, pour que, en cas d'accident, on pût y mettre le nom d'une personne capable de remplir cette mission (*Archives des affaires étrangères*). Le choix à faire d'un lieutenant était donc, en ce cas, d'une grande importance. Razilly proposa Charles de Menou-d'Aulnay, qui avait déjà servi sous ses ordres.    Razilly.

Après s'être emparé de la Hève, en Acadie, Razilly chargea d'Aulnay de prendre possession du Port-Royal et de Pemptagoïet, où des Anglo-Américains s'étaient établis depuis 1627. D'Aulnay prit ce fort, renvoya ses défenseurs, et leur donna des bons pour leurs marchandises, qu'il envoya à la Hève : puis il écrivit à M. Winthrop, gouverneur de la colonie anglaise, qu'il avait ordre de repousser jusqu'à Pemaquid tous ceux qui voudraient s'établir en deçà; que ceux de sa juridiction qui visiteraient Pemptagoïet seraient bien reçus, sans qu'il leur fût    Winthrop.

permis d'aller au delà. Il repoussa une expédition envoyée contre lui, et revint en France, le 24 janvier 1633, sur un vaisseau du roi qu'il commandait. (HUTCHINSON, *Hist. du Massachusetts*, p. 46. — *Lettre de* D'AULNAY, *Arch. du Mass.*)

Razilly étant mort à la Hève en novembre 1635, d'Aulnay exerça par intérim les fonctions de gouverneur, qui lui furent confirmées par le Roi. (HALLIBURTON, *Hist. de la Nouv.-Écosse*, p. 52). Il transporta le siége de son gouvernement de la Hève au Port-Royal, afin de se rapprocher des colonies rivales et entreprenantes de la Nouvelle-Angleterre, et d'être plus en mesure de veiller aux intérêts de la France et de la colonie. Il construisit au Port-Royal et à Pemptagoïet des forteresses qui, ainsi que toute l'Acadie, furent maintenues au pouvoir de la France tant que d'Aulnay vécut.

Louis XIII écrivit à d'Aulnay, le 10 février 1638, de Saint-Germain-en-Laye, une lettre établissant les limites de son commandement; elle est signée : Louis, et plus bas : Bouthillier, et adressée à M. d'Aulnay-Charnisay, commandant ès forts de la Hève, Port-Royal, Pemptagoïet, et côtes des Etchemins en la Nouvelle-France. (*Archives de la marine.*) Par une autre dépêche du 13 février 1641, S. M. lui annonçait l'ordre exprès donné au sieur la Tour de s'embarquer sans délai pour se rendre auprès d'elle; dans le cas où celui-ci n'obéirait pas, S. M. ordonnait à d'Aulnay de se saisir de la personne dudit la Tour, d'inventorier ses biens, et de confier les forts qu'il tenait à des personnes fidèles et affectionnées au service du Roi; signée : Louis, et plus bas : Bouthillier. (*Archives de la marine, Mémoires officiels*, tom. V, p. 123.)

Le 27 février 1641, il y eut à Paris une réunion des actionnaires de la compagnie particulière de la Nouvelle-France, dont le cardinal de Richelieu était actionnaire pour un sixième. Il y fut déclaré que, depuis six ans, d'Aulnay avait souvent exposé sa vie en prenant et défendant des forts contre les Anglais; et en considération de ses services, on créa pour lui une septième action qui fut acceptée en son nom par son père, René de Menou. Cette délibération, consignée dans un acte passé devant Beaufort et son collègue, notaires au Châtelet, fait mention de la générosité, expérience et bonne conduite de d'Aulnay.

La part qui revenait au cardinal fut confiée à d'Aulnay, pour en disposer « comme « il jugeroit bon, afin de soutenir le séminaire des sauvages, et pour l'avance- « ment de la gloire de Dieu en la Nouvelle-France, selon les intentions de Son « Éminence. » Acte passé à Paris, le 9 février 1642, devant Chappelain et Plâtrier, notaires. D'Aulnay, qui était venu à Paris pour des affaires de son gouvernement, accepta cette céssion, ainsi que celle qui lui fut faite d'une portion des droits que le chevalier de Razilly, chef d'escadre, tenait de feu son frère le commandeur. L'acte, reçu à Tours, le 19 février 1642, par le notaire David, constate que cette donation était faite pour cause d'amitié et de parenté, « et en reconnois- « sance des soins et travaux que ledit Charles de Menou avoit pris et soufferts « pour l'établissement, conservation et manutention de l'Acadie, tant auprès du « défunt commandeur de Razilly que depuis son décès. » Peu de temps après, d'Aulnay acheta tous les droits des Razilly en Acadie, et, par des arrangements ultérieurs, il resta seul représentant de la compagnie particulière de la Nouvelle-France en ce pays ; position importante alors, qui lui aurait procuré une fortune considérable, s'il eût pu se consacrer exclusivement au soin de ses propres affaires et des intérêts matériels de la colonie. Des ordres venus de France lui ayant enjoint de retirer le commandement du fort Saint-Jean au sieur de la Tour, déclaré rebelle par des arrêts du conseil des 9 mars 1642 et 6 mars 1644 (*Archives du royaume*), d'Aulnay mit le blocus devant la forteresse : la Tour invoqua le secours des Anglo-Américains de Boston ; quatre de leurs navires, armés en guerre, et un autre de la Rochelle, également armé et monté par cent quarante protestants, vinrent attaquer d'Aulnay, qui dut se retirer devant des forces si supérieures. Il fut poursuivi jusqu'au Port-Royal, où il se défendit bravement, et d'où il parvint à les repousser après une lutte meurtrière. (HUBBARD, p. 482). La mort de Richelieu, créateur et protecteur de la colonie, et le décès de Louis XIII, qui mettait la France aux mains d'une régente, réduisaient d'Aulnay à ses ressources personnelles pour l'exécution des ordres du roi : sa dépense s'élevait déjà à 20,000 livres par mois. (HAZARD, t. I, p. 498.) Néanmoins, en évitant tous actes d'hostilité directe, il sut, par sa fermeté et son énergie, se faire respecter des Anglo-Américains : on a même écrit qu'il s'en fit redouter. (HUBBARD, p. 487; HUTCHINSON, p. 133). La conduite du gouverneur fut l'objet d'une protestation publique de la part de plusieurs des habitants les plus considérables du pays, entre autres de sir Richard Saltonstall (HAZARD, t. I, p. 502; HUBBARD, p. 480; HUTCHINSON, p. 130); et un acte des commissaires généraux de la Confédération interdit aux gouverneurs de permettre à des volontaires de sortir armés contre aucun peuple étranger, sans l'autorisation expresse desdits commissaires généraux. (HAZARD, t. II, p. 21.)

Des négociations se terminèrent par un traité qui fut signé à Boston, le 8 octobre

1644, par un chargé de pouvoirs de d'Aulnay, et qui neutralisa les menées que la Tour continuait à pratiquer dans le pays. (HUBBARD, p. 487.) D'Aulnay assiégea le fort Saint-Jean, l'emporta d'assaut en avril 1645, et y nomma un nouveau commandant : la garnison comptait beaucoup d'Anglais et d'autres étrangers; quelques-uns furent graciés, et d'autres subirent la peine de leur rébellion. (*Procès-verbal du Prévôt; Archives de la marine.*) Une lettre officielle de la reine Anne d'Autriche à d'Aulnay (27 septembre 1645) fait l'éloge de sa valeur et de sa fidélité. (*Archives des affaires étrangères.*) Une lettre de Louis XIV est conçue en termes encore plus flatteurs, et lui annonce que, « pour témoigner combien il estime le courage qu'il a fait paroître et sa fidélité, il lui enverra au plus tôt un vaisseau équipé de tous ses apparaux, » etc. Signée : Louis, et plus bas : de Loménie. (*Ibid.*)

Anne d'Autriche.

Brienne

Les gens du Massachusetts entretenaient encore des intelligences avec la Tour; d'Aulnay, par représailles, s'empara de leurs navires; il reçut leurs réclamations avec une fierté qualifiée par Hubbard de *hautaine*. (P. 493, 494; HUTCHINSON, p. 135.) Sa fermeté réussit : les commissaires généraux ratifièrent alors la convention de 1644. (*Ibid.*, 493.) Une lettre lui annonça la mission prochaine du lieutenant gouverneur du Massachusetts, du major Dennison, etc. D'Aulnay préféra traiter à Boston, et y envoya un fondé de pouvoirs avec son secrétaire, M. Louis. Une espèce de procès-verbal extrait des archives du Massachusetts donne des détails sur la manière dont ils furent traités. Hubbard, qui était présent, dit : « Leur congé fut « aussi honorable que leur réception, et accompagné de tout le respect que la Nou- « velle-Angleterre pouvait manifester envers le lieutenant général du roi de France « en Acadie (p. 496.) » Le gouverneur envoya à d'Aulnay, à titre de satisfaction, une riche litière de voyage qui avait été faite pour le vice-roi du Mexique, et dont un corsaire anglo-américain s'était emparé. (*Ibid.*, HUTCHINSON, p. 135.)

Dudley. Dennison.

Par des lettres-patentes du mois de février 1647, Louis XIV conféra à d'Aulnay le gouvernement perpétuel du pays qu'il avait si bien défendu; il y est dit que c'était en reconnaissance de ses bons et fidèles services, et afin qu'une œuvre si bien acheminée fût, pour l'honneur et grandeur de la couronne, conduite à perfection; que d'Aulnay avait construit 4 forts, les avait munis de 60 pièces de canon, de gens de guerre en nombre suffisant, et de toutes autres choses nécessaires; le tout à ses frais, avec une dépense immense pour laquelle il avait été forcé de faire des emprunts, l'état des finances n'ayant pas permis au roi de venir à son aide comme il l'eût désiré. Les lettres patentes lui donnent pouvoir et autorité d'y exécuter tout ce qui sera nécessaire pour la conquête, le peuplement et la conservation du pays, et tout ce que le roi pourrait faire s'il y était en personne; elles lui concèdent la traite des pelleteries, les terres, les mines d'or, d'argent, de cuivre et d'autres métaux, et toutes ces choses pour lui, ses hoirs, successeurs et ayants droit, à condition d'en faire hommage au roi en personne ou par procureur. (*Arch. de la mar.*)

Par des mémoires qui sont aux archives des ministères de la marine et des affaires étrangères, et dont plusieurs sont de la main de personnes commises au gouvernement de l'Acadie, il paraît que d'Aulnay avait dépensé plus de 800,000 livres pour l'*avancement* de la colonie, et qu'il y avait fait de grandes améliorations : sous son administration elle jouissait d'un calme profond et d'une prospérité croissante, lorsqu'il fut enlevé par la mort le 24 mai 1650. On l'enterra le lendemain solennellement, en présence de tous les officiers, soldats et habitants de Port-Royal, à main droite dans la nef de l'église qu'il avait fait construire, et où était déjà inhumé un de ses enfants. (*Lettre du chef des missionnaires de l'Acadie.*) Cet ecclésiastique, pendant onze ans de séjour en Acadie, n'avait jamais entendu d'Aulnay dire une seule parole désavantageuse de qui que ce fût. Il rend hommage à sa rare charité et à sa piété exemplaire. (*Même lettre*, datée de Paris, 6 août 1653, trois ans après la mort de d'Aulnay.) Les Anglo-Américains l'ont représenté comme un vaillant capitaine, expérimenté et prudent dans le commandement, et comme un vrai gentilhomme, d'un caractère généreux, et tenant plus à la bonne renommée qu'au profit : ses propres lettres nous le montrent plein d'énergie et d'amour pour la France. (Hazard, t. Ier, p. 498 ; Hubbard, 491, 493, 494. *Lett. tirées des arch. de Boston.*)

Après la mort de d'Aulnay, la Tour reparut en Acadie ; on y vit aussi le Borgne, Simon et Nicolas Denys, etc., s'acharnant à dépouiller les enfants mineurs de d'Aulnay des droits héréditaires sur l'Acadie, que Louis XIV avait déclaré leur appartenir. (*Lettres pat.* de 1651-1652, *Arch. des aff. étrang.*) En 1654, le fort Saint-Jean et Port-Royal furent livrés à cinq cents Anglo-Américains qui, au milieu du désordre, s'emparèrent de l'Acadie ; et la Tour se rendit en Angleterre pour solliciter auprès de Cromwell la confirmation des concessions que sir W. Alexander lui avait accordées en 1630. (Hutchinson, p. 183 ; Halliburton, t. I, p. 61, 63. *State paper office à Londres.*) Enfin, le pays resta à l'Angleterre, et il forme aujourd'hui deux colonies importantes : Nova-Scotia et New-Brunswick. A Port-Royal, qui s'appelle Annapolis-Royal, on voit encore le fort construit par d'Aulnay.

# RAMEAU DE CHARNISAY-MENOU.

## XIIIᵉ DEGRÉ.

LOUIS XIII.

FRANÇOIS de Menou, troisième fils de François de Menou et de dame Éarine du Raynier, épousa, le 2 septembre 1625, Marie Brisson, dame de Nanveigne, dont il eut :

1° *Armand*-François, lieutenant aux gardes françaises ; son article suit.

2° *Jeanne*, mariée le 2 février 1651, en Nivernais, à messire Charles Delas, chevalier, seigneur de Valhose, Lanneray, etc. Elle est morte sans postérité en février 1655.

3° *Louise*, morte sans alliance.

François de Menou était, le 15 mai 1610, sous la tutelle de René, seigneur de Charnisay, son frère aîné. (*Arrêt de* 1668.)

Bouthillier.
Bruslart.

Messire François de Menou, seigneur du Chiron, reçut une pension de 3,000 livres par brevet de la reine mère, signé : Marie, et plus bas : Bouthillier; confirmé, le 15 juin 1623, par un autre brevet de Louis XIII, signé : Louis, et plus bas : Bruslart (*Ibid.*). Le 23 juillet 1623, il fut nommé gentilhomme ordinaire de la chambre du roi par provisions signées : Louis, et plus bas : Loménie, portant en marge l'acte de prestation de serment, signé : Aubin, le 29 juillet 1623. Le duc de Chevreuse, pair et grand chambellan de France, donna le même jour un certificat attestant que François de Menou, chevalier, seigneur du Chiron, était pourvu de cette charge. (*Ibid.*)

Loménie

Duc
de Chevreuse

Richelieu.

En 1625, François de Menou était capitaine d'une compagnie entretenue pour le service du roi, en la ville de Brouage, et commandant du fort de l'île d'Oleron. Ses services furent attestés par un certificat du cardinal de Richelieu. (*Bibl. roy.*, collection DU CHESNE, tom. XXVII, f° 204.)

Brisson.
Choiseul.
Le maréchal
de la Châtre

Messire François de Menou, chevalier, seigneur du Chiron, épousa, le 2 septembre 1625, Marie Brisson, dame de Nanveigne, veuve de Claude de Choiseul, chevalier, seigneur et baron d'Esguilly, en présence du maréchal de la Châtre, son parent. Contrat passé devant Boyer, notaire à Nevers. (*Arrêt de* 1668.)

Les services militaires de François de Menou furent attestés, le 4 septembre 1627, par le maréchal de Brézé, et, le 20 avril 1628, par le cardinal de Richelieu, général de l'armée devant la Rochelle (*Ibid.*); il était maître d'hôtel de la maison du roi en 1631. (*Reg. de la chambre des comptes, arrêt de* 1668.)

Messire François de Menou, et dame Marie Brisson, sa femme, firent, par acte reçu, le 19 mai 1633, devant Coquille, notaire à Nevers, leurs dispositions testamentaires, portant donation au dernier vivant des meubles et conquêts et dation de la garde noble et tutelle de leurs enfants. (*Arrêt de* 1668.) Il ne vivait plus le 26 novembre 1633, date des lettres de tutelle de ses enfants. Dans des lettres patentes accordées à son fils par Louis XIV, le 7 mars 1697, il est dit que François de Menou avait servi jusqu'à sa mort; « pendant les guerres de religion, au siége de « la Rochelle, où il commandoit une compagnie, et ensuite il eut le comman- « dement du Brouage et de l'isle d'Oleron sous nostre cousin le cardinal de Riche- « lieu. » (*Archives du royaume.*)

## XIV<sup>e</sup> DEGRÉ.

ARMAND-François de Menou épousa, le 10 septembre 1664, Françoise-Marie de Clère, fille de Charles, marquis de Clère et de Beaumetz, seigneur de Goupillières, châtelain de Prunay-le-Gilon, etc., et de Charlotte de Boursault.

De ce mariage sont issus :

1° *Hyacinthe-Armand*, mort sans alliance, avant son père.

2° *François*, mort jeune.

3° *François-Charles*, brigadier des armées du roi, capitaine-lieutenant des chevau-légers d'Anjou.

4° *Louis*, grand-croix et grand bailli de Malte, ambassadeur de cet ordre à la cour de Bruxelles.

5° *Philippe-Louis*, comte de Charnisay, né en 1675, mestre de camp de cavalerie et chevalier de Saint-Louis ; mort sans alliance, le 17 avril 1713.

6° *Jacques-Joseph*, chevalier de Malte.

7° *Augustin-Roch*, évêque de la Rochelle.

8° *André*, comte de Charnisay par la mort de son frère Philippe.

9° *Marie-Louise*, prieure des chanoinesses, dames de Viantais, à Loches.

10° *Françoise*, prieure après la mort de sa sœur.

---

Armand-François de Menou, né en 1629, fils de François, seigneur du Chiron, fut inscrit dans le catalogue des nobles du Nivernais, en vertu d'un arrêt de maintenue obtenu, le 29 mars 1635, par Marie Brisson, dame de Nanveigne, sa mère (*Arrêt de* 1668); il entra au service à l'âge de quinze ans, en qualité d'enseigne-colonelle du régiment de la Reine, et devint enseigne des gardes françaises. Il se trouva à la bataille de Lens, à l'attaque du faubourg Saint-Antoine, à la prise du faubourg et de la ville de Bordeaux, au siége de Stenay, et à l'attaque des lignes d'Arras, où il fut blessé au bras. Il fut fait lieutenant des gardes françaises, servit, en 1655, au siége de Condé et de Saint-Guillain, et, en 1657, à celui de Montmédy, où il fut blessé dangereusement au genou, à l'attaque d'une demi-lune. Ces services sont constatés par un certificat du duc d'Épernon, signé : Épernon, et plus bas : Simony, le 16 mars 1655, et par un autre du maréchal de la Ferté, donné au camp de Montmédy le 15 juillet 1657, signé et scellé du sceau de ses armes, et plus bas : Lacon. (*Arrêt de* 1668.)

Armand-François de Menou, chevalier, seigneur de Charnisay, Boisvolliers, la Mivoye, etc., rendit foi et hommage pour lesdits fiefs à messire René de Menou, chevalier, seigneur de Boussay, par acte reçu de Villeret, greffier de la justice et seigneurie de Boussay, le 3 juillet 1661. (*Ibid.*)

Le 28 mai 1668, il rendit encore foi et hommage au duc de Nevers, pour les terres de Menestreau, Villiers et Néronde. Acte signé : Coquille, greffier de la chambre des comptes de Nevers. (*Ibid.*)

Messire Armand-François de Menou, chevalier, seigneur de Charnisay, Boisvolliers, la Mivoie, Menestreau et Néronde, épousa, par contrat du 10 septembre 1664, passé devant Mousnier et le Moyne, notaires à Paris, dame Françoise-Marie de Clère, fille de Charles, marquis de Clère et de Beaumetz, seigneur de Goupillières, châtelain de Prunay-le-Gilon, Tourly, Tallemontiers, Quesnoy, et de Charlotte de Boursault; en présence de Noël le Boutez, conseiller du roi en sa cour de parlement, et fondé de procuration de dame Marie Brisson, veuve de défunt François de Menou, seigneur du Chiron, père dudit seigneur de Charnisay. (*Ibid.*)

Pour satisfaire à l'arrêt du conseil du 22 mars 1666 et aux ordonnances du roi, Armand-François de Menou, chevalier, seigneur de Charnisay, etc., produisit ses titres de noblesse, au vu desquels et des pièces mentionnées en son inventaire, et de l'avis du procureur du roi, un jugement de maintenue fut rendu en sa faveur, le 9 février 1668, par Louis de Machault, conseiller du roi en ses conseils, maître des requêtes de l'hôtel de Sa Majesté, commissaire départi pour l'exécution des ordonnances de Sa Majesté. (*Original en parchemin, aux archives de la famille.*)

Haut et puissant seigneur messire Armand-François de Menou, chevalier, marquis de Charnisay, Aubeterre, Menestreau, Prunay-le-Gillon, Nanveigne, etc., demeurant audit Nanveigne, assista, le 15 janvier 1682, au mariage de haut et puissant seigneur, messire Charles de Menou, seigneur de Cuissy, avec demoiselle Jacqueline de Crémeur, dont il était cousin issu de germain, à cause de Françoise-Marie de Clère, sa femme. (D'HOZIER, *Preuves des Pages,* 1760.)

Armand-François de Menou-Charnisay obtint, en 1697, de Louis XIV, des lettres patentes par lesquelles, « en reconnaissance de services rendus à ce grand roi et à ses prédécesseurs par ledit de Menou et par ses ancêtres, les terres de Nanveigne et Menestreau, et les fiefs y annexés, durant à l'avenir ne faire qu'une seule et même terre et seigneurie, créée, eslevée et décorée en titre, nom, dignité et prééminence de marquisat, sous le nom de MENOU. » (*Archives du royaume*, sect. judiciaire.)

Armand-François de Menou, marquis de Menou, seigneur de Charnisay, Boisvolliers, Néronde, Villiers et la Mivoie, etc., décéda en son château de Menou le 21 septembre 1703, où sa veuve mourut le 10 décembre 1737, à l'âge de quatre-vingt-quatorze ans. (*Mercure* de juin 1738.)

Louis de Menou-Charnisay, né le 20 juillet 1672, quatrième fils d'Armand-François, fut reçu chevalier de l'ordre de Malte, au grand prieuré de France, le 8 août 1677, chevalier profès en 1714, et commandeur en 1717. Il avait la commanderie de Caëstre, en Flandre, lorsque, comme député général de son ordre aux Pays-Bas autrichiens, il présenta, le 1$^{er}$ avril 1726, à l'archiduchesse une lettre du grand maître pour la féliciter au nom de toute la religion, etc. Il fut chargé de réclamer contre des taxes imposées par les états du Hainaut sur les propriétés de l'ordre de Malte, et de revendiquer ses anciennes immunités. Sa négociation réussit complètement, malgré l'influence des états. En 1730, Louis de Menou était grand bailli et grand-croix de l'ordre de Saint-Jean de Jérusalem. Il est mort à sa commanderie, le 14 juin 1738. Les documents recueillis à Bruxelles sont aux *Archives de la famille.*

Augustin-Roch de Menou, né le 15 mai 1681, septième fils d'Armand-François, se livra avec ardeur à ses études, parvint aux premiers grades des écoles, et cultiva avec succès les sciences et les belles-lettres. Entré au séminaire de Saint-Sulpice de Paris pour se préparer au saint ministère, il y approfondit toutes les branches des connaissances ecclésiastiques, et bientôt après il fut reçu docteur en Sorbonne. Après son ordination, il s'attacha au diocèse de Chartres sur l'invitation de l'évêque, M. de Mérinville, et fut chanoine de la cathédrale le 22 mars 1708 ; chefecier de l'église de Chartres et grand vicaire en 1711 ; archidiacre de Dreux le 19 mars 1712, et de Dunois, le 20 février 1716 ; il siégea, comme député du second ordre, à l'assemblée du clergé tenue à Paris en 1725. Il fut nommé, le 29 mars 1727, abbé de Notre-Dame d'Angle au diocèse de Luçon, et de Saint-Pierre de Preuilly au diocèse de Tours, le 20 novembre 1728. Nommé à l'évêché de la Rochelle en octobre 1729, il fut sacré à Paris, le 10 septembre 1730, dans la chapelle archiépiscopale, par l'archevêque de Bordeaux, assisté de messeigneurs de Beaumont, évêque de Saintes, et de Mérinville, évêque de Chartres. Il arriva, le 26 novembre suivant, à la Rochelle, où il déploya les qualités éminentes nécessaires pour bien gouverner ce diocèse, qui contenait un grand nombre de familles protestantes, parmi lesquelles le souvenir des guerres civiles était encore vivace : « son air de dignité, tempéré par la modestie, annonçait un prince de l'Église ; sa supériorité pour gouverner les hommes, la sagesse de son administration, son affabilité, le généreux emploi qu'il fit de ses amples revenus, et le zèle qu'il eut pour les intérêts de la Rochelle, le firent chérir de tous. Par son habileté dans la conduite des âmes, on vit briller d'une haute sainteté plusieurs religieuses des communautés qu'il dirigea. Sa charité était inépuisable, surtout envers les pauvres, qu'il fit ses héritiers. Aux représentations de ses amis, il répondit, dans un temps de détresse : *Tout ce qui est ici leur appartient ; il y a des meubles, il faut les vendre* ; et il fit vendre jusqu'à son argenterie. Sa mort, qui eut lieu le 26 novembre 1767, répandit la tristesse dans la ville de la Rochelle où la voix publique lui donnait le nom de saint. Il a laissé dans son diocèse une mémoire singulièrement précieuse, et le souvenir de ses vertus s'y perpétue encore. » Telles sont les expressions d'une notice que monseigneur de Villecourt, évêque actuel de la Rochelle, nous a envoyée par l'entremise d'un vénérable ami, feu l'abbé de Courson, supérieur général de Saint-Sulpice. Elle est remplie de détails édifiants et d'un grand intérêt pour tous ceux qui, comme lui, portent le nom de Menou. Augustin de Menou voulut être enterré dans l'église de l'hôpital Saint-Louis de la

Rochelle, où l'on voit son épitaphe. Dans le palais épiscopal, on a conservé son portrait. Il y en avait deux à Boussay; le marquis de Menou nous en a donné un. La notice et des documents que nous devons à monseigneur du Parc, ancien grand vicaire de la Rochelle, et maintenant évêque de Blois, sont aux *Archives de la famille.*

André de Menou-Charnisay, huitième fils d'Armand-François, fut reçu chevalier non profès de l'ordre de Saint-Jean de Jérusalem, en 1717. Étant, après la mort de son frère Philippe, devenu comte de Charnisay et seigneur d'Aubeterre, de Saint-Michel des Landes, de Bou et de Boisvolliers, il épousa, le 23 octobre 1720, avec la permission de son ordre, Marie-Angélique Brisson, sa cousine, dont il eut deux filles :

1° Marie-Françoise de Menou-Charnisay, née au château de Menou en 1722. Elle se rendit, en 1746, à Boussay, pour assister au mariage de sa cousine Marie-Charlotte de Menou ; et quelque temps après elle déclara définitivement à ses parents qu'elle persistait dans la résolution, depuis longtemps annoncée, de céder tous ses droits d'aînesse à sa sœur, et de se consacrer à Dieu et au soin des malheureux. De la fortune considérable qui lui était destinée, elle réserva une part pour subvenir à ce qu'elle voulait entreprendre, et, après la mort de son père, elle acheta une maison à Orléans, où elle s'établit. Le récit du bien qu'elle a fait et l'histoire de sa vie, qui fut toute remplie de bonnes œuvres, seraient trop longs pour trouver leur place ici, et devraient faire le sujet d'une notice spéciale. Marie-Françoise de Menou est morte en sa maison, dite *Perpignan*, à Orléans, le 2 avril 1799, en odeur de sainteté. Les documents que l'on a pu recueillir sur elle sont aux *Archives de la famille.*

2° Charlotte de Menou, seconde fille du comte de Charnisay, épousa en 1747 Antoine Charri, marquis des Gouttes, capitaine de vaisseau, chevalier de Saint-Louis, promu en 1765 au grade de chef d'escadre. Ils eurent un fils et trois filles.

Marie-Louise de Menou, fille aînée d'Armand-François, née le 14 octobre 1665, fut nommée par le roi abbesse de Notre-Dame de Meaux. Elle refusa cette dignité, et préféra se retirer dans le couvent des dames de Viantais, à Beaulieu-lez-Loches. Elle en fut prieure en 1714, mourut en décembre 1731, et fut remplacée par sa sœur révérende mère Françoise-Marguerite de Menou-Prunay.

Boursault.

Ce couvent de chanoinesses régulières de Saint-Augustin avait été fondé, en 1643, par leurs grand'tantes, filles de Charles de Boursault, marquis de Viantais, Voiré, Bridoré, etc., gentilhomme de la chambre du roi et mestre de camp de cavalerie. (Dom Housseau, t. VII, n° 1195.)

## XV<sup>e</sup> DEGRÉ.

François-Charles, marquis de Menou, etc., troisième fils d'Armand-François, marquis de Menou-Charnisay, épousa, le 16 avril 1707, demoiselle Anne-Thérèse de la Grandière, fille de François de la Grandière, seigneur de Meurcé, et de Marie-Gabrielle de Neuilly.

De ce mariage sont issus :

1° *Gabriel*-François, né le 10 janvier 1711, mort avant 1718.
2° *Armande*-Françoise, marquise de Jumilhac, née le 6 décembre 1708.
3° Marie-*Louise*, comtesse de Damas-Crux, née le 27 septembre 1712.
4° Louise-*Thérèse*, marquise de Saint-Bris, née le 24 octobre 1714.
5° Augustine-*Marie*, comtesse de Langeron, née le 15 octobre 1726.

Chevau-légers de la Reine.
Gendarmes écossais.
Gendarmes anglais.

François-Charles de Menou fut cornette des chevau-légers de la Reine le 15 mai 1693 ; enseigne des gendarmes écossais le 15 mars 1698, et mestre de camp de cavalerie le 2 mai 1696. En juillet 1708, il fut sous-lieutenant des gendarmes anglais, chevalier de Saint-Louis en 1710, brigadier des camps et armées du roi le 11 février 1719, et capitaine-lieutenant des chevau-légers d'Anjou en 1723. Il se retira du service en 1729, et mourut le 13 juin 1731, en son château de Prunay, près Chartres, à l'âge de soixante et un ans. Sa veuve est morte, le 28 mai 1736, au couvent des Petites-Cordelières, à Paris. (*Archives de la famille.*)

Chevau-légers d'Anjou.

Jumilhac.

Armande-Françoise de Menou, fille aînée de François-Charles, marquis de Menou, épousa, le 23 mai 1731, Pierre-Joseph Chapelle de Jumilhac, premier sous-lieutenant de la première compagnie des mousquetaires de la garde du roi, qui, plus tard, fut capitaine-lieutenant de cette compagnie, et lieutenant général des armées du roi.

Richelieu.
Béarn.
D'Hervilly.

Parmi leurs descendants actuels, sont : le duc de Richelieu, le marquis de Jumilhac, la comtesse de Béarn, le comte Louis d'Hervilly, ancien colonel de cavalerie, chevalier de Saint-Louis et de la Légion d'honneur, et la marquise de Caraman.

Marie-Louise de Menou, seconde fille de François-Charles, marquis de Menou, fut mariée au château de Menou, le 31 août 1734, avec haut et puissant seigneur Louis-Alexandre Damas, comte de Crux, baron de Demain et de la Coloncelle, et vicomte de Grésigny, qui, par ce mariage, eut le marquisat de Menou. De cette union sont issus le comte de Damas, chevalier d'honneur de madame la duchesse d'Angoulême; le duc de Damas, pair de France, cordon bleu, lieutenant général, et premier menin du Dauphin; François, vicaire général du diocèse de Nevers, et Marie-Augustine, supérieure des dames de la Visitation à Moulins; le comte de Nantouillet, cordon rouge, lieutenant général, et premier écuyer du duc de Berry; le marquis et le comte Étienne de Biron; la duchesse douairière de Blacas, le duc de Blacas, les comtes Stanislas et Xavier de Blacas, et messieurs de la Ferronnays. (62)

Louise-Thérèse de Menou, troisième fille de François-Charles, marquis de Menou, épousa, le 28 février 1740, Henri-François de Lambert, marquis de Saint-Bris, baron de Chitri, chevalier de Saint-Louis, lieutenant général des armées du roi, et gouverneur d'Auxerre.

Augustine-Marie de Menou, quatrième fille de François-Charles de Menou, fut mariée, le 9 août 1751, avec Louis-Théodore Andrault, comte de Langeron, lieutenant général des armées du roi, commandant en chef dans la province de Guyenne, qui, resté veuf sans enfants, se remaria avec Marie-Anne-Louise de Damas, fille de Marie-Louise de Menou. Un fils unique, né de cette seconde union le 13 janvier 1763, a fait la guerre d'Amérique, et, ayant pris du service en Russie, est devenu gouverneur général de la Crimée et de la Nouvelle-Russie, et général en chef de l'armée de Valachie; il est mort en 1831.

# RAMEAU DE RATILLY.

## XIII<sup>e</sup> DEGRÉ.

LOUIS XIII.

Louis de Menou, cinquième fils de François, premier du nom, épousa, en 1617, demoiselle Jeanne du Puy, dont il eut :

1° *Louis*, chevalier de Ratilly, capitaine d'infanterie, tué à la guerre en Hollande, sans alliance.

Clugny

2° *Madeleine*, mariée avec messire Barthélemy de Clugny, baron de Grignan, seigneur d'Aysy, de Châtenay et de Saint-Pierre : elle eut plusieurs enfants.

3° *Louise*, religieuse ursuline à Orléans.

Chansy.
Saint-Phalle

4° *Jacqueline*, mariée à messire David de Chansy, seigneur de Chansy, de Prénoy, de Trigny, etc. Elle eut une fille unique, qui épousa le marquis de Saint-Phalle.

Crevant.

Louis de Menou, fils de François, premier du nom, seigneur de Charnisay, fut baptisé en l'église de Saint-Martin de Charnisay le 9 février 1592, et eut pour parrain haut et puissant seigneur messire Louis de Crevant, son parent, seigneur d'Azay, et vicomte de Brigueil, gouverneur de Ham et de Compiègne, capitaine de cinquante hommes d'armes, et chevalier des ordres du roi.

Du Raynier.

Louis de Menou est nommé dans l'acte, du 15 mai 1610, de dation de tutelle des enfants mineurs de François de Menou et de dame Éarine du Raynier : il assista, le 6 juillet 1636, au mariage de Louis de Menou-Champlivault, son cousin.

# BRANCHE

### DES

# SEIGNEURS DE CHAMPLIVAULT-CUISSY.

### XIIIᵉ DEGRÉ.

CLAUDE de Menou, seigneur de Mantelan, gentilhomme de la chambre du roi, second fils de     HENRI IV.
Jean, huitième du nom, épousa, le 19 novembre 1596, demoiselle Françoise de Viault, fille
unique et héritière de René de Viault, chevalier des ordres du roi, capitaine de cinquante hommes
d'armes des ordonnances de Sa Majesté, gouverneur d'Auxerre, etc. Il en eut :

    1° *Louis*, prieur de Grandmont et de Saint-Aignan le Jaillard, et doyen du chapitre d'Orléans.

    2° *René*, dont l'article suivra.

---

    Claude de Menou était encore mineur sous la curatelle de son oncle François de Menou, seigneur de Charnisay, chevalier de l'ordre du roi, le 22 mars 1593, date du partage des immeubles de la succession Jean, seigneur de Boussay, et de Michelle de la Châtre, père et mère dudit Claude. (*Original à Boussay; voir page 75.*)

    Noble seigneur Claude de Menou, seigneur de Mantelan, gentilhomme de la chambre du roi, épousa, par contrat du 19 novembre 1596, demoiselle Françoise de Viault, fille unique et héritière de feu messire René de Viault, seigneur de Champ-     Viault.
livault, chevalier des ordres du roi, capitaine de cinquante hommes d'armes des ordonnances de Sa Majesté, bailli et gouverneur des villes d'Auxerre, Montereau, et
de Diane David, dame du Mesnil : en présence de son oncle, haut et puissant sei-     David.
gneur messire Claude de la Châtre, baron de la Maisonfort et de Beaugency, cheva-     La Châtre.
lier des ordres du roi, maréchal de France, gouverneur et lieutenant général à

Orléans et au duché et pays de Berry ; de noble seigneur François de Menou, seigneur de Charnisay et de Billy, gentilhomme de la chambre du roi, aussi son oncle; de Marin de Vançay, seigneur de la Barre, gentilhomme de la chambre du roi, son beau-frère; de Gabriel Danlezy, seigneur de Mennetou, Couture, Villeblin, Joui, Gaugi et Rouzières; et François Destutt, seigneur de Tracy et de Saint-Père, capitaine-exempt des gardes du corps du roi, cousins de ladite demoiselle de Viault. (*Arrêt de* 1447, D'HOZIER, preuves pour Saint-Cyr, 1733.)

Claude de Menou, seigneur de Mantelan et du Mesnil, chevalier de l'ordre du roi, reçut, le 12 mai 1597, en échange de sa terre du Mesnil en Hurepoix, celle de Cuissy en la baronnie de Sully, avec chastel, manoir seigneurial, colombier et autres dépendances, telles que métairies, terres, vignes, etc., etc. (*Original à Boussay.*)

Messire Claude de Menou, seigneur de Mantelan et de Champlivault, partagea avec ses frères et sœurs puînés, le 7 juillet 1598, les terres et seigneuries de Mantelan, Châtre, Marai et la Picquoterie, situées dans le ressort de Loches et de la Blanchardière et la Forge, en la baronnie de Preuilly, à eux délaissées par Jean de Menou, seigneur de Boussay, leur frère aîné, pour tout ce qu'ils avaient à prétendre dans la succession de leurs père et mère. Dans ce partage, Claude de Menou reçut, conjointement avec sa sœur Louise, les terres et seigneuries de Marai et de Châtre, plus, la métairie de la Picquoterie et dépendances, etc. Ce partage fut fait devant Guillebert Seguin, écuyer, seigneur de la Roullanderie, conseiller du roi, lieutenant général et ordonnateur du bailli de Touraine, au siége royal de Loches. (*Preuves de cour.*)

Messire Claude de Menou, chevalier, seigneur de Mantelan, du Mesnil et de Cuissy, rendit foi et hommage pour le fief de Verneau à haut et puissant seigneur Claude de la Trémoille. Acte passé devant Lenoir, notaire à Sully, le 21 avril 1602. (*Arrêt de* 1667.)

Messire Claude de Menou, demeurant au Mesnil, vendit en 1605, à son frère aîné Jean, seigneur de Boussay, la terre de la Blanchardière, avec une rente en grains, qu'il avait acquise de son frère René, seigneur de la Blanchardière. (*Ibid.*)

Noble seigneur Claude de Menou, seigneur du Mesnil, gentilhomme de la chambre du roi, et noble dame Françoise de Viault, sa femme, assistèrent, le 19 novembre 1608, au mariage d'Alophi de Certaines, seigneur de Villemolins, leur cousin. Il a qualité de chevalier de l'ordre du roi, seigneur du Mesnil et de Champlivault, dans la procuration à lui donnée par Edmée de la Croix, mère dudit seigneur de Villemolins, pour consentir à ce contrat. (*Preuves de cour.*)

Claude de Menou, seigneur de Mantelan, de Champlivault, du Mesnil et de Cuissy, gentilhomme de la chambre du roi, chevalier de l'ordre de Sa Majesté, et capitaine d'une compagnie des gendarmes du roi, est mort avant le 29 mai 1612, date d'un acte signé par sa veuve devant Lejay, notaire à Bourges (*Original à Boussay.*) Voir aussi un acte reçu par Cahouet, notaire à Orléans, le 28 mars 1631. (D'HOZIER, *Preuves pour Saint-Cyr*, 1733.) (63)

Louis de Menou, fils aîné de Claude, seigneur de Champlivault, etc., entra dans les ordres sacrés, fut prieur de Grandmont en Poitou, et de Saint-Aignan le Jaillard en Orléanais, et chanoine de Sainte-Croix d'Orléans ; il fut élu sous-doyen de cette église en 1628, et doyen en 1629. Les 28 mars 1631 et 29 janvier 1635, il souscrivit des actes devant Cahouet et Basli, notaires à Orléans, conjointement avec Françoise de Viault, sa mère, veuve de messire Claude de Menou, seigneur de Champlivault, en son vivant capitaine d'une compagnie de gendarmes du roi. (*Original à Boussay.*) Ces actes étaient faits pour l'avantage de son frère cadet René, pour lequel il se porta fort dans deux autres actes reçus par Blanchet et Guerfaut, notaires, les 13 décembre 1637 et 12 septembre 1640. Il avait renoncé à tous ses droits dans la succession de sa mère en faveur de ce même frère, par acte du 9 juillet 1636. (*Arrêt de* 1667.)

Louis de Menou est mort le 25 septembre 1648, à l'âge de quarante-quatre ans, et fut inhumé dans le chœur de l'église de Sainte-Croix d'Orléans. Voir son épitaphe. (*Gallia Christiana*, t. XVIII, p. 1511.)

## XIVᵉ DEGRÉ.

LOUIS XIII.

RENÉ de Menou, second fils de Claude, seigneur de Champlivault et de Cuissy, épousa, le 6 juillet 1636, demoiselle Aimée l'Huillier; et en secondes noces se maria, le 8 juillet 1640, avec demoiselle Élisabeth de Morainville.

De sa première femme il eut :

1° *Louis*, capitaine dans le régiment du duc d'Orléans. Sa descendance mâle s'est éteinte à la troisième génération.

Du second lit sont issus :

2° *François*, prieur de Grandmont, conseiller-aumônier du roi et chanoine de la Sainte-Chapelle de Bourges.

3° *David*, tué, en 1664, dans un combat contre les Turcs, à Saint-Gothard.

4° *Edme*, né le 9 août 1647, mort avant 1663, sans postérité.

5° *Charles*, brigadier des armées du roi, gouverneur de la citadelle d'Arras, et chevalier de Saint-Louis.

6° *Maximilien*, mort sans postérité.

7° *Marie*, religieuse de Faremoutiers.

8° *Françoise*, reçue, en 1674, chanoinesse de Remiremont.

9° *Élisabeth*, mariée, en 1674, à François-Gaston d'Autry.

———

L'Huillier

Messire René de Menou, seigneur de Champlivault, épousa, le 6 juillet 1634, demoiselle Aimée l'Huillier, en présence de noble et discrète personne messire Louis de Menou, doyen et chanoine de l'église d'Orléans, son frère aîné; de messire Armand-François de Menou, seigneur de Charnisay, et de messire Louis de Menou, seigneur de Ratilly, ses cousins. Acte passé devant Laurent, notaire à Orléans : elle est morte en 1635. (*Arrêt de* 1667.) (64)

Messire René de Menou, chevalier, seigneur de Champlivault, reçut de son frère aîné, messire Louis de Menou, doyen de l'église d'Orléans, un acte de renonciation à la succession de dame Françoise de Viault, leur mère, au moyen de quoi il devint seigneur de tous les biens de ladite dame de Viault. Acte reçu au bailliage d'Orléans, le 9 juillet 1636. (*Ibid.*)

Messire René de Menou, seigneur de Champlivault et de Cuissy, héritier universel de dame Françoise de Viault, sa mère, fit, en cette qualité, hommage de la terre, seigneurie et maison forte de Cuissy, de Rigaude, du Portail et de la Tardivière, à très-haut et puissant seigneur messire Maximilien de Béthune, duc de

Sully, pair et maréchal de France, etc., etc. Acte du 2 juillet 1637, reçu par Jean Picheri, notaire au duché-pairie de Sully, en présence de Henri Hurault, comte de Chiverny, gentilhomme ordinaire de la chambre du roi, capitaine de cinquante hommes d'armes de ses ordonnances, alors bailli d'Orléans et conservateur des priviléges royaux de l'université de cette ville (*Preuves des Pages*, 1760); et, le 1$^{er}$ septembre 1639, il rendit aveu, pour sa terre de Champlivault, au sieur du Coudray, seigneur de Mairiers, par acte passé devant Louis de Haultmont, notaire à Saint-Aignan le Jaillard. (*Arrêt de* 1667.)

Messire René de Menou, seigneur de Champlivault, épousa, par contrat passé, le 8 juillet 1640, au lieu seigneurial de Villechauve, paroisse de Chaon, devant Reculé, notaire en ladite paroisse, demoiselle Élisabeth de Morainville, fille de messire François de Morainville, seigneur de Villechauve et de feu demoiselle Marie de Chansy. Ils étaient assistés : ledit futur, de son frère Louis de Menou, doyen de l'église d'Orléans ; de messire Louis de Buffevant, seigneur de la Grange, Chaumont et autres lieux; de messire Charles Destutt, doyen de Meung-sur-Yèvre, archidiacre de Bourbon au diocèse de Bourges; de Louis Destutt, seigneur de Saint-Père; de Jacques d'Estampes, seigneur de la Motte d'Avorde, et de Louis de Broc, seigneur de Nozet, tous cousins dudit futur; la future épouse assistée de son père ; de messire David de Chansy, seigneur de Chansy, de Prénoy et de Josai, gentilhomme ordinaire de la chambre du roi, son oncle maternel; de demoiselle Judith de Chansy, sa tante; de François et Claude de Morainville, ses frères; de Marie de Morainville, sa sœur, et d'autres parents. (D'HOZIER, *Preuves pour Saint-Cyr*, 1733.)

Messire René de Menou, seigneur de Champlivault et du fort de Cuissy, reçut de haut et puissant seigneur Maximilien de Béthune, duc de Sully, la concession de droits de fossés et de pont-levis, par acte passé devant Jean Grehery, notaire à Sully, le 26 avril 1641, en fin duquel est un autre acte signé dudit seigneur de Sully, le 2 mai suivant. (*Arrêt de* 1667.)

Messire René de Menou, seigneur de Champlivault et de Cuissy, héritier universel de feu dame Françoise de Viault, veuve de Claude de Menou, seigneur de Mantelan, des droits de ponts-levis et fossés de Champlivault et des fiefs sortis de la Motte de Saint-Aignan, rendit hommage, le 11 novembre 1643, de la terre, seigneurie et maison forte de Cuissy, des fiefs de Rigaude, du Portail, de la Tardivière et de Verneau, à Maximilien-François de Béthune, duc de Sully, pair de France, etc.

Chiverny.

Acte reçu par Pichery, notaire du duché-pairie de Sully, en présence de Henri Hurault, comte de Chiverny, seigneur d'Esclimont, etc., etc. (D'Hozier, *Preuves pour Saint-Cyr*, 1733.)

Messire René de Menou, seigneur de Champlivault et de Cuissy, fit, le 1ᵉʳ février 1656, son testament, déclarant qu'il voulait être enterré dans l'église de Saint-Aignan, où ses ancêtres avaient été inhumés, et recommanda à son fils absent, qu'il ne nomme point, de porter honneur et respect à Élisabeth de Morainville, sa femme. Ce testament fut reçu par Jean Damond, notaire à Sully. (*Ibid.*) René de Menou est mort le 4 février 1656; sa veuve est morte à la fin de l'année 1683.

Vitry.

François de Menou, né le 14 juin 1641, second fils de René, seigneur de Champlivault, fut prieur commendataire de Grandmont, conseiller aumônier du roi et chanoine de la Sainte-Chapelle de Bourges. Le 22 mai 1666, il tint sur les fonts de baptême François, fils de Philippe des Roches du Coudray; le 24 septembre 1675, il fit donation à sa mère de tout ce qu'il avait dans le partage des successions de son père et de ses frères. Le 7 janvier 1682, il assista au contrat de mariage de son frère puîné Charles de Menou-Cuissy, et, le 7 décembre 1682, il obtint un arrêt du conseil d'État pour terminer le différend qu'il avait avec Marie-Louise Pot de Rhodes, veuve du duc de Vitry, sa parente. (*Preuves de cour.*)

Autry.

Saint-Phalle.

Élisabeth de Menou, troisième fille de René, seigneur de Champlivault, épousa, le 29 janvier 1674, haut et puissant seigneur messire François-Gaston d'Autry, seigneur de Varenne et de la Mivoie, premier capitaine au régiment de Son Altesse Royale le duc de Savoie, fils de feu Georges d'Autry, troisième du nom; ledit futur assisté de son oncle messire François d'Autry, seigneur de la Mivoie, prêtre, conseiller et aumônier du roi, protonotaire du Saint-Siége, prieur de Nogent et de la Touche; et ladite future assistée de François de Menou, son frère, conseiller du roi, prieur de Grandmont et de Saint-Aignan le Jaillard, chanoine de l'église de Sainte-Croix d'Orléans; de sa tante, dame Jacqueline de Menou, veuve de messire David de Chansy et de messire Edme de Saint-Phalle, seigneur de Cudot, son cousin issu de germain.

Élisabeth de Menou assista, en 1682, au mariage de son frère Charles de Cuissy, et renonça en sa faveur à ses droits dans la succession de leur mère.

## XVᵉ DEGRÉ.

Louis de Menou, fils aîné de René, seigneur de Champlivault, épousa Françoise Monnot, dont il eut :   LOUIS XIV.

1° *Louis-René*, capitaine dans le régiment de Catinat, et chevalier de Saint-Louis.
2° *Jean-*Pierre, capitaine dans le régiment de la Sarre, et chevalier de Saint-Louis.
3° *François-*Gaston, prieur de Saint-Aignan le Jaillard et de Méry-sur-Loire.

---

Louis de Menou, chevalier, seigneur de Champlivault, était capitaine dans le régiment du duc d'Orléans lorsque, le 18 décembre 1663, il fit partage des successions de René de Menou, son père, de son oncle le doyen de l'église d'Orléans, et de ses frères Edme et Maximilien, qui étaient décédés depuis la mort de son père. Ce partage se fit avec dame Élisabeth de Morainville, veuve dudit seigneur René, tant en son nom comme ayant été en communauté de biens avec ledit René que comme gardienne de ses enfants. (*Arrêt de* 1667.)   Régiment d'Orléans.

Louis de Menou, seigneur de Champlivault et autres lieux, épousa, le 18 janvier 1665, Françoise Monnot, fille de défunt André Monnot, en son vivant seigneur de Fontaine. Acte passé devant Philippe et Legent, notaires à Orléans. (*Ibid.*)   Monnot.

Louis de Menou, seigneur de Champlivault, ayant reçu, le 8 mars 1667, un exploit signifié d'après les arrêts du conseil, qui ordonnaient la recherche des usurpateurs de titres de noblesse, y fit réponse le 20 du même mois, et obtint, le 30 avril suivant, un arrêt qui, au vu des pièces par lui fournies, conformément à l'inventaire déposé par lui et de l'avis du procureur du roi, le maintint dans sa noblesse, et ordonna qu'il fût inscrit au catalogue des nobles pour jouir des priviléges à eux accordés, etc. (*Archives du Loiret.*)

Jean-Pierre de Menou, seigneur du Verger, second fils de Louis, seigneur de Champlivault, capitaine dans le régiment de la Sarre et chevalier de Saint-Louis, épousa Anne-Jacqueline le Normand, dame de Heri près la Charité, et en eut Anne-Jacqueline, mariée, en 1748, avec André-Hector de Beauregard, et Marie, morte sans alliance.   La Sarre. Le Normand Beauregard.

## XVIe DEGRÉ.

LOUIS XV.
Ponnard.

Louis-RENÉ de Menou, fils aîné de Louis, seigneur de Champlivault, épousa demoiselle Anne Ponnard, fille d'André Ponnard, seigneur de la Crouslaye. Il en eut :

1° *Charles-René*, abbé commendataire de l'abbaye royale de l'Ile-Chauvet, archidiacre de la Rochelle, et grand vicaire de l'évêque Augustin de Menou, dont il fut exécuteur testamentaire en 1767. Il est mort en 1774.

2° *Louis-François-Gaston*, capitaine dans le régiment de la Couronne. Son article suivra.

3° *Anne*-Françoise, religieuse.

4° et 5° *Catherine* et Françoise, mortes sans alliance.

---

Catinat.

Louis-René de Menou, seigneur de Champlivault, fut capitaine dans le régiment de Catinat; il rendit hommage, en **1717**, pour le fief de la Collinière, sis en la paroisse de Méry-sur-Cher. (*Archives du royaume*, reg. 442, f° **232**.)

---

## XVIIe DEGRÉ.

La Couronne.
Brisacier.

Louis-François-Gaston de Menou, second fils de Louis-René, seigneur de Champlivault, capitaine dans le régiment de la Couronne, épousa demoiselle Anne Brisacier. Il en eut :

1° Charles-Louis de Menou, mousquetaire gris, mort sans alliance avant 1758.

2° N... de Menou, née en 1737, morte sans postérité.

3° Charlotte-Marguerite, née en 1748; mariée avec Claude-Marie Dodart, mestre de camp de cavalerie, chevalier de Saint-Louis. (*Archives de la famille*.)

# RAMEAU DE CUISSY.

## XVe DEGRÉ.

CHARLES de Menou, chevalier, seigneur de Cuissy, né en 1652, sixième fils de René, seigneur de Champlivault, épousa, le 16 janvier 1682, demoiselle Jacqueline de Crémeur, fille de défunt haut et puissant seigneur messire Gilles de Crémeur, seigneur de Gas, de Marolles, etc., et de demoiselle Éléonore de Chansy. LOUIS XIV.
De cette union sont issus :

    1° *Louis-Joseph*, maréchal de camp, chevalier de Saint-Louis, lieutenant de roi à Nantes, gouverneur du Gavre, et commandant des cinq évêchés de la haute Bretagne.

    2° *Claude*-Charles, commandant de bataillon au régiment de Mailly, chevalier de Saint-Louis, tué à la guerre en 1746.

    3° *Louis-François*, maréchal de camp, chevalier de Saint-Louis, auteur du rameau de Motelle.

    4° *Jacques-David*, abbé de Bonrepos et de Saint-Léonard de Fougères, grand vicaire de l'évêque de Nantes.

    5° *René-François*, maréchal de camp, chevalier de Saint-Louis. Il épousa sa cousine Louise-Marie-Charlotte de Menou, héritière du marquis de Menou-Boussay, et continua la lignée des seigneurs de Boussay.

    6°     de Menou, né en 1693, cornette de Saint-Phalle-cavalerie en 1709, capitaine au même régiment en novembre 1711, et ensuite dans le régiment de *Roye*, la Rochefoucauld. Saint-Phalle. Régiment de la Rochefoucauld.

    7° *Marie-Françoise*, prieure de Gy, morte en 1757.

    8° *Élisabeth*, mariée à Joseph-Adalbert d'Autry, seigneur de la Mivoie.

Charles de Menou entra au service à l'âge de treize ans, fut lieutenant dans le régiment de la Ferté, infanterie, devint capitaine dans celui de Chamilly en 1774, et obtint, en 1676, une compagnie dans le régiment Villeroy, cavalerie : il la commanda avec distinction en 1677 aux siéges de Valenciennes et de Cambrai, et en 1678 à ceux de Gand et d'Ypres, puis à la bataille de Saint-Denis près Mons. (PINARD, *Chronologie historique et militaire*, t. VII; D'ASPECT, historiographe de l'ordre de Saint-Louis, t. II, p. 355.) La Ferté. Chamilly. Villeroy. Valenciennes. Cambrai. Gand. Ypres. Mons.

Messire Charles de Menou, tant en son nom que comme fondé de la procuration d'Élisabeth de Morainville, sa mère, fit une constitution de rente, par acte passé, le 21 février 1681, devant Faucheux, notaire à Orléans. (D'HOZIER, *Preuves pour Saint-Cyr*, 1733. — *Archives de la famille*.)

24.

Haut et puissant seigneur messire Charles de Menou, seigneur de Cuissy, etc., demeurant en son château de Cuissy, épousa, le 16 janvier 1682, demoiselle Jacqueline de Crémeur, fille de haut et puissant seigneur messire Gilles de Crémeur, chevalier, seigneur du Gas, de Marolles, etc., et de demoiselle Éléonore de Chansy. Il fut assisté de son frère aîné François de Menou, abbé de Grandmont; de Gaston d'Autry, seigneur de la Mivoie, son beau-frère; de haut et puissant seigneur messire Claude de Morainville, seigneur de Ville-Chauve, de la Trépinière, etc., brigadier des armées du roi, son oncle maternel; et de haut et puissant seigneur messire Alexandre de Carmin, chevalier, seigneur de la Pommeraye, son cousin germain, à cause de dame Marie du Clozel, sa femme. Ladite demoiselle de Crémeur fut assistée de sa mère; de haut et puissant seigneur messire Armand-François de Menou, marquis de Charnisay, Aubeterre, Menestreau, Prunai-le-Gillon, Nanveigne et autres lieux, demeurant à Nanveigne, son cousin issu de germain, à cause de dame Marie de Clère, sa femme; de demoiselle Félix de Crémeur, sa sœur; de haute et puissante dame Marie-Liée de Chansy, femme de haut et puissant seigneur messire David de Saint-Phalle, baron de Cudot, de Saint-Martin, d'Ordon et de Chansy, sa tante maternelle.

L'abbé de Grandmont et le seigneur d'Autry, fondé de la procuration de sa femme Élisabeth de Menou, renoncèrent en faveur dudit futur époux, leur frère, à tous les droits qu'ils pourraient prétendre dans la succession de leur mère, qui lui donna tous ses biens meubles et immeubles, à la réserve de 600 " de rente et de la somme de 1,200 " en argent, et le tint quitte de son douaire, préciput, et autres droits. Le contrat fut passé au château du Gas, devant Leblond, notaire à Chartres. (*Ibid.*)

Le comte Charles de Menou fit, en 1684, la campagne de Flandre, parmi la cavalerie qui couvrit le siége de Luxembourg. En 1689, il devint, par commission du 1$^{er}$ janvier, colonel d'un régiment de milices de la généralité d'Orléans, et commanda ce corps jusqu'à son licenciement en 1698. (*Chronol. hist. et milit.*, tom. VII.)

Messire Charles de Menou, seigneur de Cuissy et du Gas, fit aveu en la chambre des comptes de Blois, le 19 novembre 1689, pour la terre et seigneurie de Mesflé, et, le 21 du même mois, il rendit foi et hommage au roi pour les terres de Saint-Dyé, des Chézeaux et de la Gittonnière. (D'HOZIER, *Preuves des Pages*, 1760.) Par acte passé, le 17 mars 1691, devant Alexandre Mauduit, notaire à Orléans, il constitua, conjointement avec sa femme, une rente en faveur de la veuve de son oncle, messire Claude de Morainville, brigadier des armées du roi. (*Ibid.*)

Après la réforme de son régiment, le comte Charles de Menou fut attaché au régiment d'Auxerrois, comme colonel à la suite, par ordre du 30 mars 1698; par commission du 25 juillet 1702, il leva un régiment de son nom, qu'il commanda sous le maréchal de Villars, pendant les campagnes de 1703 et 1704. Le 10 février 1704, il fut créé brigadier d'infanterie. (*Chronologie hist. et milit.*, t. VII. — D'AsPECT, t. II, p. 355.) Il reçut de Louis XIV une lettre datée de Versailles le 6 août 1704, signée : Louis, et plus bas : Phélippeaux, annonçant que Sa Majesté avait donné à son fils Cuissy une charge d'enseigne dans son régiment. (*Original aux archives de la famille.*) Il eut ordre de passer en Italie, et s'y distingua infiniment à la tête d'une brigade dont il avait le commandement. (D'ASPECT, t. II, p. 355.) Il fut chargé du commandement du pays de Bas et de la vallée d'Aoste; il eut part à la bataille de Cassano, gagnée, le 16 août 1705, par Vendôme contre le prince Eugène; il commanda ensuite la brigade de Touraine au siége de Turin, en 1706, et y combattit avec la même bravoure, mais non pas avec le même bonheur : à l'attaque d'une demi-lune, un boulet de canon lui emporta une jambe. N'étant plus en état de faire la guerre de campagne, il se démit de son régiment en faveur de son fils aîné, qui en exerçait déjà le commandement depuis 1704, et on lui donna le gouvernement de la citadelle d'Arras. (*Ibid., et Chronol. hist. et milit.*, t. VII.)

A la fin de 1713, le comte de Menou, gouverneur, fit son entrée publique au bruit du canon et de la mousqueterie de la garnison qui était sous les armes. Les magistrats de la ville allèrent le saluer, et lui présentèrent ses vins ordinaires, etc. (*Archives*, t. V, f° 718, et *V. Suppl.* 91, *dép. à la bibl. de la ville d'Arras.*)

Le comte de Menou reçut de Louis XV une lettre qui lui annonçait qu'en récompense des services rendus à lui et au feu roi son aïeul, de glorieuse mémoire, il avait nommé Louis-François de Menou, son fils, chevalier de l'ordre militaire de Saint-Louis : ne pouvant faire lui-même la réception, le roi autorisait le comte de Menou à recevoir son fils en son nom. Datée de Paris le 5 novembre 1719, signée : Louis, et plus bas : le Blanc. (*Original aux archives de la famille.*)

Le comte Charles de Menou, seigneur de Cuissy, brigadier des armées du roi, et gouverneur de la citadelle d'Arras, assista, le 13 juillet 1720, au mariage de sa fille Élisabeth avec Joseph-Adalbert d'Autry; le 29 août 1721, il donna sa démission de son gouvernement, et termina sa carrière le 29 août 1725, à l'âge de soixante et treize ans, après soixante ans de services militaires, ayant donné aux armées cinq fils qui furent tous chevaliers de Saint-Louis, et dont trois parvinrent, de grade en grade, à celui de maréchal de camp. Sa veuve est morte en 1730.

Claude-Charles de Menou, second fils de Charles, seigneur de Cuissy, fut enseigne au régiment de Menou en 1702, capitaine en 1703, capitaine de grenadiers au même régiment, et, en 1712, capitaine dans celui du prince de Pons. Il était chevalier de Saint-Louis le 13 juillet 1720, lorsqu'il assista au mariage de sa sœur Élisabeth avec messire Joseph-Adalbert d'Autry, et, le 16 septembre 1721, au baptême de leur fille. Il commandait le premier bataillon du régiment de Mailly lorsqu'il assista au mariage de son frère René-François le 2 janvier 1746, et périt à l'armée dans la même année; il avait été blessé longtemps auparavant en plusieurs rencontres. Son dévouement était vraiment extraordinaire : pendant quarante-trois ans de service, il n'avait jamais pris un congé de trois mois; à toutes les revues, sa compagnie avait été notée complète et la meilleure du régiment; dans la campagne de Bavière, elle fut réduite à cinq hommes; il en leva une nouvelle avec l'aide de son frère le commandant de Nantes, emprunta 3,500 livres pour conduire ses recrues de Nantes à la frontière d'Alsace, et, pour les mettre en état d'entrer en campagne, il voulut rester au régiment sans jouir de son semestre. (*Archives du ministère de la guerre.*)

Jacques-David de Menou, quatrième fils de Charles, seigneur de Cuissy, était chanoine de la cathédrale de Chartres lorsqu'il assista, le 28 avril 1729, au contrat de mariage de son frère, le comte de Menou-Motelle; il fut abbé commandataire de Saint-Léonard de Fougères en 1731, puis de l'abbaye de Bonrepos, et vicaire général du diocèse de Nantes. Il assista aux contrats de mariage de ses frères, le comte de Menou de Nantes et le marquis de Menou-Boussay; de son neveu le comte Louis-Joseph, et de sa nièce la marquise de Menou-du Méez. Ce fut lui qui leur donna à tous la bénédiction nuptiale, et qui, au décès de son père et de son frère aîné, leur porta les consolations de la religion et leur administra les derniers sacrements de l'Église.

Elisabeth de Menou, seconde fille de Charles, seigneur de Cuissy, épousa, le 13 juillet 1720, Joseph-Adalbert d'Autry, seigneur de la Mivoie, fils de François-Gaston d'Autry et d'Élisabeth de Menou de Champlivault, sa femme, et dont la bisaïeule appartenait à la maison de Courtenay : il fut assisté de son beau-frère Alexandre-Jacques de Daldart de Melville, chevalier-baronnet d'Angleterre, seigneur de la Salle, de Moreau, etc. Ladite Élisabeth fut assistée de ses père et mère et de ses frères, Louis-Joseph, colonel d'infanterie ; Claude-Charles, capitaine au régiment d'infanterie de Pons, et Louis-François, mestre de camp de cavalerie, exempt des gardes du corps, tous chevaliers de Saint-Louis ; de René de Menou, chevalier, seigneur de Champlivault, son cousin germain, et de Anne Ponnard, sa femme ; de François-Gaston de Menou, chevalier, seigneur de Berne, prieur de Saint-Aignan le Jaillard, son cousin germain ; de Anne-Françoise de Menou, fille de René, de Champlivault ; de Françoise-Marie de Clère, veuve de haut et puissant seigneur Armand-François de Menou, marquis de Menou ; de messire Augustin-Roch de Menou, son cousin, chevalier, seigneur d'Aubeterre en Touraine, docteur en Sorbonne, grand vicaire, archidiacre et chanoine de Chartres ; et de messire André de Menou, comte et seigneur de Charnisay. (D'HOZIER, *Preuves pour Saint-Cyr*, 1733. — *Archives de la famille*.)

## XVIe DEGRÉ.

LOUIS-JOSEPH de Menou, fils aîné de Charles, seigneur de Cuissy, épousa demoiselle Louise-Marie de Charitte, fille de Pierre de Charitte, lieutenant du roi au Cap, île de Saint-Domingue. De ce mariage sont issus :

1° *Louis-Joseph*, qui fut lieutenant de roi à Nantes et chevalier de Saint-Louis.

2° *Bernard*, né le 18 mars 1731, fut sous-lieutenant aux gardes françaises et chevalier de Saint-Louis.

3° *Louis-Vincent*, mort jeune.

4° *Charles-Élisabeth*, mort jeune.

5° *Marie-Charlotte*, née le 17 avril 1723, mariée au marquis d'Amou.

6° *Anne-Louise*, née le 30 avril 1726, mariée, le 31 janvier 1750, au marquis de Menou-du Méez, morte le 29 juin 1794.

7° *Françoise-Henriette*, née le 27 septembre 1733, mariée au marquis de Saumery-Lacarre.

Louis-Joseph de Menou commença à servir à l'âge de douze ans dans le régiment des milices de la généralité d'Orléans, dont son père était colonel, et obtint une compagnie en 1697. Il fut fait major du régiment de Menou que son père leva en 1702. Il servit en Languedoc en 1703 et 1704, ainsi qu'au siége de Chivas, en 1705; devenu colonel du même régiment le 27 juin 1706, sur la démission de son père, il le commanda la même année au siége et à la bataille de Turin. (*Chronologie histor. et milit.*, t. VIII.) Par des lettres du maréchal de Châteaurenaud, il paraît qu'en 1707 il fut rappelé en France et envoyé avec son régiment en Bretagne, où il séjourna jusqu'en avril 1708. (*Archives de la marine.*) Son régiment ayant été réformé à la paix de 1713, il fut entretenu colonel à la suite du régiment de Boufflers, par ordre du 14 février 1714. En 1719, il fut élevé au grade de brigadier, et fut nommé en 1721 lieutenant de roi des ville et château de Nantes. Il était aussi gouverneur du Gavre et chevalier de Saint-Louis, le 22 septembre 1723, lorsqu'il fit, avec Marie-Louise de Charitte, sa femme, une procuration reçue par Thomas, notaire à Nantes. (*Archives de la famille.*) (65)

En 1729, il alla à Motelle, en Normandie, et se rendit, le 23 avril, au mariage de son frère Louis-François. Le 30 décembre 1743, il acheta du prince Charles de Lorraine, grand écuyer de France, la baronnie de Pontchâteau, première baronnie de Bretagne, et la seigneurie de Brignan. Le 2 janvier 1746, il fut à Boussay, où il assista au mariage de son frère René-François, et, le 6 décembre suivant, il fut parrain de son neveu René-Louis-Charles de Menou. Le roi le fit commandant des cinq évêchés de la haute Bretagne en 1744, le chargea de commander la noblesse appelée à la défense des côtes, et l'éleva au grade de maréchal de camp en 1748.

Haut et puissant seigneur Louis-Joseph, comte de Menou, baron de Pontchâteau et seigneur de Cuissy, maréchal des camps et armées du roi, commandant pour Sa Majesté dans les cinq évêchés de la haute Bretagne, gouverneur du Gavre et lieutenant de roi des ville et château de Nantes, est mort en ce château le 16 juin 1754. Louise-Marie de Charitte, sa femme, était morte le 21 janvier 1736.

Bernard de Menou, second fils de Louis-Joseph, seigueur de Cuissy, fut sous-lieutenant au régiment des gardes françaises, de 1744 à 1758, et chevalier de Saint-Louis : il épousa, en janvier 1757, demoiselle          de Récusson, dame de Marcouville près Dreux, dont il n'eut qu'un fils, mort à l'âge de dix-sept ans. Le marquis de Menou-Marcouville est mort en 1807, et sa veuve en 1817.

Marie-Charlotte de Menou, fille aînée de Louis-Joseph, seigneur de Cuissy, épousa, le 31 janvier 1740, Jean-Joseph de Caupenne, marquis d'Amou, commandant pour le roi à Bayonne, ancien commandant aux gardes françaises. Ils ont laissé une nombreuse postérité, à laquelle appartiennent entre autres MM. de Pontac, d'Arbératz, de Piis, et de Marcellus.

Françoise-Henriette de Menou, troisième fille de Louis-Joseph, seigneur de Cuissy, épousa, le 17 mai 1756, messire Louis-Georges de Johanne de la Carre, marquis de Saumery, seigneur de Piffonds et autres lieux, lieutenant-colonel au régiment Royal-Piémont, gouverneur du château de Chambord, grand bailli de Blois et du pays blaisois, etc. Il était d'une noble et très-ancienne maison du royaume de Navarre, et il descendait, par seize degrés de mâle en mâle, de Gérault de Johanne, seigneur de Mauléon.

De ce mariage, Françoise-Henriette de Menou eut Louis-Marie, marquis de Saumery, et Marie-Renée-Jacqueline, marquise de Castellane-Norante.

Le marquis de Saumery eut de Françoise-Augustine de la Châteigneraie un fils et deux filles mariées : Augustine, au vicomte de Louvencourt, colonel d'un régiment de hussards, et Ernestine, au vicomte de Léry. Son fils, Louis-Marie-Auguste-Bernard, comte de Saumery, ancien capitaine de cuirassiers et de chasseurs à cheval, a épousé, le 14 janvier 1824, Marthe-Françoise-Léocadie de Perrochel, qui lui a donné trois filles : Marie-Mathilde, mariée, le 12 janvier 1846, au comte Louis de Kergorlay; Hortense-Valentine, mariée, le 18 février 1851, à M. Louis de la Bassetière; et Pauline-Eugénie-Noémi de Saumery.

Les enfants de la marquise de Castellane ont été : Louis-Boniface-Ernest-Félix, marquis de Castellane; Marie-Louise-Élisabeth, non mariée; et Louise-Marie-Joséphine, qui a épousé le comte Jules-Henri-Frédéric Pourtalès, chambellan du roi de Prusse.

## XVIIᵉ DEGRÉ.

LOUIS XV.

LOUIS-JOSEPH de Menou, seigneur de Montebert, fils aîné de Louis-Joseph, seigneur de Cuissy, épousa, le 7 janvier 1751, demoiselle Bonne-Émilie Cauchon de Maurepas, dame de Maurepas. De cette union sont issus :

1° Louis-*Victoire*, mestre de camp en second du régiment de la Sarre, et chevalier de Saint-Louis.

2° *Louis*-Marie, né le 28 avril 1753, capitaine dans Angoulême-dragons en 1779, servit à l'armée de Condé, fut major et chevalier de Saint-Louis, et mourut en 1828, sans postérité.

3° *René*-Marie, né le 2 septembre 1754, major de vaisseau le 1ᵉʳ mai 1786, après douze campagnes et deux combats ; tué à Quiberon.

4° Louise-*Marie*, morte sans alliance.

Cherval.
Montbrun.

5° Louise-Françoise-*Émilie*, née le 6 octobre 1756, mariée au marquis de Cherval, sénéchal du Périgord. Leurs descendants actuels sont : le marquis de Cherval, MM. de Montbrun, et la vicomtesse de Royère.

Montesquieu.

6° Henriette-*Jacqueline*, mariée à Joseph-Cyrille de Secondat, baron de Montesquieu, seigneur de la Brède, dont elle a eu la comtesse de Moncaud et le baron de Montesquieu, propriétaire actuel du château de la Brède.

---

La Rochefoucauld.

Haut et puissant seigneur Louis-Joseph de Menou, capitaine de cavalerie au régiment de la Rochefoucauld, fils de haut et puissant seigneur messire Louis-Joseph, comte de Menou, seigneur de Cuissy et baron de Pontchâteau, maréchal des camps et armées du roi et commandant dans les cinq évêchés de la haute Bretagne, et de dame Marie-Louise de Charitte, épousa, le 7 janvier 1751, demoiselle Bonne-Émilie Cauchon, dame de Maurepas, fille mineure de feu René Cauchon, écuyer, sieur de Maurepas, conseiller, secrétaire du roi, maison et couronne de France, etc., assistée et autorisée de Joseph Fresneau, général des finances en Bretagne, son tuteur honoraire. Le contrat, passé devant Urien, notaire, en la demeure du seigneur

Coutances.

de Coutances, fut signé, après les parties, par Fresneau ; l'abbé de Menou ; Louis de Coutances ; Pierre, évêque de Nantes ; D. Cottineau ; le chevalier de Menou ;

Le Flô.

Jacquenville le Meneust ; le Flô d'Aux ; le Flô de Tremelo. (66)

Le comte Louis-Joseph de Menou fut, après son père, lieutenant pour le roi, commandant des ville et château de Nantes ; il périt à Versailles, le 9 septembre 1792.

## XVIII<sup>e</sup> DEGRÉ.

Louis-VICTOIRE, comte de Menou, fils aîné de Louis-Joseph, seigneur de Montebert, épousa demoiselle Marie-Jeanne-Pauline-Rosalie de Saron, dont il eut :

    1° *Maximilien*-Louis-Gaspard, chef de bataillon et chevalier de Saint-Louis.
    2° *Amédée*-Louis-Henri, capitaine, chevalier des ordres de Hesse-Darmstadt, de la Légion d'honneur et de Saint-Louis.

LOUIS XVI.

---

Louis-Victoire de Menou entra comme sous-lieutenant sans appointements au régiment du Roi, infanterie, le 1<sup>er</sup> août 1767 ; fut lieutenant en second le 24 juin 1770 ; sous-lieutenant, le 28 avril 1773 ; lieutenant en deuxième de chasseurs, le 7 juin 1776 ; premier lieutenant de chasseurs, le 21 avril 1778, et capitaine en second, le 3 juin 1780. (*Archives du ministère de la guerre.*)

Haut et puissant seigneur Louis-Victoire de Menou, capitaine au régiment du Roi, infanterie, fils aîné de haut et puissant seigneur Louis-Joseph de Menou, baron de Pontchâteau, seigneur de Montebert et autres lieux, épousa, le 7 septembre 1783, demoiselle Marie-Jeanne-Pauline-Rosalie Bochart, fille de haut et très-puissant seigneur Jean-Baptiste-Gaspard Bochart, chevalier, seigneur de Saron, Rieux et autres lieux, demeurant à Paris, en son hôtel, rue de l'Université, et de feu très-haute et très-puissante dame Angélique-Françoise-Rosalie d'Aguesseau, sa femme : de l'agrément du roi, de la reine, de Monsieur, frère du roi, de monseigneur comte d'Artois, de madame comtesse d'Artois, de madame Élisabeth, sœur du roi, de mesdames Adélaïde et Victoire de France, et en la présence des seigneurs ci-après nommés, parents et amis des parties, savoir, du côté du comte Victoire : de monsieur le baron de Menou, son oncle ; de monsieur le vicomte de Menou, son frère ; de madame la marquise de Coutances, sa tante ; et du côté de la demoiselle de Saron : de monsieur d'Aguesseau, doyen du conseil royal des finances, et de sa femme, ses aïeuls maternels ; de monsieur d'Aguesseau de Fresnes, avocat général au parlement de Paris, son oncle maternel ; de madame la duchesse d'Ayen, sa tante maternelle ; du comte de Ségur et de la comtesse, aussi tante maternelle ; et de haut et puissant seigneur Bernard, marquis de Menou, chevalier, seigneur de Marcouville, de Silly et autres lieux, chevalier de l'ordre royal et militaire de Saint-Louis, paraissant au nom et comme fondé de la procuration

Bochart de Saron.

D'Aguesseau.
Duchesse D'Ayen.
Ségur.

spéciale de haut et puissant seigneur Louis-Joseph, comte de Menou, baron de Pont-Château, seigneur de Montebert et autres lieux, gouverneur du Gavre, lieutenant pour le roi, commandant des ville et château de Nantes, et de haute et puissante dame Bonne-Émilie de Maurepas, sa femme, de lui autorisée. La comtesse de Menou fut présentée à la cour le 18 janvier 1784, et le comte Victoire fut admis à l'honneur de monter dans les carrosses du roi. Le comte Louis-Victoire de Menou fut mestre de camp en second du régiment d'infanterie de la Sarre, le 1$^{er}$ janvier 1784; chevalier de Saint-Louis le 2 octobre 1785; mestre de camp attaché au régiment de Beaujolais, infanterie, le 6 avril 1788; et fut réformé à l'organisation du 74$^e$ régiment d'infanterie, le 15 mars 1791, époque de la suppression des colonels attachés. (*Archives du ministère de la guerre.*)

Le comte Victoire de Menou périt avec son père à Versailles, à la journée du 9 septembre 1792.

## XIX$^e$ DEGRÉ.

MAXIMILIEN-LOUIS-GASPARD de Menou, né le 8 septembre 1785, fils ainé du comte Louis-Victoire, a épousé, le 6 mai 1806, demoiselle Marie-Auguste-Frédérique Hurault de Vibraye. De cette union sont issus :

1° Un fils mort en bas âge.

2° *Marie*-Auguste, née le 5 mars 1807, mariée, le 14 avril 1825, à Louis-Paul-*Ferdinand*, vicomte de Luppé, maréchal de camp, officier de la Légion d'honneur, dont elle a eu *Marie*-Charlotte-Françoise, née le 14 février 1826, mariée, le 13 avril 1846, au comte *Georges*-Frédéric Dillon, dont un fils, Robert Dillon.

3° *Caroline*-Louise-Antoinette, née le 15 décembre 1810, mariée, le 24 janvier 1829, à Charles-*Adolphe*, comte de la Bourdonnaye, fils unique de l'ancien ministre de l'intérieur sous Charles X, dont :
    1° *Olivier*-Maximilien-Émile, né le 2 novembre 1833.
    2° *Henri*-Charles-Marie-François-Régis, né le 21 avril 1835.
    3° *Raoul*-Marie-Ferdinand, né le 18 mai 1837.
    4° *Marie*-Juliette-Louise, née le 16 novembre 1839.
    5° *Juliette*-Marie-Émilie, née le 23 novembre 1841.

Maximilien-Louis-Gaspard de Menou, fils de défunt Louis-Victoire de Menou et de Jeanne-Pauline-Rosalie Bochart de Saron, décédée sa veuve, fut accordé, par contrat du 11 mai 1806, avec demoiselle Marie-Auguste-Frédérique Hurault de Vibraye, fille de Charles-François Hurault de Vibraye, ancien ambassadeur de

Louis XVI à la cour de Suède, et de Marie-Françoise-Adélaïde Leviconte de Blangy, sa femme. Le futur était assisté de MM. Auguste-Jean-Gaspard de Saron, son oncle et tuteur spécialement autorisé à cet effet, suivant délibération d'un conseil de famille tenu le 25 avril 1806 ; Augustin-Christophe Vincent, fondé de procuration de Jean-Baptiste-François Bochart de Saron, oncle maternel ; Louis-Philippe de Ségur, conseiller d'État et grand maître des cérémonies, grand-oncle maternel ; Joseph de Secondat de Montesquieu, propriétaire, demeurant au château de la Brède, près Bordeaux, de présent à Paris, oncle paternel ; Bernard de Menou, grand-oncle paternel, demeurant en son château de Marcouville, département d'Eure-et-Loir, de présent à Paris ; François-Menou de Menou, tous parents, ayant avec ledit sieur Vincent composé le conseil de famille ; et de demoiselle Anne-Angélique Bochart de Saron, tante maternelle.

Saron.<br>Segur.<br>Montesquieu.

La future épouse fut assistée de ses père et mère, et de Anne-Bernard-Antoine de Raigecourt-Gournay, paraissant comme fondé de pouvoir de madame Anne-Françoise-Rose Leberceur de Fontenay, veuve de Maximilien-Pierre Leviconte de Blangy, aïeule maternelle de la demoiselle de Vibraye ; lesquels ont signé, ainsi que Amédée-Louis-Henri de Menou, frère ; Joachim de Montagu, oncle à la mode de Bretagne ; Théodore de Grammont et Angélique-Françoise de Noailles, sa femme, oncle et tante à la mode de Bretagne ; Félicité d'Aguesseau, femme d'Octave de Ségur, tante à la mode de Bretagne ; Louis-Auguste-Claude de Villeneuve, oncle à la mode de Bretagne ; Antoinette-Élisabeth-Marie d'Aguesseau, femme de M. de Ségur, l'un des parents du conseil de famille ; Anne-Michelle-Isabelle de Verneuil, femme de René-Louis-Charles de Menou, grand'tante ; Gabriel-Marie de la Roche Saint-André et Thérèse-Félicité de Coutances, cousins ; Louis de la Salle, cousin, et Louise-Félicité de Bec-de-Lièvre, sa femme ; René-Louis-François de Menou et Thérèse-Gabrielle de Broglie, sa femme ; Louis-Marie-Christophe de Bec-de-Lièvre et Calixte-Françoise-Joséphine de Larelan, sa femme, cousins issus de germain ; René-François-Hortense de Perrochel, oncle maternel ; Louise-Félicité-Angrand d'Allerai, veuve de Louis Hurault de Vibraye, tante paternelle ; Claudine-Louise d'Estampes, femme de M. de Blangy, tante maternelle ; Marie-Élisabeth de Frémont, veuve de M. de la Rochefoucauld, tante à la mode de Bretagne ; Antoine-César de Choiseul-Praslin, sénateur, commandeur de la Légion d'honneur, cousin ; Pierre-Bon-Maximilien de Blangy, cousin germain ; Anne-Victor-Denis Hurault de Vibraye et Nicolle de la Luzerne, sa femme, cousins germains ; Anatole-Maximilien

Hurault de Vibraye, cousin germain; Charles-Louis-Alexandre de Polignac et Christine-Adélaïde Sanguin de Livry, sa femme, et Charles-Louis-Héracle de Polignac, leur fils, cousins; Louise-Marie Causans de Rochechouart, femme de M. de Raigecourt, fondé de pouvoir de mesdames de Blangy et de Fontenay, et amie commune. Ce contrat est resté en dépôt chez Guillaume, notaire à Paris.

Le comte Maximilien de Menou, écuyer de l'empereur, avait suivi ses cours à l'École militaire; en 1811, il entra comme sous-lieutenant au 8ᵉ régiment de hussards, fit la campagne de Russie, et prit part à plusieurs des principales actions de cette guerre, ainsi qu'à l'occupation de Moscou. A la suite du combat de Malo-Jaroslavitz, il fut fait prisonnier et retenu en Russie jusqu'à la paix de 1814. De retour en France, il reçut la croix de la Légion d'honneur et le grade de chef de bataillon; il continua de servir activement, fit la campagne d'Espagne, en 1823, à l'état-major du deuxième corps, et remplit les fonctions de commandant de quartier général à la division dont il faisait partie; pendant cette campagne, il obtint la croix de Saint-Louis, et se retira du service en 1831.

## XIXᵉ DEGRÉ.

Amédée-Louis-Henri de Menou, né le 23 janvier 1787, second fils du comte Louis-Victoire, épousa, le 23 juin 1822, demoiselle Marie-Angélique-Juliette Le Clerc de Vezins, nièce du maréchal de Bourmont. De ce mariage sont issus :

1° *Louis*-Marie-Magloire, dont l'article suivra.

2° *Paul*-Marie-Joseph, né le 18 août 1834.

3° *Emmanuel*-Marie-Philippe, né le 24 décembre 1839.

4° *Zénobie*-Marie-Philippe-Juliette, née le 27 août 1824, mariée, le 15 avril 1845, au vicomte de Menou-du Méez. (Voy. p. 158.)

5° *Juliette*-Marie-Louise-Françoise, née le 10 avril 1832.

---

Amédée-Louis-Henri de Menou entra comme volontaire dans un corps de cavalerie, avec lequel il fit les campagnes de 1806 et 1807. Après la bataille de Friedland, il reçut le brevet de lieutenant au 3ᵉ dragons, qui fut dirigé vers l'Espagne, où, après une campagne de dix mois, il quitta ce corps pour entrer à l'état-major général du prince de Neufchâtel. Il devint aide de camp du lieutenant général Bailly de Monthion, qu'il suivit en Autriche pendant la campagne de 1809, puis en Espagne, où il fut employé jusqu'en 1811. De là, il fut envoyé en Russie, et prit part aux principales actions qui précédèrent et suivirent l'occupation de Moscou. Après avoir échappé aux désastres de cette retraite calamiteuse, il arriva presque mourant à Kœnigsberg, où il fut fait prisonnier en janvier 1813, et renvoyé en Russie. Il avait gagné le grade de capitaine et les décorations de chevalier de l'ordre militaire de Hesse-Darmstadt et de la Légion d'honneur. Rentré en France en 1814, il fut plus tard chevalier de Saint-Louis, et, à cause de la paix, abandonna le service. Moscou. Kœnigsberg.

Amédée-Louis-Henri, vicomte de Menou, capitaine d'état-major, chevalier de la Légion d'honneur et de l'ordre militaire de Hesse-Darmstadt, fils de feu Louis-Victoire, comte de Menou, colonel en second du régiment de la Sarre, et de dame Marie-Jeanne-Pauline-Rosalie Bochart de Saron, épousa à Nantes, le 28 juin 1822, demoiselle Marie-Angélique-Juliette de Vezins, fille de défunt Philippe-Alexis-Fortuné, baron de Vezins, et de dame Émilie-Joséphine de Bec-de-Lièvre, sa veuve. Le contrat, passé devant Varsavaux et Gousset, notaires à Nantes, fut signé par les parents et amis dont les noms suivent : de Bec-de-Lièvre, baronne Vezins ; le marquis de Bec-de-Lièvre ; de Rosilly ; A. de Bec-de-Lièvre, comtesse de Bourmont ; de Coutances de Bourmont ; A. de Coutances ; P. de Coutances ; de Kerguelen, comtesse de Sarlan ; Blanche de Vezins ; le comte d'Elva ; de Royers ; Céleste de Royers ; G. de Bourmont ; Albine de Bec-de-Lièvre ; Clotilde de Vezins ; Aliénor de Bec-de-Lièvre ; Cécile de Royers ; A. de Coutances ; P. de Vezins.

Le vicomte de Menou est mort le 2 septembre 1847, à Lyon, à son retour d'un voyage en Italie. Il a été inhumé dans le lieu de sépulture tenant à son château de la Chapelle-Bouëxic, près Rennes.

## XX<sup>e</sup> DEGRÉ.

Louis-Marie-Magloire, comte de Menou, fils aîné du vicomte Amédée de Menou, a épousé, le 31 août 1852, demoiselle Berthe des Netumières, dont :

---

Louis-Marie-Magloire, comte de Menou, demeurant en son château de la

Chapelle-Bouëxic, près Rennes, fils aîné de défunt Amédée-Louis-Henri, vicomte de Menou, et de Marie-Angélique-Juliette de Vezins, sa femme, a épousé, le 31 août 1852, demoiselle Berthe des Netumières, fille aînée du comte des Netumières, et de demoiselle de Montbourcher, sa femme. Le comte Louis de Menou était assisté de sa mère; du comte Maximilien de Menou, son oncle; du vicomte et de la vicomtesse de Menou-du Méez, beau-frère et sœur; de MM. Paul et Emmanuel de Menou, frères; de demoiselle Juliette de Menou, sœur; de mesdames la vicomtesse de Luppé et la comtesse Georges Dillon, cousines; de MM. le vicomte Philippe de Vezins et René de Vezins, cousins. La mariée était assistée de ses père et mère; de la marquise de Monbourcher, grand'mère; de M. René des Netumières, frère; de mesdemoiselles Françoise et Gabrielle des Netumières, sœurs; de M. de Ferron, oncle paternel; de la marquise de Caradeuc, grand'tante, et du vicomte de Falloux, ancien ministre des cultes et de l'instruction publique, gendre de la marquise, cousin. Leur contrat fut signé à Rennes, en l'hôtel de Caradeuc, le 30 août 1852, et la bénédiction nuptiale leur fut donnée le lendemain par monseigneur l'évêque de Rennes, dans sa chapelle épiscopale, en présence des personnes susnommées et d'autres parents et alliés.

Le comte Louis de Menou ayant écrit à M. le comte de Chambord, pour lui faire part de la mort de son père, qui avait eu l'honneur d'être reçu par ce prince à Venise peu de temps auparavant, reçut en réponse une lettre de M. le duc de Lévis, exprimant les regrets de M. le comte de Chambord, qui, dit-il, connaissait et appréciait les nobles sentiments du vicomte Amédée de Menou.

# RAMEAU DE MOTELLE.

### XVIe DEGRÉ.

Louis-FRANÇOIS de Menou, troisième fils du comte Charles de Menou-Cuissy, épousa Jeanne-Henriette-Catherine de Pilliers, dame de Motelle, en Normandie, d'une ancienne famille de chevalerie qui descendait par les femmes de la maison de Vendôme et des seigneurs de Feuillet, et qui avait eu des alliances avec les Allonville, les Auvé et la maison d'Illiers.

De cette union sont issus :

    1° François-*Menou*, maréchal de camp, chevalier de Saint-Louis et commandeur des ordres de Saint-Lazare et du Mont-Carmel.

    2° Bonne-*Anne*-Félicité, née en 1733, mariée à Jean-Roger, comte de Montbel.

    3° *Jacqueline*, née en 1737, religieuse au couvent de Notre-Dame de l'Estrée, près Nonancourt. (67)

*Marginalia:* LOUIS XIV. Vendôme.

Louis-François de Menou fut enseigne dans le régiment de *Menou*, infanterie, et sa nomination fut annoncée par Louis XIV à son père, par une lettre du 6 août 1704 (*Original aux Archives de la famille*); il fut ensuite cornette au régiment de Coulanges, cavalerie, par brevet du 26 novembre (*Original, ibid.*); il assista à la bataille de Cassano, où son père commandait une brigade, et où étaient aussi son frère à la tête du régiment de *Menou*, et un de ses cousins du Méez; il y gagna le grade de lieutenant, et devint ensuite capitaine dans le même régiment : brevets datés des 4 avril et 30 juin 1706. (*Originaux, ibid.*) Après l'affaire de Turin, il servit à l'armée du Rhin; combattit à la bataille d'Oudenarde, en 1708; à celle de Malplaquet, en 1709; et aux siéges de Douai et du Quesnoy. (*Chron. hist. et milit.*, t. VIII.) Le 2 mai 1713, il reçut de Louis XIV, « à cause de sa bonne conduite, expérience dans les armes et fidélité à son service, » un brevet de retenue en la charge de capitaine-exempt de ses gardes du corps dans la compagnie Villeroy. (*Original en parchemin aux archives de la famille.*) Le roi, « mettant en considération les services que Louis-François de Menou lui avait rendus dans toutes les occasions qui s'étaient présentées, et voulant lui en témoigner sa satisfaction, le nomma mestre de camp de cavalerie pour, en sa qualité d'exempt de ses gardes, tenir

*Marginalia:* Régiment de Menou. Régiment de Coulanges. Bataille de Cassano. Oudenarde. Malplaquet. Douai. Le Quesnoy. Exempt des gardes.

ce rang dans ses troupes, sous l'autorité du comte d'Évreux, colonel général de la cavalerie légère, etc. » Le brevet original, du 17 décembre 1718, est contresigné : Le Blanc. (*Archives de la famille*). Il fut nommé chevalier de Saint-Louis en 1719, et son père reçut à cette occasion une lettre du roi, dont les termes suivent : « Les services que le sieur de Menou, exempt en la compagnie de Villeroy des gardes de nostre corps, a rendus au feu roi, mon très-honoré seigneur et bisaïeul de glorieuse mémoire, et ceulx qu'il continue de me rendre, m'ayant convié à l'associer à l'ordre militaire de Saint-Louis, et, ne pouvant estre reçu par moy audit ordre, de l'avis de mon oncle le duc d'Orléans, régent, je vous ay choisi et commis pour, en mon nom, le recevoir à la dignité de chevalier de Saint-Louis, etc., etc. Écrit à Paris, le 5 novembre 1719, signé : Louis, et plus bas : Le Blanc. » (*Original*, *ibid.*)

Messire Louis-François de Menou, mestre de camp de cavalerie, exempt des gardes du corps de Sa Majesté et chevalier de Saint-Louis, fils de défunt messire Charles de Menou, brigadier des armées du roi, gouverneur de la citadelle d'Arras, et de dame Jacqueline de Crémeur, épousa, par contrat passé au château de Motelle, le 23 avril 1729, devant Mazeline et Goblain, notaires, demoiselle Jeanne-Henriette-Catherine de Pilliers, dame de Motelle, fille unique de défunt messire Ferdinand de Pilliers, seigneur de Motelle, Saint-Georges, etc., grand bailli de Dreux, et de dame Élisabeth Durand, sa femme : de l'avis de messire Charles de Violle-d'Angennes, cousin germain de ladite demoiselle; de messire Charles-Antoine d'Anfreville, seigneur de Boissi, de Saint-Laurent, etc., chevalier de Saint-Louis, ancien major de cavalerie, et de dame Angélique de Pilliers, sa femme ; de messire Henri de Gérard, seigneur de Mesbouton, cousin germain du seigneur de Menou ; et de messire Jacques-David de Menou, son frère, chanoine de l'église de Chartres, qui donna aux époux la bénédiction nuptiale, par autorisation du curé de Saint-Georges. (*Archives de la famille.*)

Le comte de Menou fut nommé enseigne dans la compagnie Villeroy, ensuite second enseigne par brevets des 26 juillet 1729 et 17 août 1731. (*Originaux*, *ibid.*) Il fit la campagne de 1734 sous le maréchal de Berwick, fut au passage du Rhin à l'attaque des lignes d'Ettinghen, à la prise de Haguenau et au siège de Philippsbourg. « En considération des bons et fidèles services qu'il avait rendus au roi, tant dans ses fonctions d'enseigne que dans d'autres employs de la guerre, » il fut promu au grade de brigadier, par brevet du 1$^{er}$ août 1734 (*Original, ibid.*), et devint premier enseigne de sa compagnie le 1ᵉʳ octobre 1734 (*Original, ibid.*); il obtint des lettres royaux, du 1ᵉʳ mai 1735, permettant qu'il fût employé comme brigadier de cavalerie à l'armée d'Allemagne, sous le maréchal de Coigny (*Original, ibid.*), et, par brevet du 1ᵉʳ janvier 1740, il fut élevé au grade de maréchal de camp, « en considération des bons et fidèles services qu'il avait rendus au roi, tant en qualité de brigadier de cavalerie qu'en plusieurs emplois de guerre, dans lesquels il avait donné des preuves signalées de sa valeur, courage, expérience dans la guerre, ainsi que de sa fidélité et de sa sage conduite, etc. » (*Original, ibid.*) {Le maréchal de Coigny.}

Louis-François, comte de Menou, mourut en son château de Motelle-sur-Eure le 23 avril 1743, et fut enterré le lendemain dans l'église de Saint-Georges de Motelle. Sa veuve est morte en ce même château, à l'âge de quatre-vingt-trois ans, le 14 avril 1783, et fut inhumée dans la même église, où l'on peut voir son épitaphe et la mention de sa piété, de ses vertus éminentes et de sa charité envers les pauvres, qui la regardaient comme leur mère. (*Copie aux archives de la famille.*)

## XVIIᵉ DEGRÉ.

François-Menou, comte de Menou, seul fils de Louis-François, seigneur de Motelle, épousa, le 25 janvier 1785, demoiselle Angélique-Louise-Jean-Baptiste d'Esgrigny, fille de Jean-René de Jouenne, marquis d'Esgrigny.

Il n'y eut pas de postérité de ce mariage.

---

François-Menou de Menou, né le 16 décembre 1732, et baptisé le 15 février 1733 par l'évêque de Saint-Pons, entra en 1748 comme cornette dans le régiment de Maugiron, cavalerie, fit la campagne de Flandre, passa dans les mousquetaires au mois de décembre suivant, et obtint, le 1ᵉʳ septembre 1755, dans le régiment Dauphin-dragons, le commandement d'une compagnie, avec laquelle il fit la guerre d'Allemagne jusqu'en 1762. {Régiment de Maugiron. Mousquetaires. Dauphin-dragons.}

A l'affaire de Grebenstein, le 24 juin 1762, plusieurs corps d'armée des maréchaux d'Estrées et de Soubise avaient été maltraités par les Anglais durant la marche des Français pour secourir Cassel. Le comte de Menou, à la tête de cent dragons, « eut le bonheur, par une charge brillante, de percer les rangs de l'ennemi {Grebenstein. Estrées. Soubise. Cassel.}

et de reprendre un étendard qui venait d'être enlevé au régiment de Fitz-James. » (*Preuves de cour.* — *Archives du dépôt de la guerre* : *Allemagne,* 1762, n° 8610, page 139.) Il reçut une lettre, datée de Fontainebleau le 13 octobre 1762, dans laquelle le duc de Choiseul lui marqua qu'il s'était fait un plaisir de mettre sous les yeux du roi les témoignages que M. le maréchal de Soubise avait rendus de lui à l'occasion de l'affaire du 24 juin précédent. Sa Majesté avait appris avec beaucoup de satisfaction l'action brillante et valeureuse qu'il y avait faite, et elle l'avait chargé de lui faire savoir qu'elle était disposée à le faire participer, dès que l'occasion s'en présenterait, aux grâces dont il était susceptible par sa naissance et son mérite, etc. (*Preuves de cour.*)

François-Menou, comte de Menou, capitaine dans le régiment de dragons de M. le Dauphin, fut pourvu, le 1er décembre 1762, de la charge de colonel du régiment d'infanterie de Quercy, par commission datée de Versailles, signée : Louis, et plus bas : Par le roi, le duc de Choiseul, et scellée sur simple queue du grand scel en cire jaune. (*Ibid.*)

Le comte de Menou fut nommé chevalier de l'ordre royal et militaire de Saint-Louis, par lettre du roi datée de Versailles le 22 mars 1763, signée : Louis, et plus bas : Choiseul, et scellée en placard. La suscription est à M. le comte de Menou, colonel du régiment d'infanterie de Quercy. (*Ibid.*)

Il passa à Saint-Domingue en 1763 avec son régiment, y séjourna jusqu'en 1766, et commanda pendant deux ans au Cap et au Fort-Dauphin. En 1764, le comte d'Estaing écrivit au ministre de la guerre : « Le comte de Menou est un de ces colonels à qui il suffit d'indiquer ce que l'on désire pour être assuré que ce soit; » et, dans une autre dépêche, il dit : « Aussi zélé que sage, il joint à la réputation que des actions brillantes lui ont méritée pendant la dernière guerre, la douceur, la fermeté et l'honnêteté qui font réussir à la tête d'un corps. » Lorsque son régiment de Quercy prit nom du maréchal de Soubise, à qui il fut donné le 18 avril 1776, le comte de Menou eut le régiment de Forez; il fut élevé au grade de brigadier le 1er mars 1780, à celui de maréchal de camp le 5 décembre 1781, et fut créé commandeur des ordres de Notre-Dame du Mont-Carmel et de Saint-Lazare de Jérusalem le 16 décembre 1782. (*Archives du ministère de la guerre.*)

François-Menou, comte de Menou, épousa, le 25 janvier 1785, demoiselle Angélique-Louise-Jean-Baptiste de Jouenne d'Esgrigny, fille mineure de haut et puissant seigneur Jean-René de Jouenne, marquis d'Esgrigny, ancien capitaine de grenadiers au régiment des gardes françaises, chevalier de Saint-Louis, et de Marie-Louise-Nicolle Dufresne, sa femme ; en présence : du côté de l'époux, de haut et puissant seigneur Bernard, marquis de Menou, seigneur de Marcouville, de Silly et autres lieux, chevalier de Saint-Louis ; et de Philippe-François-Denis, chevalier de Menou, chevalier non profès de l'ordre de Saint-Jean de Jérusalem, ses cousins germains ; et du côté de l'épouse, desdits seigneur et dame ses père et mère ; de François-Louis-Edme-Gabriel, comte du Maitz de Goinssi, chef d'escadre des armées navales de Sa Majesté, son beau-frère ; et de Jean-René de Jouenne, comte d'Esgrigny, officier au régiment des gardes françaises, son frère. Le mariage fut célébré à Paris, de l'autorisation du curé, par l'abbé Louis de Jouenne d'Esgrigny, vicaire général de Bordeaux, cousin germain de l'épouse. (*Archives de la ville de Paris.*)

Le comte de Menou avait été admis à monter dans les carrosses du roi en 1767, après avoir fait ses preuves, qui sont déposées à la Bibliothèque royale. Sa femme fut présentée au roi le 17 mars 1785. Après avoir servi comme maréchal de camp à l'armée de Condé en 1792, et à l'Isle-Dieu, le comte de Menou est rentré en France, où il est mort à Paris, le 26 octobre 1807. (*Archives du ministère de la guerre. — Archives de la famille.*)

# BRANCHE

### DES

# SEIGNEURS DE BILLY.

### XIVᵉ DEGRÉ.

JEAN de Menou, deuxième fils de Jean, neuvième du nom, seigneur de Boussay, et de dame Anne de Blois, sa femme, épousa, le 14 mars 1645, Catherine de Lestang, dont il eut :

1° *Jean*, capitaine au régiment d'Ailly. Son article suit.

2° *Catherine*, mariée à messire Georges de la Chesnaie, seigneur du Gué-des-Paines et des Fontaines, maréchal des logis du duc d'Orléans.

3° *Marie*, qui épousa Isaac du Chesneau, chevalier, seigneur de la Croix de la Trapière.

4° *Jeanne*, religieuse à Mirebeau.

---

Jean de Menou partagea la succession de son père avec le principal héritier, René, seigneur de Boussay, son frère consanguin, et la dame Anne de Blois, sa mère, tutrice de Charles, Philippe, Marie et Gabrielle, ses enfants, mineurs : acte du 4 février 1634. (*Original à Boussay.* — Voir p. 80.) En vertu de ce partage, il devint seigneur de Billy, et prit part à la transaction passée, le 8 mars 1638, au sujet du douaire de la dame Anne de Blois, sa mère, entre ladite dame d'une part, et ses enfants Jean, Charles, Philippe, seigneur de Maurian, et Marie, agissant tant pour eux que pour leur sœur Gabrielle et messire Artus de Janvre, son mari; et René de Menou, seigneur de Boussay et de Genillé, leur frère consanguin, d'autre part. (*Ibid.* — Voir p. 80.)

Jean de Menou, chevalier, seigneur de Billy, lieutenant dans la compagnie des chevau-légers (depuis 1637), épousa, le 14 mars 1645, demoiselle Catherine de Lestang, fille de Pierre de Lestang, chevalier, seigneur de Villaines et de Vauvert, et d'Antoinette de Regnon, sa femme ; contrat passé devant Auriau, notaire à Saumur, en présence de Philippe de Menou, seigneur de Maurian, frère dudit Jean, et d'autres parents et amis. (*Arrêt de* 1718.)

Jean de Menou fit, avec ses frères et sœurs et la dame Anne de Château-Châlons, veuve de son frère Charles, une transaction en forme de partage des successions de leurs père et mère et de leur frère Philippe, seigneur de Maurian : acte passé, le 6 novembre 1655, devant Richard, notaire en la baronnie de Preuilly. (*Original à Boussay.* — Voir p. 81.) Il donna son consentement à la création de tutelle de Louis, Charles, Marie et Françoise, enfants mineurs de feu messire Charles de Menou, son frère, seigneur des Parcs : le tuteur fut Louis de Menou, seigneur de la Forge, nommé par acte passé devant Villeret, greffier de la justice de Boussay, le 6 novembre 1660, auquel donnèrent aussi leur consentement messires Louis de Menou, abbé de Saint-Mahé ; François de Menou, seigneur de la Roche-d'Alais ; et René de Menou, chevalier de Malte, cousins-germains desdits mineurs. (*Ibid.*)

## XV<sup>e</sup> DEGRÉ.

Jean de Menou, fils aîné de Jean, seigneur de Billy, etc., épousa, le 28 janvier 1677, Catherine Béraudin ; et après avoir eu une seconde femme dont on ignore le nom, se maria, le 8 avril 1711, en troisièmes noces, avec Marie de Thianges.

Il eut du premier lit :

1°, 2°, *Jean* et *Joseph*, morts sans postérité.

3° *Charles*, marié avec demoiselle Bernardeau.

4° *Marie*, qui épousa Godefroy, comte d'Allier, lieutenant de vaisseau.

Du troisième lit sont issus :

5° *Sylvain-Armand*, mort sans postérité.

6° *Georges*, capitaine aux grenadiers royaux et chevalier de Saint-Louis.

7° *Louis-Marie*, mort sans alliance.

Jean de Menou, seigneur de Billy et capitaine au régiment d'Ailly, fit avec ses sœurs, Marie de Menou et Catherine, femme de Georges de la Chesnaie, seigneur du Gué-des-Paines et des Fontaines, le partage des biens de la succession noble de Jean de Menou leur père, par acte passé devant Pineau, notaire à Mirebeau, le 1<sup>er</sup> décembre 1676. (*Arrêt de* 1718.)

Messire Jean de Menou, chevalier, seigneur de Billy, capitaine au régiment d'Ailly, demeurant en son château de Billy, paroisse de Chouppes, épousa, le 28 février 1677, demoiselle Catherine Béraudin, fille de défunt Joseph Béraudin, écuyer, seigneur de Verrine, et de Marguerite Tusseau, sa femme; contrat passé devant Pineau, notaire à Mirebeau. (*Ibid.*) Il se remaria, le 8 avril 1711, avec Marie de Thianges, fille de défunt Jacques de Thianges, seigneur de Chemeaux, et de dame Silvine de la Bussière, sa veuve; contrat passé devant Moreau, notaire à Poitiers, en présence de Silvine de la Bussière; de Louise de Mauvise; de Marguerite de Thianges; de René-Jacques du Trochet; de Susanne de Couhé-Luzignan, et de Georges de Marsay. (*Ibid.*)

Jean de Menou, seigneur de Billy, ayant eu à produire ses titres de noblesse, obtint un jugement de maintenue rendu à Tours, le 21 juin 1718, par Jacques Lenormand de la Place, etc., ordonnant qu'il fût inscrit au catalogue des nobles de la généralité, ainsi que Jean, Joseph et Charles de Menou, ses fils de son premier mariage, et Silvain, Armand, Georges et Louis-Marie de Menou, aussi ses enfants de son mariage avec Marie de Thianges. (*Original aux archives de la famille.*) Il est mort en 1730. Marie de Thianges, sa femme, fut enterrée dans le chœur de l'église de Saint-Philibert de Liaigues, au diocèse de Poitiers, le 17 février 1742. (*Ibid.*)

Charles de Menou, fils de Jean, deuxième du nom, seigneur de Billy, épousa demoiselle         Bernardeau, dont il eut : 1° Jean, chanoine de l'église de la Rochelle, mort en 1752; 2°         de Menou, officier au régiment de Tournaisis, mort en 1756; 3°         de Menou, mariée à son cousin         de Janvre, seigneur de Vieux-Roman, chevalier de Saint-Louis, capitaine au régiment d'Orléans, dont une fille.

## XVIᵉ DEGRÉ.

Georges de Menou, chevalier, seigneur de Liaigues, épousa, le 22 janvier 1753, Marie-Louise Chiton du Chilloc, dont il eut :     LOUIS XV.

    1° *Louis*, marié à Charlotte de Combourg; il n'eut qu'un seul fils, mort à l'âge de quinze ans.
    2° *Georges-Pierre-Constantin*, capitaine et chevalier de Saint-Louis.
    3° *François*, dont l'article suivra celui de son frère.
    4°, 5° 6°, 7° *Louise, Aimée, Céleste, Henriette*, mortes sans alliance.
    8° *Victoire*, non mariée.

---

    Messire Georges de Menou, chevalier, seigneur de Liaigues, fils de feu messire Jean de Menou, chevalier, seigneur de Billy, et de dame Marie de Thianges, épousa, le 22 janvier 1753, demoiselle Marie-Louise-Henriette Chiton, fille de Louis Chiton du Chilloc, écuyer, seigneur de la Touche, et de Madeleine-Renée Joncquet, sa femme. Le contrat fut passé devant Collin, notaire à Bois-Seguin, en Poitou, en présence de Louis de Thianges, seigneur du Plessis, lequel, tant de son chef qu'en vertu des pouvoirs à lui donnés par dame Radegonde Châteigner, sa femme, fit une donation au sieur de Menou, son neveu, en considération de son mariage et de l'amitié qu'il lui portait; de messire Jacques de la Jaille; de messire Charles-Olivier de Jousserand, seigneur de la Chaux et de Bonnevie, capitaine d'infanterie; et d'autres parents. (D'Hozier, *Preuves pour l'École militaire*, 1768. — *Aux archives de la famille.*)     Du Chilloc. Thianges. Châteigner. La Jaille. Jousserand.

    Georges de Menou, chevalier, seigneur de Liaigues, de la Touche et de la Montournie, capitaine aux grenadiers royaux et chevalier de Saint-Louis, est mort en 1781.

---

## XVIIᵉ DEGRÉ.

Georges-Pierre-Constantin de Menou, deuxième fils de Georges, seigneur de Liaigues, épousa demoiselle Marie-Anne-Aline de Raity de Vittré, dont il n'a pas eu d'enfant.

---

Georges-Pierre-Constantin de Menou, né le 20 décembre 1759, entra à l'École militaire le 3 mai 1768, après avoir fait ses preuves de noblesse devant le juge d'armes d'Hozier. (*Original aux archives de la famille.*) Il eut en 1776 une sous-lieutenance dans le régiment de Bresse, infanterie, y devint lieutenant, puis capitaine, et fut chevalier de Saint-Louis. En 1792, il émigra, fut fait chef de bataillon par le prince de Condé, servit jusqu'au licenciement, et rentra en France en 1801.

Georges-Pierre-Constantin de Menou, fils de défunt Georges de Menou, en son vivant seigneur de Liaigues, de la Touche, etc., et de Marie de Thianges, épousa, le 17 octobre 1805, demoiselle Marie-Anne-Aline de Raity de Vittré, fille majeure de défunt René-Antoine de Raity de Villeneuve, marquis de Vittré, en son vivant colonel de cavalerie légère, chevalier de Saint-Louis, et de Jeanne-Dorothée de la Barre de l'Aage, chanoinesse, comtesse du chapitre de Neuville-en-Bresse : en présence de M. de la Barre, ancien officier supérieur des gardes du corps, chevalier de Saint-Louis, et de madame de la Barre, oncle et tante de la mariée ; de M. de Ris, ancien capitaine d'infanterie, chevalier de Saint-Louis ; de M. de Coral, beau-frère de la mariée ; et de son frère Charles de Vittré, alors officier supérieur de cavalerie légère, depuis lieutenant général, chevalier de Saint-Louis et commandeur de la Légion d'honneur. Le comte Georges de Menou est mort à Paris, le 9 janvier 1849, dans sa quatre-vingt-dixième année. (68)

## XVIIᵉ DEGRÉ.

François de Menou, fils de Georges, seigneur de Liaigues, de la Touche, etc., épousa demoiselle Augustine de Jousserand, dont il eut :

1° *Louis*, mort sans alliance.

2° *Georges*.

3° *Frédéric*.

4° *Fanny*, mariée à Frédéric de Jousserand, ancien capitaine d'infanterie. Ayant perdu son mari, elle a voulu consacrer sa vie aux bonnes œuvres et à la prière. Elle est maintenant supérieure des dames du Saint-Sacrement, à Châteaudun.

François de Menou, né le 15 juin 1775, est entré à l'École militaire le 20 novembre 1785, après avoir fourni ses preuves de noblesse, certifiées par d'Hozier de Serigny. (*Original aux archives de la famille.*) La révolution ayant arrêté sa car-

rière, il s'est marié, comme il est dit ci-dessus, à demoiselle Augustine de Jousse- <small>Jousserand.</small>
rand, d'une ancienne famille du Poitou, qui avait eu déjà des alliances avec celle
de Menou.

François de Menou est mort en 1826. (69)

## RAMEAU DE NARBONNE.

### XIVe DEGRÉ.

CHARLES de Menou, troisième fils de Jean de Menou, neuvième du nom, seigneur du Boussay, épousa, le 13 juin 1634, Anne de Château-Châlons, dont il eut :

1° *Jean*, mort sans postérité, après le 15 avril 1660.

2° *Louis*, major d'infanterie ; il n'a laissé qu'une fille.

3° *Charles*, dont l'article suivra celui de son frère Louis.

4° *Louis*, seigneur des Parcs, mort sans postérité.

5° *Marie*, non mariée.

6° *Françoise*, chanoinesse de Remiremont. L'inventaire des preuves fournies par elle, daté du 28 janvier 1678, est à la Bibliothèque royale ; l'original est au Méez. Elle est morte en 1708.

Charles de Menou, coseigneur de Billy, vendit, le 16 février 1634, la part qui lui était échue dans la seigneurie de Boussay à son frère aîné, René de Menou, seigneur de Boussay, Genillé, la Roche-d'Alais, etc. (V. p. 80. — *Arrêt de 1669.*)

Charles de Menou, seigneur de Billy en partie, capitaine au régiment de la Feuil- <small>La Feuillade.</small>
lade, et troisième fils de défunt messire Jean de Menou, neuvième du nom, seigneur de Boussay, Genillé, etc., gentilhomme de la chambre du roi, chevalier de l'ordre de Sa Majesté, gouverneur de la ville du Blanc, etc., épousa, le 13 juin 1634, demoiselle Anne de Château-Châlons, fille de messire Antoine de Château-Châlons, <small>Château-Châlons.</small>
chevalier, seigneur des Effes ; il était assisté de son frère aîné, René de Menou, seigneur de Boussay, de Genillé, etc., et de dame Madeleine Fumée, sa femme ; de <small>Fumée.</small>
Jacques de Menou, écuyer, son neveu ; de demoiselle Madeleine de Menou, sa nièce ; et de Louis d'Aviau, seigneur de Bellay. La demoiselle de Château-Châlons <small>Aviau.</small>

était assistée d'Antoine de Château-Châlons, seigneur des Effes, son frère consanguin ; de messire Daniel de Thianges, seigneur du Boulet, son frère utérin ; de Diane de Thianges, sa sœur ; de Marie de Château-Châlons, sa sœur ; de Charlotte de Château-Châlons, veuve de Luperce de Sauxon, seigneur d'Avignon ; de messire Daniel de Marsay, seigneur de Fromenteau, son cousin issu de germain ; et d'autres parents et amis. (*Arrêt de* 1669.)

Charles de Menou prit part à la transaction qui fut faite, le 16 mars 1638, par René de Menou, seigneur de Boussay, et ses autres frères, avec la dame Anne de Blois, sa mère, au sujet de son douaire. (Voir p. 80 ; et *Preuves pour Saint-Cyr*, 1687.) Il est mort avant le 6 novembre 1655, date d'un acte de partage fait entre son frère aîné et sa veuve. (Voir p. 207, et l'*Arrêt de* 1718.)

## XV<sup>e</sup> DEGRÉ.

Louis de Menou épousa, le 11 janvier 1670, Élisabeth Mathis, et se maria en secondes noces avec Angélique de Menou, dont il n'eut pas d'enfant. Du premier lit il laissa :

*Louise*, née en 1677, reçue à Saint-Cyr en 1687. Ses preuves furent certifiées par D'HOZIER le 12 mai 1687. (*Archives de la famille.*)

Louis de Menou, seigneur de Billy en partie, fils aîné de messire Charles de Menou et de dame Anne de Château-Châlons, épousa, le 11 janvier 1670, demoiselle Élisabeth Mathis, assistée de la dame Élisabeth-Marie Malier, sa marraine, veuve de haut et puissant seigneur messire Nicolas Bailleul, chevalier, marquis de Château-Gontier, en son vivant seigneur de Vatelot-sur-Mer, de Soisi, d'Étioles-sur-Seine, conseiller du roi en tous ses conseils, président en la cour du parlement, ministre d'État, etc., etc. ; et de haut et puissant seigneur messire Louis Bailleul, son parrain, conseiller du roi en ses conseils, et président en la cour du parlement. (*Preuves pour Saint-Cyr*, 1687.)

Louis de Menou était, en 1670, l'un des gendarmes du Dauphin ; il fut sergent-major de la place d'Oudenarde, par brevet du 4 septembre 1675 ; capitaine d'une compagnie de fusiliers, par commission du 16 mai 1677 ; sergent-major de Maubeuge, le 16 mars 1679, de Fraloutre, le 14 décembre suivant, et de Sarre-Louis, le 15 janvier 1683. Le 18 octobre 1684, il fut nommé garde-magasin de la place d'Oudenarde par le duc de Lude, grand maître de l'artillerie; il fut ensuite major d'infanterie, et se maria avec sa cousine Angélique de Menou, fille de Louis de Menou, seigneur du Méez-de Menou, de Pellevoisin, etc.

## XVᵉ DEGRÉ.

CHARLES de Menou, second fils de Charles, seigneur de Billy, épousa, le 31 décembre 1668, Marguerite-Françoise Chauvelin, dame de Narbonne, dont il eut :

> 1° *Henri-Louis*, né en 1675, capitaine dans la Châtre-Lannoy, blessé à la bataille de Malplaquet.
>
> 2° *Charles*, tué à Malplaquet, étant lieutenant de grenadiers au régiment de Béarn.
>
> 3° *François*, né en 1680, lieutenant dans le régiment de Barville, épousa demoiselle N... des Housseaux. Il n'eut point de postérité.
>
> 4° *Robert*, né en 1688, capitaine dans le régiment d'Humières, chevalier des ordres de Saint-Louis, de Notre-Dame du Mont-Carmel, et de Saint-Lazare de Jérusalem.
>
> 5° *Madeleine*, mariée, le 5 juillet 1688, à Charles-Philippe Séguier, seigneur du Plessis.

Messire Charles de Menou, seigneur de Billy en partie, fils de Charles de Menou et de dame Anne de Château-Châlons, épousa, le 31 décembre 1668, demoiselle Marguerite-Françoise Chauvelin, dame de Narbonne, fille de défunt messire François Chauvelin, seigneur de Narbonne. Acte reçu par Poupet, notaire au comté de Buzançais. (*Arrêt de* 1669.) Ayant été assigné pour produire ses titres de noblesse, un arrêt de maintenue fut rendu en sa faveur, le 22 septembre 1669, par M. Tubeuf, intendant des généralités de Bourges et de Moulins. (*Original au Méez.*)

Henri-Louis de Menou, fils de Charles, seigneur de Narbonne, fut mousquetaire en 1702; lieutenant au régiment de la Châtre, en 1703; puis capitaine dans ce même régiment devenu de Lannoy, et fut contraint de quitter le service par suite de blessures reçues à la bataille de Malplaquet. Il obtint, le 18 juillet 1715, un jugement d'Antoine Foullé, marquis de Martangis, intendant du Berri, qui le maintint dans la noblesse, ainsi que son frère François de Menou, chevalier. (*Archives de la famille.*) Henri-Louis de Menou est mort sans alliance.

## XVIe DEGRÉ.

LOUIS XV.

ROBERT de Menou, quatrième fils de Charles, seigneur de Narbonne, épousa, le 9 octobre 1722, demoiselle Éléonore-Geneviève Seurrat de Closlandry, et se maria en secondes noces, le 21 juin 1734, avec demoiselle Marie Langeais, dont il eut :

Marie-*Élisabeth*, mariée à Maurice Séguier.

Régiment d'Humières.
Seurrat.
Sauzay.

Robert de Menou fut enseigne, puis capitaine au régiment d'Humières ; il épousa, le 9 octobre 1722, Éléonore-Geneviève Seurrat de Closlandry, fille de messire Guillaume Seurrat, écuyer, seigneur de Closlandry, et de Catherine de Sauzay ; en 1723, il rendit hommage, au nom de sa femme, pour le fief de Closlandry, à la châtellenie de Dun-le-Roi. (*Arch. du roy.*, reg. 2, f° 451, n° 79.) Robert de Menou était lieutenant du grand prévôt du Berri et chevalier de Saint-Louis, lorsque, le 21

Langeais.

juin 1734, il se maria avec demoiselle Marie Langeais, fille majeure de feu Antoine-César Langeais, conseiller du roi, et de dame Louise de Sénoc, sa femme; assistée de sa sœur Charlotte Langeais, femme de messire Urbain Durand, capitaine

Taschereau.

de carabiniers; de messire Jean Taschereau de Baudry, chanoine et trésorier de Saint-Martin de Tours ; et de Bertrand-César Taschereau, aussi chanoine de Saint-Martin, ses cousins issus de germain. Robert de Menou était encore au service en 1749. (*État de la France*, t. IV, p. 71.)

Marie-Élisabeth de Menou, seule fille de Robert de Menou, seigneur de Narbonne, baptisée le 13 juillet 1735, fut admise à Saint-Cyr en décembre 1742, après avoir fourni ses preuves de noblesse à M. d'Hozier. Étant dame de Narbonne,

Séguier.

elle épousa, le 3 mai 1753, son cousin germain messire Maurice Séguier, fils de messire Charles-Philippe Séguier, chevalier, seigneur du Plessis, et de demoiselle Madeleine de Menou.

# BRANCHE

### DES

# SEIGNEURS DE LA ROCHE-MENOU.

## XVe DEGRÉ.

**François** de Menou, troisième fils de René, second du nom, seigneur de Boussay, de Genillé, etc., épousa Marie Adriansins, dont il eut : LOUIS XIV.

    1° *René*, lieutenant d'artillerie et ensuite commissaire d'artillerie à Lille.

    2° *Louis*, entré dans la marine le 8 février 1684, mort au service. Sans alliance.

    3° *Charles*, qui, après avoir été capitaine au régiment de la Fère, embrassa l'état ecclésiastique, et fut chanoine de l'église Saint-Gatien, à Tours, où il est mort en 1762.

    4° *Jean*, capitaine au régiment de la Fère, tué au siége d'Oudenarde, sans avoir été marié. Oudenarde.

    5° *Charles*, commissaire provincial d'artillerie en 1709, mort sans alliance.

    6° *Alexandre*, major du régiment de la Fère, chevalier de Saint-Louis.

    7°         *Menou*, jésuite, chanoine de Conquès.

    8°, 9°, 10°, 11° Religieuses à la Bourdillière.

    François de Menou, chevalier de la Roche-d'Alais, assista, le 6 janvier 1650, au mariage de son frère aîné Louis, seigneur de Genillé. (Voir p. 82.) Il était au service, et fut nommé, en 1651, capitaine au régiment de Normandie, sur la démission de son frère Louis, donnée en sa faveur, par acte passé devant Mestar et son collègue, notaires à Preuilly, le 7 janvier 1751. (*Archives du ministère de la guerre.*) Il eut sa part dans le partage qui fut fait, le 19 octobre 1661, de succession de son père messire René de Menou, deuxième du nom, gentilhomme ordinaire de la chambre du roi, et seigneur de Boussay, la Forge, Genillé, etc., et baron de Courgain. (Voir p. 83.) Devenu seigneur de la Roche-d'Alais, il épousa demoiselle Marie Adriansins, fille unique de René Adriansins, seigneur de Céphoux et des Fourneaux, gentilhomme ordinaire de la chambre du duc d'Orléans. Régiment de Normandie.<br><br><br><br><br>Adriansins.

    Alexandre de Menou, sixième fils de François, seigneur de la Roche-d'Alais, entra au service dès sa jeunesse, et devint major du régiment de la Fère et che-

Belle-Isle.

valier de Saint-Louis, « s'étant comporté avec une distinction toute particulière dans toutes les occasions où le régiment s'était trouvé. » (*Archives du ministère de la guerre.*) Ayant demandé sa retraite, à cause de ses infirmités, après trente-sept ans de service, le roi lui accorda une pension, sur la recommandation spéciale du comte de Belle-Isle, depuis maréchal de France. Messire Alexandre de Menou, seigneur de Céphoux et des Fourneaux, chevalier de Saint-Louis, assista, le 2 janvier 1746, au mariage de René-François de Menou, brigadier des armées du roi, avec sa cousine Louise-Marie-Charlotte de Menou, héritière du marquis de Menou-Boussay. Il s'était retiré auprès de son frère, à Tours, où il est mort en 1760, sans postérité. (Voir p. 89.)

## XVI<sup>e</sup> DEGRÉ.

René de Menou épousa demoiselle Marie Diccaut d'Aigremont, dont il eut :

1° René-*Louis*.

Thibergeau.
2°         de Menou, mariée à Charles de Thibergeau, brigadier des armées du roi, dont elle n'eut pas d'enfant.

3°         de Menou, morte sans alliance.

4°         de Menou, religieuse de la Bourdillière.

5° Bonne-*Dorothée*, mariée à Luc-Abel de Rougemont.

---

Aigremont.

René de Menou, commissaire d'artillerie au département de Lille, chevalier, seigneur de la Roche-Menou, fils aîné de François, seigneur de la Roche-d'Alais, épousa à Lille demoiselle Diccaut d'Aigremont.

Musset.

René-*Louis* de Menou, fils aîné de René, seigneur de la Roche-Menou, épousa demoiselle Éléonore de Chaux, dont il n'eut qu'une fille, Claude-Angélique de Menou, mariée, le 7 février 1746, à Louis-François de Musset, marquis de Cognères, capitaine de grenadiers, chevalier de Saint-Louis. Ils n'eurent point de postérité.

Rougemont.

        de Menou, quatrième fille de René, seigneur de la Roche-d'Alais, épousa Luc-Abel de Rougemont, capitaine au régiment de la Marche, infanterie. Leur fils étant mort sans enfant, la terre de la Roche-Menou fut recueillie par MM. de Menou de Boussay, ses plus proches parents.

# ERRATA

| Pages | Lignes | Au lieu de : | Lisez : |
|---|---|---|---|
| V | 15 | Motelles. | Motelle. |
| — | 17 | Tourraine. | Touraine. |
| — | 18 | Louexic. | Bouëxic. |
| VII | 15 | on espérait. | il espérait. |
| — | 16 | on s'occupa. | il s'occupa. |
| VIII | 9 | et ordonnait. | ; il ordonnait. |
| IX | 30 | trouver ; soit dans les dépôts publics, soit dans les archives de la famille. | |
| — | 37 | duement. | dûment. |
| X | 12 | 1260. | 1200. |
| 10 | 21 | de la famille. | de la Chapelle-Bouexic. |
| 12 | 25 | eaque. | ea que. |
| 13 | 13 | de son amé. | son amé. |
| 16 | 18 | p. 439. | f° 439. |
| 23 | 1 | rentes. | rente. |
| 28 | 17 | Sanvennes. | Sambennes. |
| 50 | 24 | Seigneur d'Aubeterre mort sans *alliance*. | sans postérité. |
| 85 | 5 | 1710. | 1708. |
| 103 | 9 | ne laissait. | ne laissa. |

# ADDENDA.

| Pages | Lignes | Ajoutez : |
|---|---|---|
| 24 | 14 | Original aux archives du Méez. |
| 25 | 3 | Id.   id.   id.   id. |
| 92 | 26 | Henriette de Mondragon a été mariée au vicomte de la Villarmois, le 1ᵉʳ février 1853, en l'hôtel de Mondragon, à Paris. |
| 104 | 3 | On en trouvera la copie authentique aux archives de la famille. |
| 157 | 9 | La vicomtesse de Menou est morte, au Méez, le 14 mai 1853. |
| 162 | 23 | *Après Robin de la Tremblaye.* — D'une famille originaire d'Écosse, établie en France depuis la croisade de 1248. Renée était sœur, etc. |
| 198 | 15 | La comtesse Max. de Menou est morte, à Rome, le 9 janvier 1853. |

www.ingramcontent.com/pod-product-compliance
Lightning Source LLC
Chambersburg PA
CBHW071937160426
43198CB00011B/1438